余同元 王来刚 著

闲云鲁香

齐鲁书社

前　言

"闯关东"是明清中原移民东北地区的泛称,这一移民大军在清末民初汇成高潮。自民国以来,"闯关东"成为人们日益关注的重大研究课题,有关研究论著如钟悌之先生《东北移民问题》(上海日本研究社1932年版),萧一山先生《清代东北之垦殖与移民》(吉林图书馆藏稿本),张士尊先生《清代东北移民与社会变迁》(吉林人民出版社2003年版)等相继问世。但关于山东地区向关东地区的商业移民及"关东鲁商"的成长与经营状况却未有专题研究。

明清时期虽然出现过很多有名的中华地域商帮,但关东鲁商却以诸多鲜明特征独竖一帜。因为关东鲁商是山东向东北移民中的精英,他们本着中国旧有的家族与乡友互济共进的传统,凭借着齐鲁文化中儒家伦理道德、兵家聪明智慧和墨家刻苦精神,不仅创造了人类移民的奇迹,而且创造了商业史上白手起家、艰难开拓与锐意进取的无数奇迹。正如北京大学著名经济学家厉以宁教授所说的那样:"一个移民的社会常常有很高的效率。……移民们艰苦创业,新建家园,全靠家族的凝聚力,全靠道德、信念的支撑。这都是超常规效率的例证。"闯关东的人们创造了这样的奇迹,关东鲁商是其中的典型代表。"短短几十年时间内,来自山东的移民在东北的垦殖、开荒,使东北建设初具规模,这同样反映了精神力量的作用。总之,一个移民的社会之所以能够这样,正因为具有道德基础、文化基础,所以产生了超常规的效率"(厉以宁《从宏观方面看〈中国文化读本〉》,学术批评网2008年7月17日)。本书中我们依据众多的史料,描述、探讨关东鲁商如何依靠传统的道德文化基础创造了超常规的商业经济效益。

义者,宜也。"不义而富且贵,于我如浮云"。关东鲁商重义气,区分什么是合于"义"的"利",什么是不符合"义"的"利",蔑视"苟取"小人,赞扬"不苟取"的君子;同时主张"和气生财"与"达则兼济天下",不谋取暴利,不搞掠夺式经营,讲究商人之间、商人和顾客之间协调发展、扶危济贫、助残帮困,体现了以儒术饬商事,良贾不负闳儒的人生价值追求。在商业实践中,关东鲁商把诚实守信、"君子爱财,取之有道"、"仁、义、礼、智、信"等道德准则作为商德,做人经商并重。这种以道德力量维系商业秩序,把价值理想与市场法则相结合,以仁义来规范自己的商业行为,强调利以义取,反对为富不仁的行为,无疑具有儒商的精神特点。这些都决定了关东鲁商的经营行为明显带有较多的道德色彩。

目 录

前 言 /001

第一章 关东鲁商的成长与分布 /001
    第一节 山东人闯关东与关东鲁商的兴起 /001
    第二节 关东鲁商的成长壮大 /022
    第三节 关东鲁商的地域分布 /030

第二章 关东鲁商的经营行业 /042
    第一节 批发零售业鲁商 /043
    第二节 实业鲁商 /056
    第三节 其他行业鲁商 /070

第三章 侨商与民族商领袖张廷阁 /088
    第一节 从店伙计到称雄海参崴的侨商 /089
    第二节 移资哈尔滨执商界牛耳 /093
    第三节 抵抗日本侵略与热心公益事业 /104

第四章 航运巨子李序园兄弟 /111
    第一节 出自黄县、起于营口 /112

第二节 进军新行业打造黄县帮 / 118

第三节 进军工商业 / 126

第四节 总理商会 / 131

第五章 淘金大王"韩边外" / 135

第一节 关东闯出"淘金王" / 136

第二节 努力维持"小韩国" / 147

第三节 韩家的"黄金帝国" / 155

第四节 保家卫国护金矿 / 160

第六章 关东鲁商家族集团 / 174

第一节 黄县单氏和老天合百年丝房 / 175

第二节 莱州吕氏和"顺"字号家族集团 / 187

第三节 昌邑姜氏及其金融家族 / 196

第七章 关东鲁商的团体组织 / 205

第一节 关东鲁商商帮团体 / 206

第二节 关东鲁商的同乡会与同乡会馆 / 216

第三节 关东鲁商的同业团体与商会 / 222

第八章 鲁商经营特色 / 238

第一节 忠诚仁义：忠厚做人与诚信经商 / 238

第二节 任贤重能：墨家尚贤余风 / 256

第三节 审时度势：兵家智谋的运用 / 269

附录 参考文献 / 291

后记 / 302

第一章　关东鲁商的成长与分布

地临辽蓟中分界，
天限华夷第一关。
直绕长城东到海，
凌空高障北依山。
当年士马何曾战，
此日梯航尚未闲。
闻道乘槎通绝域，
可能身入斗牛间？

——（清）吴启元《山海关》

第一节　山东人闯关东与关东鲁商的兴起

明清以降，山东、河北等地大量人口迁入关东（东北）地区，称为"闯关东"。在东北地区的迁入人口中，山东籍最多。自明末清初至清末民初两三百年间，山东人口迁入关东者近三千万，其规模之大在世界移民史上也罕有可匹敌者。"关东鲁商"就是"闯关东"过程中日益成长起来的山东商人队伍。因现在山东省简称"鲁",所以在关东经商的山东商人通常被简称为"关东鲁商"。

一、山东与关东的历史沿革

"山东"作为地名出现很早,但山东作为行政区域在不同历史时期所指地域范围却不同。顾祖禹《读史方舆纪要》卷三十《山东一》曰:"山东界南北之间,北走景沧,南达徐邳,东出辽海,西驰梁宋,为辐辏之道。春秋以及战国,大抵皆齐地也。"山东扼南北交通咽喉,向北通景州(今河北景县)、沧州(今河北沧州),向南达徐州(今江苏徐州)、邳州(今江苏邳县),向东出海到辽东半岛,向西可去梁国宋国旧地(今河南省)。春秋时期将太行山以东称"山东",约相当于《禹贡》九州中的青州、兖州和徐州的一部分,大体指称当时的齐国辖地。

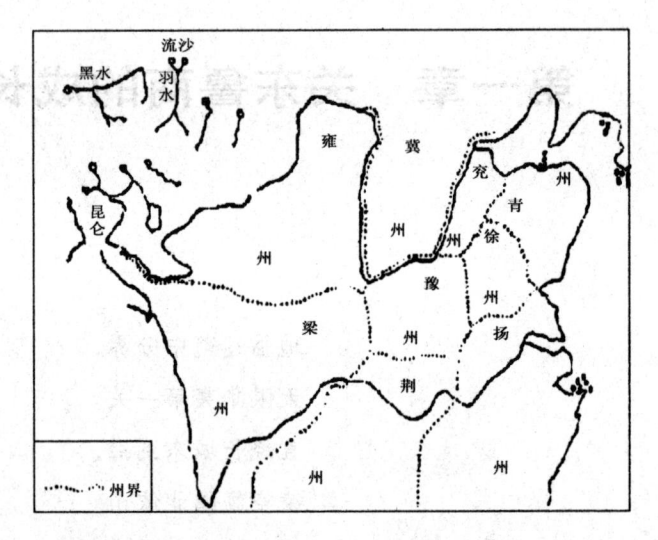

《禹贡地图》(来自谭其骧《中国历史地图集》,中国地图出版社1988年版,以下地图除另注外皆出自此书)

齐国兴盛时辖地南过泗水,东至大海,西倚黄河,北接沧州。号泱泱大风,四塞之国。春秋时期大政治家管仲曾代表齐国对楚人宣称:齐国东至于海,西至于河(注:黄河),南至于穆陵(注:穆陵关,今山东临朐县境内),北至于无棣(注:今山东无棣县)。战国时韩非子也说:"往者,齐南破荆,中破宋,西服秦,北破燕,中使韩魏,地广而兵强,战克攻取,诏

第一章 关东鲁商的成长与分布

春秋列国形势图

令天下,济(注:济水)清河(注:黄河)浊,足以为限,长城(注:齐长城)巨防,足以为塞,齐,五战之国也。"(顾祖禹:《读史方舆纪要》卷三十《山东一》)

战国、秦、汉时期的"山东"指崤(山)函(谷关)以东地区。因秦在关中,称崤函以东六国(楚、齐、韩、魏、赵、燕)为山东六国。汉初贾谊《过秦论》亦有"山东"提法,如说"秦并兼诸侯山东三十余

秦疆域图

关东鲁商

郡",又有"山东之国"、"山东豪俊"等说法,皆指崤函以东地区。故清代学者叶圭绶《续山东考古录·山东布政司总沿革》说:"山东之称,古或指关东言,或指太行山以东言,不专指今山东也。唐末五代以来,始专以齐鲁为山东。"

隋唐时期山东指太行山以东地区,但非行政区划。唐太宗贞观初年,把中国分为十道,黄河和济水以南属于河南道,以北属河北道。宋朝将全国划分为十五路,今山东地区属京东路与河北路,后又增置京东西路,曹(菏泽曹县)、郓诸州属京东西路。

女真族占领中原后,行政区划沿用宋朝旧制,将京东路改称山东东路,并分山东东路及山东西路,东路驻益都(今青州市),西路驻东平(今菏泽地区有东平湖)。元朝也设置了益都、济南等路,直隶中书省,称山东地区为腹里。明初置山东等处承宣布政使司,领府6、属州15、县89,总为里6400有奇,而卫、所参列其间。明代山东行省范围涵盖辽东地区,"积贮天下之大命也。漕渠中贯于山东,江、淮四百万粟皆取道焉"(顾祖禹:《读史方舆纪要》卷三十《山东方舆纪要序》)。清代划齐鲁之地为山东省,民国以后沿用至今。

现在的山东省即齐鲁大地,位于黄河下游,东临渤海、黄海,与朝鲜半岛、日本列岛隔海相望,西北与河北省接壤,西南与河南省交界,南与安徽、江苏省毗邻。齐鲁文化分布于黄河下游地区,西部与西北部为黄河下游冲积平原,中部是以泰山为主峰的鲁中南丘陵山地,胶东半岛则伸向渤海与黄海之间,与辽东半岛隔海相望。

战国时期,苏秦称"齐北有勃海"。故海在山东东北境者皆谓之"勃海"。田肯曰:"西有浊河之限,北有勃海之利。"又谓之少海。"山东自兖州东昌而外,其当大海一面之险者,济南东北境也;当两面之险者,青州府北及府东南境也;当三面之险者,登、莱二府之东南北皆以海为境也。至越海而有辽东,则又与山东共险者也"(顾祖禹:《读史方舆纪要》卷三十《山东一》)。

特殊的地理位置,使山东省成为沿黄河经济带与环渤海经济区的交汇点、华北地区和华东地区的结合部,在全国政治经济格局中占有重要地位。或曰:"自古及今,天下有事,未尝不起于山东。"顾祖禹《读史方舆纪要》曰:"泰山,其阳则鲁,其阴则齐。山之东北址,旧有明堂,为成周时朝会诸侯之处。秦汉以下言封禅者,必于泰山。……《白虎通》曰:王者受命必封禅。封,增高也。禅,广厚也。天以高为尊,地以厚为德。故增泰山之高以报天,禅梁父之址以报地。史称无怀、伏羲、神农、炎帝、黄帝、颛顼、帝喾、尧、舜,皆封泰山,禅云云。禹封泰山,禅会稽。周成王封泰山,禅社首。秦始皇封泰山,禅梁甫。汉武封泰山,禅梁甫、肃然及蒿里、石闾,修封者凡五是也。"古代帝王以受命于天作为天子管理天下,因天以其高才显得尊贵,故封于泰山。

历史上山东多为兵家必争之地,如西汉初年七国内乱,西汉末年赤眉军起义,西晋八王内乱,三国曹操、袁绍、刘备、吕布战争,魏晋"五胡"之乱,东晋北伐,隋末农民战争,唐朝黄巢起义以及军阀割据战争,北宋梁山起义,宋末反辽战争,反金红袄军起义,元末农民战争和明初北伐战争,明靖难之役,明末农民战争,明末清初的抗清,清末义和团起义,民国初年军阀战争等,均以山东为主战场。

"关东"指东北地区。距今五六千年前,已有中国先民在今辽宁西部地区生活繁衍,创造了辉煌的红山文化。战国时期成书的《尚书》是最早把东北作为一个地区载入典籍的,在《禹贡》篇中,远古中国被划分为"九州",其中"冀州"已涵盖今辽宁省西部地区;"青州"则把今辽宁南部主要是辽东半岛置于辖境之内。顾祖禹《读史方舆纪要》中即写到"又辽东定、辽诸卫,亦《禹贡》青州地也"(卷一《历代州域形势一》)。战国时,燕国开始在辽西南地区设置郡治,据《史记·匈奴列传》载:"燕亦筑长城,自造阳至襄平,置上谷、渔阳、右北平、辽西、辽东郡以拒胡。""辽东"就是当时人心目中的最东偏北的地方。在很长一段

两汉边塞图

时间里，人们就用"辽东"来称呼东北地区。因此，现代作家曹聚仁说："古代的'东北'乃'辽河流域'的东北。"（曹聚仁：《万里行记》，第419页）

　　秦因袭燕国设置，置辽西、辽东两郡。两汉在今东北地区设置辽西、辽东、玄菟三郡，属幽州辖制。辽西郡下辖今辽宁省的锦州、朝阳、义县和河北省的东部部分地区。辽东郡下辖今辽宁省的辽阳、海城、北镇、新民、盘山、沈阳、辽中、台安、铁岭、凤城、熊岳、丹东、营口、金县、复县等部分地区。玄菟郡下辖今辽宁省的新宾、沈阳、抚顺、铁岭、辽中、新民和吉林省的通化以及朝鲜的部分地区。魏晋因之。东汉初辽东曾属青州，西晋初期三郡亦设平州辖制，但皆时间短促，不久即改回幽州管辖。此时期，在东北中北部地区生活着高勾骊、肃慎、挹娄、夫余等民族。

　　东晋末年，高句丽乘中国北方混战之际，从割据于辽东的后燕政权手里夺取了辽东，直至公元7世纪中叶，占据了260余年。因此，隋代时亦设辽西、辽东二郡，但下辖面积大幅缩水，辽东郡仅通定镇（今辽宁省新民县东北）一地。唐代对高丽用兵，夺回辽东故地，设安东都护府，下辖今辽宁省的辽阳、抚顺、沈阳、海城、铁岭、盖县、新宾、凤城、复县、金县、庄河、大连、丹东和吉林省的集安、通化等地。北朝、隋唐时期,东北中北部即今吉林、黑龙江地区生活着勿吉(靺鞨)、失韦(室韦)、达莫娄、乌洛侯等民族。唐代曾在这些部落地区设黑水都督府和室韦都督府。安史之乱后,安东都护府内徙,辽东被靺鞨中的渤海部落占领。后渤海国又被契丹所灭,契丹辽国遂据有其地,设辽东京道,下辖辽阳府(府治在今辽宁省辽阳市)、黄龙府(府治在今吉林省农安县)和女直(女真)各部。金灭辽后,设上京(会宁府,府治在今黑龙江省哈尔滨市阿城区)、咸平(咸平府,府治在今辽宁省开原县)、东京(辽阳府,府治在今辽宁省辽阳市;广宁府,府治在今辽宁省北镇县)三路。

元世祖至元四年(1267年)设辽阳行省,下辖辽阳路(路治在今辽宁省辽阳市)、广宁府路(路治在今辽宁省北镇县)、大宁路(路治在今内蒙古宁城县)、沈阳路(路治在今辽宁省沈阳市)、开元路(路治在今辽宁省开原县)、女直水达达路(辖区在今松花江、黑龙江下游地区,乌苏里江左、右之地及黑龙江省肇东、肇北、齐齐哈尔以东以南地区)、辽阳行省东北各部(亦里干、兀者、吉里迷、骨嵬等民族)。明朝洪武四年(1371年)占领辽东地方后,先后设辽东卫、定辽都指挥使司;洪武八年,改设辽东都指挥使司,治所在今辽宁省辽阳市。据《明史·地理志二》载:"辽东都指挥司……领卫二十五、州二。……东至鸭绿江,西至山海关,南至旅顺口,北至开原。"永乐七年(1409年),明朝廷在黑龙江流域地区设奴儿干都司,管辖黑龙江地区军政。至万历时,奴儿干都司下辖卫所384个,管辖区域南临朝鲜,北跨外兴安岭,东抵海,西接蒙古诸部。

洪武十四年(1381年)明朝建山海关城堡一座,周长九里,高三丈五尺。山海关扼东北与中原之咽喉,为兵家必争之地。在山海关修成之后,人们便有了内外之分的新的地理概念:把山海关以东的地方,即今辽宁省境,统称"关外";而把山海关以西亦即长城内侧,统称"关内",后又渐称"关里"。明朝一般仍用"辽东"一词称指东北,虽偶有

"关东"之称也仅指辽东地区。明代亦曾修建边墙,作为辽东都司与兄弟民族聚居区的分界线,"辽东边墙自山海关抵开原,延宣("亘"字之讹)二千余里。河西一带,随山起筑,多用石砌"(《明孝宗实录》卷一九五,弘治十六年正月条)。

清以盛京(今辽宁沈阳)为留都,设盛京总管,统管东北一切事务。顺治三年(1646年),改为昂邦章京。康熙元年(1662年),改为镇守辽东等处将军。康熙四年(1665年),改为镇守奉天等处将军。乾隆十二年(1747年),再改为镇守盛京等处将军,简称盛京将军。顺治十年(1653年),设宁古塔昂邦章京,治宁古塔(今黑龙江宁安),管理今吉林、黑龙江一带。康熙元年(1662年),改为镇守宁古塔等处将军。康熙十五年(1676年),迁至吉林乌拉(今吉林省吉林市)。乾隆二十二年(1757年),改称镇守吉林等处地方将军,简称吉林将军。康熙二十二年(1683年),设镇守黑龙江等处将军,简称黑龙江将军,初治瑷珲城,后移至黑龙江城(今黑龙江黑河市瑷珲乡)。康熙二十九年(1690年),迁至墨尔根(今黑龙江嫩江)。康熙三十八年(1699年),又迁到卜奎(今黑龙江齐齐哈尔)。东北"三将军"是"东三省"的雏形。清初,东北地区号称满洲本部,疆域西括蒙古,尽有中、东西伯利亚,东临太平洋,包括库页岛、千岛群岛,北滨北冰洋,东北方向直到堪察加半岛和白令海峡。康熙二十八年(1689年)《尼布楚条约》后,东北地区疆域逐渐退至外兴安岭、乌第河、贝加尔湖南岸一线以南地域。清末民初,中国衰弱,东北部分地区被俄罗斯夺占,蒙古一部独立,东北版图最后缩至今日模样。(《大清一统志》卷五十至六十,上海古籍出版社2007年版;谭其骧主编《〈中国历史地图集〉释文汇编·东北卷》,中央民族学院出版社1988年版)

清朝定鼎北京后,"关东"区域名称开始扩大,已不再专指辽东,而泛指整个东北地区了。约自康熙时,官方正式使用"关东"这个名称指代整个东北地区,这在清代文献中有明确记录。据《清实录》载,康

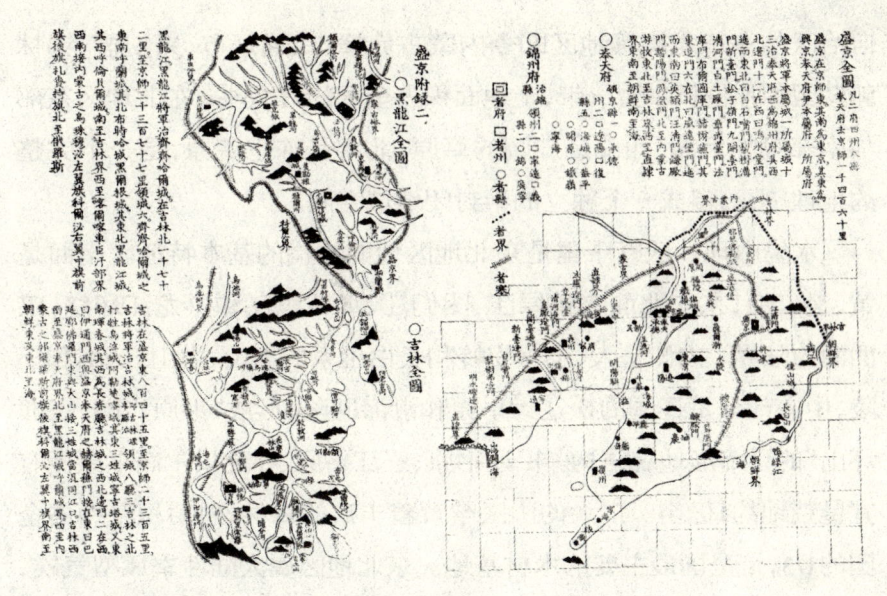

盛京、吉林、黑龙江全图（清二京十八省舆图）

熙六十一年（1722年）十二月，雍正皇帝刚即位，在处理陈梦雷一案时，就说到陈于当年参与靖南王耿精忠之乱，本应处死，"皇考（指康熙帝）宽仁免戮"，仅将其发往"关东"当差了事。雍正三年（1725年）四月，世宗评盛京陋习日盛时，指出：当地员不务正事，而"坐台之人，看守边口，俱系关东人……"这表明早在康雍之际，官方已正式使用"关东"这个名称了。换言之，人们已赋予今之三省地区以新的名称，无论是民间，或是官方，已习惯直呼今东北为"关东"。越是往后，使用更加普遍。如《清史列传》凡涉及东北历史人物，多冠以"关东"，以与其他地区相区别。

用"东北"一词指称今东三省，乃近代以来之事。光绪三十三年（1907年），分设奉天、吉林、黑龙江三省。1928年，奉天省改为辽宁省。到伪满时期，东三省分设为20个省。1946年改为9个省。1950年改为6个省，1956年又恢复为三省。

现在的东北地区在地理上包括辽宁、吉林、黑龙江三省和内蒙古

自治区与东三省接壤地区即今内蒙古赤峰市、通辽市、兴安盟、锡林郭勒盟和呼伦贝尔盟一带，土地面积占全国的11.76%。东北地区东部与南部濒临大海，西部是广阔的草原，北部是冻土荒原，是一个完整的地理单元，自成一个独立的半封闭地域空间。

水绕山环、沃野千里是东北地区地面结构的基本特征。南面是黄、渤二海，东和北面有鸭绿江、图们江、乌苏里江和黑龙江环绕，仅西面为陆界。内侧是大、小兴安岭和长白山系的高山、中山、低山和丘陵，中心部分是辽阔的松辽大平原和渤海凹陷，形成"平原广阔，三面环山"的马蹄形地貌结构。松辽平原、三江平原、呼伦贝尔高平原拥有宜垦荒地约1亿亩。广大的山区孕育着丰富的森林，总蓄积量约占全国的1/3，是全国最主要的木材基地。东北地区属大陆性季风型气候，自南而北跨暖温带、中温带与寒温带，气候上自东而西从湿润区、半湿润区过渡到半干旱区。土地、热量、水分、海洋、植物资源等条件，对建成为全国性的大型农业（粮豆、甜菜等）基地、林业基地、牧业基地以及渔业基地、特产基地提供了可能。

二、闯关东的历史背景

自明末清初至清末民初，山东"闯关东"者之所以如此众多，主要是由于当时山东人口不断增长与当地可耕种土地有限之间的矛盾，这也是造成大规模人口"闯关东"的根本原因。清代康熙、雍正、乾隆年间，注重安定社会秩序、恢复和发展生产，实行与民休息、奖励垦殖、轻徭薄赋的政策，山东人口迅速增长。据梁方仲《中国历代户口、田地、田赋统计》（上海人民出版社1980年版）：

山东人口由顺治十八年（1661年）的880万发展到雍正二年（1724年）的1139万，增加近300万人；从雍正二年到乾隆三十二年（1767年），由1139万人猛增至2563万人，增加了2.25倍；道光十年（1830年）山东人口已突破3000万大关；咸丰元年（1851年）

达3326万人；光绪二十四年（1898年）人口已达3778万。到民国时期，山东人口始终浮动在三千几百万。民国十九年（1930年），据当时民政厅调查，山东人口达3690万人。民国时期人口数量一直居高不下。

与此同时，耕地增加却极为有限。顺治十八年（1661年）7413万亩，康熙二十四年（1685年）增加到9252万亩，增加了1839万亩，增长24.8%。随后直到同治十二年（1873年）山东土地仍在1亿亩之内徘徊，到光绪十三年（1887年）才增加到12590万亩。到民国年间又降到1亿亩以下。按人均占有田地来说，从顺治十八年至乾隆十八年（1661~1753年），人均耕地由8亩下降到7亩多。乾隆三十一年（1766年）到民国年间，人均耕地始终在2~3亩之间徘徊。

由于人地关系紧张，特别是山东东部各州县，山多地少，人烟稠密，山峦海滩，开垦无遗，而土地的高度集中又加剧了人地关系的矛盾。《清圣祖实录》卷二一三记录了康熙四十二年（1703年）皇帝的指示：

> 东省与他省不同，田间小民其系于有身家之人耕种。丰年则有身家之人所得者多，而穷民所得之分甚少。一遇凶年，自身并无田地产业。强壮者，流寻于四方，老弱者，即死于沟壑。

土地集中致使农民不得不求食他乡。到民国时期，这种土地占有极不合理的状况日益严重，80%的土地为地富霸占，而80%以上的贫苦农民只占有极少土地，因而造成广大贫苦农民始终在死亡线上挣扎，迫不得已逃往富饶而荒凉的东北谋生。

与此同时，严重的自然灾害又进一步将山东广大贫苦农民推向绝路，迫使山东人民纷纷背井离乡。清代山东历年自然灾害频繁，几乎是无年不灾、无处不灾。据路遇《清代和民国山东移民东北史略》（第28~33页）介绍：

> 清代268年中，山东曾出现旱灾233年次，涝灾245年次，黄、运洪灾127年次，潮灾45年次，除仅有两年无灾外，每年都有不同

程度的水旱灾害。按清代建制全省107州县统计,共出现旱灾3555县次,涝灾3660县次,黄、运洪灾1788县次,潮灾118县次,全部水旱灾害达9121县次之多,平均每年被灾34县,占全省县数的31.8%。各种自然灾害之严重,超过全国其他各省。民国时期,旱灾蝗灾常常相伴发生,酿成严重灾荒。民国十六年(1927年),山东大灾荒几遍山东五六十县,被灾者2000万人,约占全省的60%。灾区之居民,有田不得耕,有房不得住。颠沛流离于道路,辗转而赴东北三省者,不下百余万人。民国时期山东天灾流行又加军阀混战,兵连祸接,促成了民国十五年至十九年(1926~1930年)山东人民闯关东的又一高峰。

东北地区人少地多对山东贫苦农民产生了强大的吸引力,东北的地理环境及其特殊的历史地理区位也为山东人闯关东提供了优越的条件。

以长城为界,中国的北边草原游牧民族与南边耕地农业民族,由于游牧的移动性与农业的固定性的不同,构成了古代相互对立而又相互依存的两个社会模式。秦汉以降,中原农业民族与北方游牧民族之间,同化与反同化,征服与反征服,统一与分裂,从表面看来,社会局面是分了,但从社会内部的经济、政治和文化的联系来看,则是渐渐地合了。这种貌分神合的历史,实际上是农业民族与游牧民族的冲突与融合,这种民族间的、文化间的冲突与融合,逐步形成了中国民族多元一体格局中农、牧社会二元一体化发展的基本格局,每个中原王朝的边防部署和设施都体现了这个格局构造过程中的特殊内容。东北地处国家边陲,散落在荒原大山和江河之滨的各少数民族,世代从事狩猎和渔牧。到明清时期,随着中原汉族与边疆少数民族融合的加强,中原农耕民族与北方游牧民族社会经济二元一体化发展不可阻挡,中原与东北边疆政治经济一体化进程空前加速。

辽东地方交通畅达，山川肥美，历代以来皆有郡县设置，独明代于此废郡县而改置卫所，唯开原、辽阳两处设安乐、自在二州。与汉唐相比，明代北部边防形势发生了重大变化，使当时的边防地位升到了相当高的程度。洪武时期北部边地镇戍制的形成，以洪武八年（1375年）确立都司制为标志，分为前后两个时期。前一时期，边地同内地一样，因元旧制设府县以领民政，设都卫以领军政。北部边地共有定辽都卫、燕山都卫、大同都卫、太原都卫、西安都卫和西安行都卫等设置，大都设于洪武四年前后；后一时期从洪武八年十月开始，改各都卫为都指挥司，北部边地便有了辽东都司（定辽都卫改）、北平都司（燕山都卫改）、山西都司（太原都卫改）、山西行都司（大同都卫改）、陕西都司（西安都卫改）、陕西行都司（西安行都卫改）等，随后又设大宁都司（即北平行都司）和万全都司，共八大都司、行都司，这些都司、行都司既是加强边防的军事统治机构，又是边地屯田生产的组织机构，标志着边地军事镇戍制基本形成。这种设置上的军事化，完全以国内强大的经济、武力作后盾，以厚往薄来的通贡互市为羁縻，名义上"恩威并立"，"势成藩蔽"，实则是缺乏远大持久的一种消极防守策略。

洪武三十一年（1398年），朱元璋命燕王朱棣"总率诸王、相机度势"，"攘外安内"，逐步实现平定沙漠的目标。这个边防部署令，充分体现了他的战略防御和战术进攻相结合，塞外设防、相机出击和尺进寸取的边防思想，后来永乐皇帝朱棣就是在此基础上，推行了战略防御之中以攻为守的边防政策。但是朱元璋北部边防政策和措施的施行，虽然形成了塞外设防和东西联守的防御体系，却没有建成巩固这套体系的配套措施。尽管他的边防政策体现了"示以武威，守以持重"的防御特色，却没有实行政治上"和亲"和经济上"封赏"的绥服措施。换句话说，朱元璋的北部边防政策只注重军事上的对立和隔绝，却缺少政治上的怀柔和经济上的羁縻，这就使原来那种南北经济相互依存，农、牧文化融为一体的局面再度分裂和对立,严重违反了南北经济、文化相互依存共同发展的客观规律。

永乐以后,随着边地屯田制的废坏和边防线的内移,边地都司重镇便演变为九边重镇。因此,九边是"边"与"镇"的结合,根据九个主要镇守总兵官的设置和各镇边墙墩堡的修筑,人们便将辽东、蓟镇、宣府、大同、山西(又称太原镇、三关镇)、延绥(后称榆林镇)、宁夏、甘肃、固原九镇称为"九边"。(余同元:《明代九边述论》)

在明代的行政区划图中,人们可以看到辽东划在山东行省范围之中,有关行政事务隶属在山东布政司之下,既未移民实边,又未作积极开发,号称"以辽人守辽土",实际上是将此地视为边防上九大军防区之一。明代九边之中,辽东一镇(边)最为形胜之地,称"九边之首",其位于京师左翼,又称"辽左"。辖境东抵鸭绿江畔与朝鲜相邻,北过开原、铁岭遥控白山黑水,南极旅顺口与登州、莱州隔海相望,西至山海关与京师相接。东西1000余里,南北1600里,"三面濒夷,一面阻海,特山海关一线之路可以内通"(许论:《九边图论》,《四库禁毁书丛刊》第21册,北京出版社1998年版,第93页)。因其疆域辽阔,战略地位极端重要,"号东北之雄藩,实国家之重镇"。自古为兵家百战之地。所谓"天下安危常系辽野,辽野安,则海内风尘不动;辽野扰,则天下金鼓互鸣。何也?诚以平原旷野一望千里,守之则难为力,弃之则胡虏长驱,曾无门庭之限,须殚天下之力守之,然后天下可安也"(余同元:《明太祖北部边防政策与明代九边的形成》)。辽东安危关系内地动静,因一马平川,难守易攻,只有以天下力量供应守御,天下才能安定。

明代国家"混一天下,奄有万方",各方"咸置长吏",实行州县制度,"乃辽独划去州邑,并建卫所而辖之都司,何哉?边鄙瓯脱之俗,华夷杂糅之民,迫近胡俗,易动难制,非可以内地之治之也"(毕恭:《全辽志叙》,引自金毓黻辑《辽海丛书》,辽宁古籍出版社1995年版)。所以说:

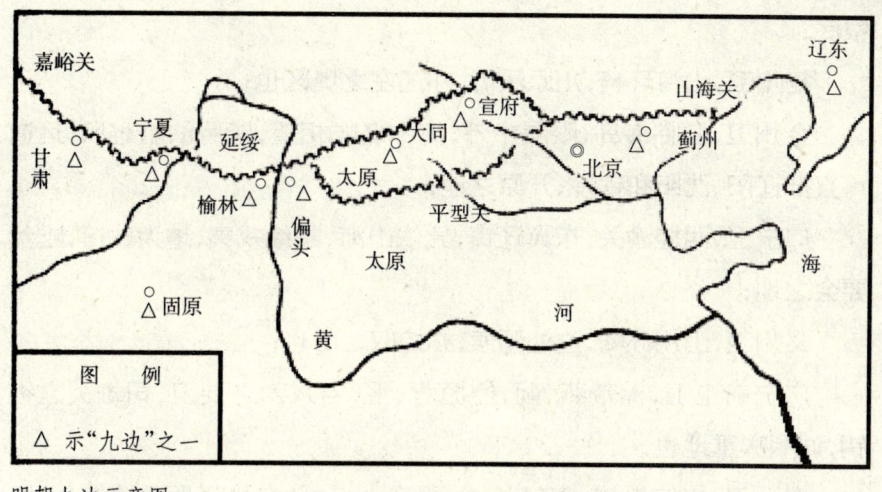

明朝九边示意图

"辽防为难者,北于虏夷,东于高丽,而又渡海归内地,故不设州县,编民一以卫所制之者,万户管千,千户管百,节制易明,逃绝可稽也,故不加有司,设巡检,恃其卫,所以束伍耳。"(顾炎武:《天下郡国利病书》卷一一五《边备》,《郭造卿辽镇通海议》,二林斋校本,上海棋盘街文瑞楼印行)辽东因北临女真、蒙古,东临朝鲜,难以和内地相比,故设卫所,驻兵管辖,设万户、千户、百户,易于管制。

明迁都燕京后,辽东实为肘腋重地,建置雄镇、藩屏攸赖。所以自洪武四年(1371年)于辽阳设置辽东卫(后改为定辽后卫)起,便遍设卫、所,及至洪武八年(1375年),辽东都指挥使司设立后,共领卫25个。据隋汝龄纂修的《辽海志略》卷六载,其中主要有:

开原三万卫,控扼绝徼,翼戴镇城,居全辽上游,为东陲之险塞;

铁岭卫,控扼夷落,保障边陲,山川环绕,迄为重地;

沈阳卫,控荒徼,抚集边民,辽阳之头目、广宁之唇齿也;

海州卫,襟带辽阳,羽翼广宁,控东西之孔道,当海运之咽喉,辽左重地也;

盖州卫,控扼海岛,翼带镇城,井邑骈列,称为殷阜,论者以为辽东根底；

复州卫，山海环崎，川原沃衍，亦辽左之奥区也；

金州卫，控临海岛，限隔中外，海中岛屿相望，皆可泊船避风，运道可直抵辽阳、沈阳和铁岭、开原之地；

广宁卫，西控渝关，东翼辽镇，凭依山海，隔绝戎夷，地大物博，屹然要会之地；

义州卫，山川环崎，迫处疆索，亦控驭之所也；

广宁前屯卫，襟带燕、蓟，控扼营、平，当戎索之要卫，司雄关之锁钥，诚咽喉重地也；

宁远卫，傍俯渤湾，南望长城，西连山海关，东接辽西重镇锦州城，商旅辐辏，流移骈集，远近望为乐土，乃兵家必争之地。

上述诸卫皆领千户所、百户所若干，卫所兵交错相列，各据形势，首尾相应，呼吸联络，缓急相维，屏藩捍卫，使辽东成为九边中的第一雄镇。明人撰《辽东志》曰："夫形胜虽天造地设，而成之者人。辽地阻山带河，跨据之雄，甲于诸镇，至我朝经制为详。盖北邻朔漠，而辽海、三万、铁岭、沈阳统于开原，以遏其锋。南枕沧溟，而金、复、海、盖、旅顺诸军联属海滨，以严守望。东西依鸭绿长城为固，而广宁、辽阳各屯重兵以镇，复以锦、义、宁远，前屯六卫西翼广宁，增辽阳东山诸堡以扼东建。烽堠星联，首发尾应，使西北诸夷不敢纵牧，东方赍琛联络道途。"（毕恭：《辽东志》卷一，《地理志》，《续修四库全书》第646册，上海古籍出版社1995年版）

辽东镇的边防建设之所以能势成藩屏，主要是明廷不断向辽东地区倾注巨费的结果，清代学者王一元在《辽左见闻录》中说："明季防边既周且备，不知费去几万万金钱。"从明末辽东镇在人力财力的巨大耗费上看，其说诚为不易之言。

自努尔哈赤起兵（万历十一年，1583年）至明代灭亡（崇祯十七年，1644年）六十余年间，"辽事"不断升级，"抚辽"、"援辽"、"平辽"所耗

"辽饷"一项，就足以致明廷财政彻底崩溃。在严重的入不敷出的情形之下，要供应日益递增的辽饷，唯有增加田赋一策。《明史·杨嗣昌传》说明神宗末年增赋520万两，即指加派辽饷每亩9厘之事。《明熹宗实录》卷四二云：天启三年（1623年）十二月，"加派辽饷每亩九厘，共加银五百二十万六千余两。"当时在辽阳之兵为15万，年饷银需800多万两。

  税收本应受生产制约，但是，辽饷的加派却完全不过问生产状况，而是根据军费的需求而决定。因此，统治者在战场上失败愈惨，军费的支出就越大，从而加派额就越大。随着形势的不断恶化，这种情形便无可逆转地走向了极端。如天启三年（1623年），淮安府盐城县三次加派辽饷23600多两，超过正赋近两倍。而属于荒疲之邑的桃源县也骤增新饷13100余两，超过正课3000两。崇祯四年（1631年）二月，当第四次加派辽饷时，兵科给事中刘懋上疏朝廷，反映家乡陕西临潼近况，忧心忡忡地说，万历中期以前，"臣乡条编之税，每亩不过五分，嗣后岁岁加派，今年加二厘，明年加三厘，因事而派，事已而派不去，日加一日，则日重一日，迄今则每亩八分三厘，连加耗科索，则每亩一钱余矣。计地一顷，条鞭一十余两。夫一顷所出，除人工食用外，岂能办银十余两乎？是以富者不得不贫、贫者不得不逃。"（《崇祯长编》卷四三，《明实录》第94册，上海书店出版社1982年版，第2558页）万历初年，张居正改"一条鞭法"，将各种税收合而为一。但在乡间却年年因事情而加派，事情结束但加派却不去除，日加一日，一顷地税负要10多两，除去人工自用外，完税是不能的。因此富裕的也因此变穷，贫困的只好逃亡了。应该说，这种情形是带有普遍性的，理应引起当权者的警觉，但当权者非但充耳不闻，而且随着一次又一次的军事失败，反而变本加厉。到崇祯初年，辽饷又行增加，在原来的520万两的基础上，又增收田赋140万两，合称"辽饷"。故《明史·杨嗣昌传》曰："至是复增剿饷，练饷额溢之，先后增赋千六百七十万，民不聊生，益起为盗矣。"

由于受明清战争的影响,辽河流域人口多半逃亡,生产力遭到破坏。清初又有几十万人随之入关,关东地区人口已极为稀少,农业经济亟待开发,劳动力极为缺乏。而且东北三省土地税轻、地租少、粮价低廉等也都有利于流民求生觅食,在客观上形成了吸收和容纳山东流民的最佳场所。与山东比较,清代关东在光绪朝以前,基本上实行轻赋政策。历经康熙、雍正几朝调整,东北民赋略有上升,各县之间也不统一,但始终是"重在招垦,课赋从宽"。而山东田赋率普遍高于东北南部二倍到四倍,更高于柳条边外和吉黑各地区。民国时期山东人闯关东谋生又受到军阀政府、当地官僚地主及铁路海运部门欢迎。东北三省工商业的迅速发展,日本帝国主义的征集招骗以及便利的交通条件,都促使山东人民闯关东者如潮如涌,形成了浪潮。当时民谚说:"富走南,穷进京,死逼梁山下关东。"正是这种现象的生动写照。

三、闯关东的三个发展阶段

自明末清初至清末民初,清代山东人闯关东大体可分三个发展阶段:一是清初康熙七年禁迁令颁布以前,顺治年间清朝颁布《辽东招民开垦授官例》,此时期,允许关内人前往辽东招垦,山东人闯关东移民东北者甚多,但东北腹地实行封禁;二是清中期(1667~1860年),康熙七年令"辽东招民授官永著停止",对东北实行全面禁封,但实际上禁而未止;三是晚清时期至民国时期(1860~1945年),鸦片战争后清政府于咸丰十年(1860年)正式部分开禁放垦,后又扩大到整个东北地区。从此进入山东人闯关东的移民顶峰期。

清初顺治年间开始颁布辽东招民令。顺治八年(1651年),顺治帝谕:"民人愿出关者,令山海关道造册报部,分地居住。"顺治十年(1653年),清政府颁布了《辽东招民开垦授官例》(《盛京通志》卷二十三《户口志》),鼓励关内汉族百姓到关外垦荒,对招民额数和相应的授官品级进行了详细规定。在清政府的优惠政策下,山东破产农民纷纷出关到东三省谋生。但康熙七年(1668年)清廷在都察院左都御史王熙的奏请下废止辽东招垦令,开始对东北实行消极封禁政策。至乾隆五年(1740年),清政府正式发布了对东北的封禁令。只是清政府在东北的封禁政策是充满着矛盾的,即一方面竭力限制或禁绝山东等关内贫苦农民向东北流迁,另一方面又常常被迫承认既成事实而弛禁,特别是遇到灾歉的年代,还有意解除禁令,劝诱灾民流往东北垦种。灾民们为了求得生存,便不顾一切违禁出关出塞,而清政府为了稳定社会秩序,防止民变发生,巩固统治地位,也只好采取明禁暗弛的态度。在关内贫民闯关东的大潮下,山海关形同虚设,正如《清高宗实录》卷一四七所云,民人"出山海关者,依然络绎"。徐世昌主持编修的《东三省政略》在记述哲里木盟的郭尔罗斯旗垦务时提到:"乾隆中,直隶、山东人出关就食,流寓旗地,渐事耕种。"至嘉庆、道光年间,移民沿嫩江两岸逐次进入黑龙江西部地区。这种状况一直持续到道光二十年(1840年)以后。

鸦片战争爆发后,咸丰、同治年间,太平天国革命和捻军并起,清统治者极力镇压,山东民不聊生。此时资本主义列强又加紧了对东北三省的侵略,特别是沙俄极力蚕食中国东北边疆。在此严重形势下,东北封疆大吏和朝廷有识之士纷纷提出"移民实边"的奏请,呼吁朝廷移民"以固边围"、"以繁生殖"、"以御地宝"。同时,处于内忧外患中的清廷也认识到移民实边有助于巩固国防和增加财政收入,便开始逐步放弃对东北地区的封禁政策,准许人民出关垦殖。到光绪六年(1880年),清廷以放荒、免税、补助三大政策激励关内人民移垦东北。光绪二十三年(1897年)中东铁路开始修筑,俄国计划每年移民60万至满洲。当时中东铁路局在天津山海关等地设立招工处,关内劳动力羡其工资优厚,群起应募,响应者当然以山东人最多。这一时期东北边疆之移民垦殖,均为官方倡导,垦局时设,荒地屡放,山东人前往者不绝于途。

据《清朝文献通考·户籍》统计，顺治十八年（1661年）奉天（指东北）丁数为5557（折合27785人）；康熙二十四年（1685年）丁数为26227（折合131135人）；雍正二年（1724年）丁数为42210（折合211050人）。清初（1661~1724年）计63年，人口增加近20万，增长近10倍。乾隆十八年（1753年）人口22万，此后到嘉庆十七年（1812年）不到60年就增长到124万人，增长5倍；此后，再到光绪十七年（1891年）不到80年，人口超过500万，又增加了3倍；再过20年到清末的1911年，陡增到1841万人，又增长近3倍。进入民国，这个移民趋势继续向前发展。到1931年"九·一八"事变时，增加到2585万。（葛剑雄主编：《中国移民史》第六卷）

1936年，陈彩章在《中国历史人口变迁之研究》一书中说："大概移往东三省之人口，百分之八十为山东人，次之为河北及河南人。"在闯关东的人群中，山西人大多是去做生意，山东人的初衷大多是去种田，河北人则很多都是逃荒去的。几年之后赚了钱，山西人会坐驮轿回乡；山东人则骑牲口回家；河北人则又次之了。所以当时民谣说："山西人，骡驮轿；山东人，大褡套；河北人，瞎胡闹。"

这些闯关东的山东人中，自然不乏大批经营工商业的人才。"闯关东"的商人，起初以行商为主。随着经商人数的增多、经商范围的拓展和经商规模的剧增，行商日渐变成坐贾，开始定居于关东各地。例如，清代辽宁岫岩州的13家著姓望族中有10家来自山东，其中8家以经商而定居此地。他们多是在嘉庆年间由山东迁来，经过百年发展，至清末渐成"恒产颇多"、"产颇丰裕、商业亦多"的世家大族。（宣统《奉天省岫岩州乡土志·氏族》，宣统元年刻印本）据有关统计，清代约有50万至100万山东商人在东北从事商业活动，形成一支庞大的具有地域特色的鲁商队伍。（程美秀：《清代山东商人在东北经商述略》）

山东大地与东北三省位置毗邻,西有陆路,东有海路,两相交往,十分便利。顾祖禹《读史方舆纪要》卷三十《山东方舆纪要序》曰:"繇登莱而指旅顺口,亦不过五百里。天津河漕、海运之道所辏集也,登、莱、旅顺间又海运之途所必经也。"

山东人闯关东,主要有两条路线:一是西边陆路,北上天津、北京出山海关。许多贫苦农民拖儿带女,从柳条边威远堡门、法库门、辽东边墙的各边口以及喜峰口、古北口等处进入东北三省。鲁西、鲁北以及鲁中、鲁南的一部分移民大都走西路。

二是东边海路。从烟台、威海、青岛乘船到大连登陆,由辽东半岛转赴沈阳、长春、哈尔滨各地;或于黄县的龙口、蓬莱的兰家口、刘家旺以及蓬莱城等沿海小渡口乘船到对岸营口、丹东等处登陆。

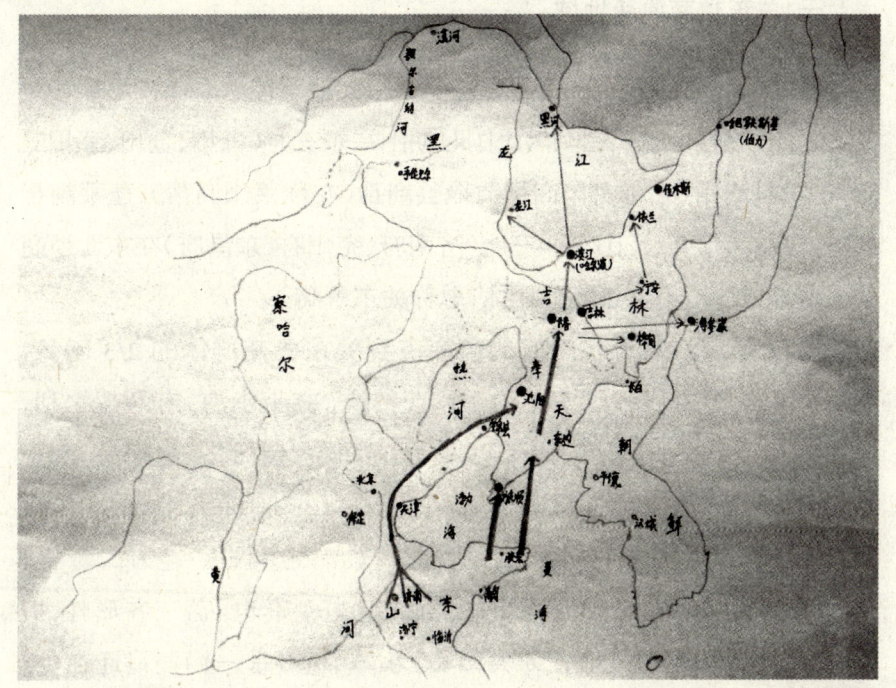

山东移民路线图
(注:图中以箭头表示流动方向,箭头粗细表示流量多少,实心圆点大小表示移民聚居数量)

进入东北地区的闯关移民,最初定居辽河流域,之后渐次北进,至嘉庆、道光年间,移民沿奉天至吉林官道北进,先进入吉林地区,然后又分两路进入黑龙江地区。一路自吉林、伯都纳(今吉林省扶余县)沿嫩江两岸进入黑龙江省西部地区,在郭尔罗斯后旗(今黑龙江省肇源县)、杜尔伯特旗(今黑龙江省安达县附近)落脚;另一路则经双城堡到三姓(今黑龙江依兰县),并以此为据点沿旧官道北上,进入今绥化、海伦、青冈、拜泉一带,也有部分进入宁古塔等东部地区。

第二节 关东鲁商的成长壮大

一、关东鲁商原籍地域

在关东经商的鲁商原籍遍布整个山东大地,包括原籍在山东各地的商人团体帮派,主要有明清民国时期山东东三府(青州、登州、莱州三府)的黄县商帮(亦称龙口商帮)、掖县商帮(亦称莱州商帮)、蓬莱商帮(亦称登州商帮)以及山东西三府(济南府、兖州府、东昌府)在东北经商的一些地域性或家族性商业团体,总称关东鲁商。

出自青、登、莱等东三府的鲁商占到关东鲁商群体的2/3还多,这深深得益于古代齐国发达的工商业传统。齐带山海,有渔盐之利,自古商业繁盛,甲于天下。"汉初,郦食其曰:齐负海岱,阻河济,南近楚,虽数十万师,未可岁月破也。"田肯曰:"……齐东有琅琊、即墨之饶,南有泰山之固,西有浊河之限,北有勃海之利……地方二千里,持戟百万,县隔千里之外,齐得十二焉,此东西秦也。盖三齐形胜,拟于关中矣。"(顾祖禹《读史方舆纪要》卷三十《山东一》)司马迁在《史记·货殖列传》中也记述了齐国工商业的情况:"故太公望封于营丘,地潟卤,人民寡,于是太公劝其女功,极技巧,通鱼盐,则人物归之,襁至而辐辏。故齐冠带衣履天下,海岱之间敛袂而往朝焉"。姜太公被封在营丘时,那里本来多是盐碱地,人烟稀少,于是姜太公便鼓励妇女致力于纺织刺绣,极力提倡工艺技巧,又让人们把鱼类、海盐返运到其他地区去,结果别国的人和财物纷纷流归于齐国,就像钱串那样,络绎不绝,就像车辐那样,聚集于此。所以,齐国因能制造冠带衣履供应天下所用,东海、泰山之间的诸侯们便都整理衣袖去朝拜齐国。"齐带山海,膏壤千里,宜桑麻,人民多文彩布帛鱼盐"。齐地被山海环抱,方圆千里一片沃土,适宜种植桑麻,人民多有彩色丝绸、布帛和鱼盐。

登、莱、青三府皆属滨海之地,人多地少,境内所产,不足以自给,民众多出外经商。如登州府"地狭人稠,境内所产,不足以自给,故民多逐利于四方,或远适京师,或险涉重洋。奉天、吉林绝塞万里,皆有登人。富者或为当商,或携重资,南抵苏广,北赴辽沈,舟航之利,捷于他郡"。登州府在清末所辖的九个州县,也都依凭当地资源,"服贾滨海之利,九属皆资"(光绪《增修登州府志》卷六)。

再者,胶东半岛与辽东半岛一衣带水,隔海相望,最近处相距仅90海里,顺风扬帆一个晚上即可到达,故三府到关东经商者不绝于途。他们都有较为固定的销售网络,来往于辽东、山东之间,主要贩运粮食、布匹、线带、鞋、羊匹、五金、丝绸、染料、瓷器等货物到关东各地,返程时装载柞蚕、大豆、杂粮、山货等货物,亦承揽江浙沿海一带的货物。

在胶东半岛至今仍流传着一句谚语"黄县的嘴,蓬莱的腿,掖县的鬼",大意是说黄县商人能说会道,蓬莱商人喜欢出实力办实事,掖县商人精明机灵。黄县商帮、掖县商帮、蓬莱商帮人数占鲁商半数以上,其中黄县(今龙口市)商人尤为突出。康熙年间黄县"地狭人稠,有田者不数家,家不数亩,养生者以贸易为计"(康熙《黄县志》,李蕃序)。到同治年间时"民多逐利四方,往往致富……奉天、吉林方万里之地,皆有黄民履迹焉"。"地距辽东数千里,风帆便利,数日可至,倏往倏来,如履平地,常获厚利。大贾则自造舟贩鬻,获利尤厚。于是人相艳视,趋鹜日众矣"(同治《黄县志》卷一)。赵爱丁《黄县故事》也说:"东三省更成了黄县人经商的战场了,大到都市,小到屯子和窝棚,全是黄县人。"(转引自程美秀《清代山东商人在东北经商述略》)据王树楠等纂《奉天通志》卷一一五记载,自嘉庆元年到民国十二年(1796~1923年)百余年间,黄县商人在奉天城各街以"天、吉、兴、洪、裕"五字为商号字头,共开设主、分号16处。另据民国《桦川县志》记载,黄县商人云集黑龙江省桦川县,"商人以山东黄县人为最多,约占全数十分之七八"(民国《桦川县志》卷二)。该县佳木斯镇更是黄商聚集之所,有"二黄县"之称。黄县商人在桦川经营多年,势力颇大,以至1917年到1927年担任桦川县商会第一、二届副会长的吕秉干、宋常生,第三、四、五届正、副会长的吕秉干、王喜新;余恒珉、邢世宣;王树魁、王喜新皆为黄县人,他们掌握商会大权,在推动当地经济发展的同时,也进一步促进了黄县商人在当地的商业经营。此外,黄县商人王墨亭曾任乌珠河商会会长(民国《珠河县志》卷一四);经营洪顺泰丝房的黄商姜心斋一度担任铁岭商会会长;经营庆隆永丝房的黄商郭雨村则出任会董。(民国《铁岭县志》卷八)此外,奉天、吉林、大连、营口等主要城市,均为黄县商人执商界之牛耳。

二、关东鲁商的成长历程

鲁商到关东经商历史久远。隋、唐、元、明时期,政府皆曾多次海运山东登州、莱州粮食供给辽东戍兵。宋金对峙时期,也有山东商旅到辽东(抚顺大官屯)贸易,他们带去中原与江南的丝织品、瓷器等,贩回辽东的人参、药材、毛皮等物品。明中晚期,明朝廷与女真诸部进行马市贸易,鲁商多来铁岭等地与建州女真进行贸易:"燕齐贾客,贩貂辽东,尝至关前各路。"(孙承泽:《北平古今记》)成化、弘治年间,山东武定府海丰县"有种盐淮北者,有市货辽阳、贸易苏杭者"(康熙《海丰县志》卷三)。万历四十六年(1618年)努尔哈赤攻陷抚顺时曾一次俘虏了来自"山东、山西、河东、河西、苏州、杭州、易州等地方来抚西城(指抚顺城)做生意的十六大人"(中国第一档案馆译注:《满文老档》第一分册,中华书局1990年版,第48页)。这些人都是长期在抚顺地区从事贩运的大商人,他们将贵重的人参、貂皮、药材贩运到关内乃至南方,利用地利之便从中牟取厚利,进而在明代后期的马市贸易中发挥着重要作用。

根据著名商业史专家张海鹏先生在《中国十大商帮》前言中所说,商帮是以地域为中心,以血缘、乡谊为纽带,以相亲相助为宗旨,以会馆、公所为其在异乡的联络、计议之所的一种既亲密而又松散的、自发形成的商人群体。大约从成化、弘治时起,商人作为一个特殊的社会群体开始在明朝的社会经济、政治、文化等各种生活中崭露出来。

从原始社会末期开始,商人阶层就开始活跃在中国人的社会经济生活中。作为"士农工商"的"商",一直是中国古代四民之一,但在明代以前,中国商人的经商活动多是单个的、分散的"人自为战",尚未出现具有特色的商人群体,有"商"而无"帮"。自明代中期以后,由于商品流通范围扩大,商品数量和品种增多,促使统治者改变"抑商"政策,商人地位不断提高,人们的从商观念日益转变,商人队伍逐渐壮大,在全国各地先后出现了自发的商人群体——商帮。明代中后期交通条件的改观,有利于大规模、远距离的商品贩运,也为单个商人搭帮经营提出了现实要求,从而加速了各地商帮的兴起;明代中期起白银逐步货币化,从而改变了传统的支付手段,提高了结算效率,推进和刺激了商品的大规模流通,为商帮群体的产生创造了极为有利的客观条件;明朝商业税率偏轻或相形变轻,降低了商人的商业经营成本,有利于商人实力的增强和商人集团的产生;随着商品经济的发展,商品流通的发达,商业经济的神奇力量日见功效,社会各阶层对商人的看法在发生变化,也为商人集团的产生起了推波助澜的作用。所有这一切,构成了商帮形成的极为有利的全国大背景。与此同时,各地自然地理和产品结构的特定条件,商品生产逐渐形成的地域特色,明廷的边防边贸和对外政策的更迭,以及各地的风土人情,对待经商态度的变化等各种因素,使得各地先后形成了大大小小的商人团体。这些商帮的产生地区,大多具有地少人稠或者山多地少的地理因素,在农业发展上的限制迫使他们走上了经商之路,而他们的经商活动又大都无法在其原籍本土进行,于是从边陲到内地,凡是便于商业活动的地区都成为商人们的活动领域。"山东、河南等省那些兴起商帮的府州地方,人多地瘠,自然条件恶劣,类皆如此"(范金民:《明代地域商帮兴起的社会背景》)。

明代的商人以商帮的形式出现于历史舞台,充分体现了其自身的地域与血缘纽带关系,这是中国商人发展的一个特色。明清时期十大商帮中的山东商帮,在经济实力上虽不能和当时声势显赫的徽州商人、山西商人相比,但在促进当时商品经济流通和发展方面无疑占有一席之地。由于南北大运河在明代是山东主要的运输干线,因此山东商业城镇较先兴起于运河沿线;明代中后期和清代中期以后海禁开放,沿海贸易发展迅速。特别是乾隆以后,原由运河北上的商品渐转而利用更为方便、低廉的海运运输北上,山东西部运河商税征不足额,而东部的胶州、黄县以及烟台等后起的商业城镇则日渐繁荣,贸易量不断增长,推动了山东经济重心东移,为胶东商业发展、商业资本活跃和大批商人过海闯关东奠定了基础。

明初推行"边禁"、"海禁"和"银禁"政策,很大程度上影响了当时商业与商人资本的发展。明中后期,商品货币经济获得了空前的发展,资本主义生产关系在手工业中开始萌芽,不仅影响到税收政策的变化(主要是"银禁"的放开),而且直接推动了"海禁"和"边禁"的进一步放开,内地商人、边镇商人与沿海商人因此活跃起来。

边地商人主要指参与"马市"交易的民族贸易商,分布在明代的长城沿线九边地区和蒙古等地区。所谓"塞上商贾,多宣化、大同、朔平三府人,甘劳瘁,以其沿边居住,素同土著故也。其筑城居兵处,则建室集货,行营进剿时亦尾随前进,虽锋刃旁舞,人马沸腾之际,未肯裹足,轻生重利其情乎?"说的是边地商人久在边境,如同本地人。在军营附近建房卖货,军营搬离时也跟着尾随前进,虽然刀光剑影,人马沸腾,也不肯稍微离开。明代前期长城地带的"马市"贸易,唯辽东一镇未曾彻底废止,其他各镇市场皆开罢无常。明末辽东"马市"早已由官市过渡为民市,大大吸引着山东的商人资本。关东鲁商无疑是明清山东商人的一部分。但鲁商真正立足关东,在关东发挥重要影响还是在清朝建立以后。

作为明清山东商帮的一部分,关东鲁商清初以来在关东的成长发展大体可分为三个阶段:

1.关东鲁商帮的形成阶段:清顺治元年(1644年)至咸丰十年(1860年)。此阶段鲁商由小变大,由分散经营到集中拓展市场。为了互相扶助,联系有无,他们建立了同乡组织机构——山东会馆。

清军入关后,对其龙兴之地实行封禁,但对商人出关并不禁止。在封禁政策执行最严厉的乾隆朝曾规定:"所有商贸、工匠及单勇佣工三项,为旗民所资藉也,准其居住",而对"并无贸易,又无营运者,严行查禁。"(《钦定大清会典事例》(嘉庆朝)卷一五八,沈云龙《近代中国史料丛刊》三编,文海出版社1981年版)在这种相对宽松的经商环境下,顺治时山东人苏得即已背负自织的棉布数十匹,"附贩商出关",并帮助官兵在宁古塔贸易货物。康熙初年在柳条边外的山东商客尤多,"皆巧于计利",康熙四十六年(1707年)康熙皇帝巡视边外时,见到行商力田的山东人有数十万之多。(《清圣祖实录》卷二三〇)乾隆十三年(1748年)仅在宁古塔、船厂(今吉林省吉林市)两地,山东等省贸易佣工者即有三四万人。(《盛京通志》卷一二九)此时的商贾多为行商,远道来此,不携家眷,获利即归,正如在齐齐哈尔经商的莱州人汤克音之父所说:"官、商客此者,得资辄携以去,归故里值(置)田园,长子孙,为赡下终老计。今吾犹是志也,他日得巨资,必即归。"(魏毓兰辑:《龙城旧闻》卷二,黑龙江报馆民国八年)此时的鲁商大多为小本生意,作为流动的个体,因身处他乡,势单力薄,极易受到不公正的待遇。为保护自身经济和社会利益,鲁商在聚居之地共建山东会馆,同籍工商业者无论穷富均可加入。如康熙年间建立的宁古塔山东会馆、乾隆五年(1740年)山东船商集资建立的金州山东会馆、乾隆三十五年(1770年)九月建立的盖州山东会馆、道光年间建立的吉林山东会馆、咸丰元年(1851年)建立的营口山东会馆等。会馆为同籍绅商聚会议事、洽谈商务、贮放商货、往来驻足提供场所;为同乡办理善举,实行互助;为同籍商人办理对外交涉,维护其利益不受损害。会馆的出现标志着鲁商帮的初步形成。

2.关东鲁商帮的壮大阶段:清同治元年(1861年)至光绪二十六年(1900年)。此阶段鲁商利用商帮组织大力发展,建立了一批大商业集团。

清嘉庆以后,朝廷对关东部分地区封禁政策趋向松弛,特别是咸丰以后,边疆危机加剧,清政府开始认识到东北边疆的危局,抱着移民实边的目的,变"禁垦"为"招垦",以各种优惠政策鼓励移民到东北垦荒、经商。关东开放的政策和当地移民的增加、农业的发展,为鲁商进一步发展提供了广阔的空间,鲁商们开始无所顾虑,踊跃到关东贸易。咸丰十年(1860年)烟台、营口开埠后,"每年去东省贸易之人有五千余人"(程美秀:《清代山东商人在东北经商述略》),其中,鲁商是主要组成部分。在山东"耕植之氓多择锄而负贩,悬犁而持筹"(光绪《文登县志》卷一)。平度州的商人"浮海至关外三省"做生意,"以求生计者,终岁络绎于道,非令斯,自昔为然"。当时,山东每年去东北贸易之人有5000多。

(光绪《平度志要》卷二)山东商业资本势力纷纷渗入关东,不仅经营杂货,作为商品交换的中介人(关东地区内部以及关内外之间)从中得利,而且还从事手工业,开办家族工业,设立众多分号。如清咸丰年间,掖县朱桥镇吕家村吕士适兄弟五人漂洋过海,来到营口谋生。吕氏家族在营口先后投资设立了宏顺东、合兴东等商号。光绪四年(1878年)后,吕氏家族又到辽阳大量投资,陆续开设了"顺"字七家联号——裕顺成、德顺成、大顺成、合顺成、东顺成、顺记西栈、永顺成,在经营上几家联号虽为独立经营、自负盈亏,但同为一根之苗,相互之间、上下之间休戚与共、互相扶持。正如日本人守田利远《满洲地志》所说,山东商人"互通缓急,恰如一大公司,其各商店恰似支店,互相补给商品,以资流通。而金钱上尤能通融自在,故虽有起而与之争者,奈山东人制胜之机关备具,终不足以制之也。'满洲人'及俄国商人固无论矣,即德国人之精于商者,亦退避三舍,不能与山东人抗衡。"(转引自稻叶君山《清朝全史》,第8~9页,1914年12月)

3.关东鲁商帮的鼎盛阶段:清光绪二十七年(1901年)以后及民国时期。此阶段为鲁商经营发展的辉煌阶段,各地商会组织纷纷成立,鲁商也在传统商业和手工业的基础上,开始涉足实业、航运业和金融业,并成为一时翘楚。

光绪二十七年(1901年),处于内忧外患中的清政府为保其统治地位,不得已宣布实行新政。新政期间,清政府议定出台了一系列有利于实业兴办和商业繁兴的法规及政策,对兴办实业卓有成效者,明令予以奖励。在政策刺激下,关东各地实业如雨后春笋般创立成长。与此同时,各地纷纷成立商会,商会下设有各专业分会,为商人切磋商情、协调彼此关系、仲裁争讼处理商务纠纷提供媒介。中华民国成立后,我国民族工商业更是迎来了一个千载难逢的发展机遇。1912年,刚刚成立的民国政府在北京召开了由国内著名实业家参加的工商会议,对关东实业发展起了重要的推动作用。如掖县商人张廷阁1914年在北京开办双合盛啤酒汽水厂；1915年买下俄国人经营的地烈金火磨，创办"双合盛制粉厂"；1920年投资100万现大洋，在松花江边兴建双合盛制革厂；1924年承办奉天航运公司；1927年创办兴记航运公司，经营航运业。同时张还曾收买香坊的双盛泰油房，经营油坊业。至1937年，张廷阁领导下的双合盛公司总资本已达182万现大洋，成为当时哈尔滨最大的民族资本集团之一。

自清前期以迄民国，鲁商出关经商者日众，关东大小城镇皆可见鲁商的身影。他们通过自身努力，经过上百年经营，已发展成为一支强大的商帮队伍，在关东社会经济生活中发挥着举足轻重的影响。例如，光绪三十一年（1905年），营口建立了工商业者的商会组织，称"公议会"，该会成员都是当时营口港屈指可数的富商巨贾，他们实际控制着营口的工商业。营口公议会当时有成员15人，鲁商占5人，鲁商在公议会中很有发言权，他们经营油坊、粮食、杂货等。后来2名粤商经营失败退出公议会，鲁商在公议会中的权力更加强大了。两年后公议会改名为营口商务总会，《盛京时报》（1907年1月12日）评论说："据闻营口商务总会不过从前公议会之变体，前者公议会……掌会之首十三家，虽有外帮在会，而所谓上会之会先生必山东人，故东帮常弄把持之术。"大连的公议会成立于光绪二十七年（1901年），1904年会员30人，鲁商占16人。其总理刘肇亿就是一位资本雄厚的鲁商。民国初年，哈尔滨商会共有会员20人，全是鲁商，已经是不折不扣的山东商会了。

第三节 关东鲁商的地域分布

一、总体流向与布局

从空间流向来看，鲁商在关东的地理分布呈现出由南及北、沿交通干线的城镇向经济腹地逐步推进的局面。

在清代中前期，鲁商到达关东后，由于受交通条件限制和清政府只开发关东腹地而虚边清野的边防政策影响，鲁商多分布在关东南部一带，其中又以沈阳、辽阳、锦州、盖平和辽河沿岸的牛庄、田庄台、营口等交通便利、工商业繁荣的城镇为主。这些地方自古以来与中原联系紧密，为进入关东腹地的必经之路，且人口众多，具备良好的商业经营环境。作为关东政治经济文化中心的沈阳（清代称盛京），在清初即有大批鲁商前来经商。康熙十五年（1676年），黄县商人单文利、单文兴兄弟在四平街（中街）创办了天合利丝作坊，嘉庆元年（1796年）改称天合利丝房，此后经营规模和经营范围不断扩大，至民国年间改称老天合丝房后，达到鼎盛时期，超过城内所有商家。田庄台是清代辽河沿岸的重要商埠，黄县商人于清朝雍正年间来到关东做生意，在田庄台落脚，租赁一间门市房经营杂货。凭借靠近辽河这一交通优势，他采取异地购销、赚取差价的经营方式，杂货铺越开越兴隆。乾隆二年（1737年），于将铺号改为元兴顺。买卖一直做到伪满时期。黄县遇家村李可明，清代乾隆年间渡海到辽东做小本生意，最初在辽河下游的盖平县落脚。乾隆三十五年（1770年）左右，创办义顺合粮栈。后因田庄台货运交通贸易便利，

沈阳境内柳条边遗迹（来自 http://iea.cass.cn）

遂在其地陆续开设义顺华、义顺增、义顺魁等商号。道光二年（1822年），营口（当时称没沟营）开始兴起，李家又在此开设西义顺商号。但黑龙江北部的卜奎（今齐齐哈尔）应属特例。由于清康熙三十八年（1699年），黑龙江将军府由墨尔根（今嫩江县）移驻卜奎，为解决军需民用，将军府开始招徕山东、山西、直隶等地商贩和手工业者前来经商营业。至雍正初年卜奎已是"商贾夹衢而居，市声颇嘈嘈"，鲁商来此贸易者颇多。

清代嘉庆道光时期，清廷在关东封禁政策逐渐松弛，关内移民开始进入今吉林地区耕种定居，形成聚落。鲁商及时跟进，乘船或步行北上到吉林省的长春、吉林、五常等地落脚，或转赴东部长白山一带经营贸易。清朝初年，为了阻止闯关东的汉人进入满洲"龙兴之地"，清朝统治者设立了"柳条边"。整个柳条边以土堆砌而成，高约两米，宽约一米多，上面栽有柳树，下面是壕沟，以阻止闯关东者进入。而被拒于柳条边的闯关东者，只得在边墙边搭建窝棚居住下来，靠耕种为生，这些人绝大多数来自山东。沿着窝棚的推进，闯关东的鲁商也逐步跟进，通过流动经商为当地民众提供生活必需品，后逐渐定居下来。如昌邑县人姜潍清道光年间"闯关东"来到吉林，起初依靠从绸缎庄购买缎子，自做腿带，走街串巷叫卖谋生。通过几年经营，他积攒部分资金后，经亲友介绍，来到吉林省城所属的榆树县城开设功成德百货店，后又相继开设功成当、聚成发烧锅、聚成德烧锅等，对榆树县生产发展和人民生活水平提高起了一定推动作用。

清代咸丰以后，随着清朝移民实边政策的推行和19世纪末20世纪初"胶济铁路"、"津浦铁路"、"京奉铁路"连接关内外的铁路的修建通车，更多的鲁商开始深入东北经济腹地从事工商贸易。鲁商分两路进入黑龙江地区：一路自吉林、扶余沿嫩江两岸进入黑龙江西部地区，多分布于卜奎、肇源县、安达县附近；另一路移民则经双城到呼兰，并以此为据点，沿旧官道北上，进入黑河地区。还有一些鲁商直接到海参崴经商。

清人徐宗亮在其《黑龙江述略》中说到："汉民至江省贸易;以山西为最早……次则山东回民,多以贩牛为事,出入俄境,极稔而佣值。"（卷六《丛录》）

如回族人张奎祥,祖籍山东,生于瑷珲江东六十四屯的太平沟。1900年随清军抗俄,失败后同族人逃难于内蒙古。后返回瑷珲城开始经营商业,在瑷珲城集资开设益盛公粮栈,后在中国的海兰泡开设分店和义和公杂货店,在小北屯设打牛房子,专门向俄国人出售牛肉,换回当地比较先进的马拉农机具和马匹,销往国内黑河城及附近村屯。由于经商有方,取得高额利润。他把大部分利润用于瑷珲城和黑河城的建设,由其发动瑷珲城伊斯兰教徒集资并主持修建了祖国北部比较早的一座清真寺,在黑河买街基盖楼房多处。张奎祥热心服务国内经济发展,经商过程中在俄国大量购买各种新式农机具和优良马种,用于改良国内农牧业。海参崴位于绥芬河口海湾东岸,原为中国领土,咸丰十年（1860年）,被俄罗斯掠占。光绪十七年（1891年）中东铁路修建以前,已有鲁商在海参崴经商,虽然人数多但营业规模普遍较小。中东铁路破土动工后吸引了大量华工和华商前来寻找商机,整个19世纪90年代和20世纪头一个十年,是鲁商在海参崴大发展的时期。光绪二十二年（1896年）,掖县商人张廷阁在一次大规模外流浪潮中,加入流民行列闯关东,先后经安东（今丹东）、延吉,最后向北来到海参崴。经人介绍他进入"福长兴"商店当小伙计,三年后又进入双合盛杂货铺当伙计。因精明能干,不久,他就开始担任副经理,很快便使双合盛在海参崴商界中首屈一指,他也因此被选举为海参崴华商会会长。

二、辽东地区的鲁商

沈阳有着两千多年的历史,因其"扼全辽之中枢","铁轨四达,商贾云集,为全省经济总汇政治中心"（民国《奉天通志》卷六十）。作为闯关

关东鲁商

东的重要一站，这里曾是鲁商汇集贸易的地方。在沈阳著名的商业街——四平街（中街）上，黄县人前赴后继，先后建立了以"天、吉、兴、洪、裕"五字为商号字头的数十家丝房企业，垄断了沈阳的百货业，将针头线脑的东西做成了大生意。其后，鲁商资本不断壮大，在实业界也大显身手，到清末时，沈阳城内"其在商场上占有势力者则为山东帮及关里帮，金融界多系关里帮，实业界多系山东帮"（《东三省经济调查录》，第39页）。

盖州地区"西南渤海环绕，水路交通顺畅，便利四境"（民国《奉天通志》卷六十），自清康熙二十三年（1684年）解除海禁后，就成为鲁商在关东的重要贸易地。乾隆中期以后，盖州城内已是店铺林立。当时，盖州城西的西河口，是关东地区与关内通航的重要贸易港口，"轮蹄丛集，舟帆交并"。其时盖州城可说是"执三省（东北三省）商业之牛耳"。为便于交流，互相扶持，乾隆三十五年（1770年）九月云集盖州的鲁商在此建立了山东会馆（在今县毛纺厂址），殿宇广阔，颇有气派。

海城"南通盖复，北达辽沈，交通便利"（民国《奉天通志》卷六十），清朝中期，也是鲁商比较集中的地方。清乾隆元年（1736年），山东同乡会捐资购地建筑山东会馆。清代嘉庆年间，山东沿海一带百姓携带茧种移民到海城，在东部丘陵与山区散养。至20世纪初叶，海城缫丝业兴盛起来。自1918年鲁商唐余九在海城北关创立"和聚涌"制丝工厂起，山东各大丝坊老板纷纷在海城投资，办起多家缫丝厂，使鲁商在海城再造辉煌。

锦州"枕山襟海，拱卫神京。内资屏翰，外控要荒"（民国《锦县志略》卷一《地理上》），为关内外粮食、绸缎、布匹、牛羊、中草药、土特产等货物的中转地。鲁商来此经营者众多，鲁商内的龙烟帮、周村帮主要经营丝房、杂货等业。龙烟帮客商在锦州设有分号或驻在员。水路港口有东、西两海口，每一海口每年进口帆船多达千余只。在西海口，进口运输船只多数为来自山东威海、龙口、烟台等地的大小不等的木制帆船，有由客商雇佣以运输为业的，也有个人经营的。为招徕和方便顾客，鲁商还纷纷在西海口开设货栈、转运栈、代理店等，进一步繁荣了码头贸易。

山东会馆影壁上的雕塑（来自海城企业网）

牛庄，在海城市境内，位于辽河左岸，临近入海口，是明清时期辽东地区从陆路进关的必经之路。明朝时期，牛庄即已成为辽河下游的重要码头。明朝初年，朱元璋建都南京，派遣十万大军长期驻守辽东，军需物资皆靠海路供给，布花、粮米、布匹由山东转运，至牛家庄（牛庄），一时牛庄成为储粮重地。至后金天命年间，牛庄已是繁华重镇。鲁商自明代起就在牛庄经商。乾隆年间或更早的时间，为了联络商谊，加强交流合作，在牛庄的鲁商们建立了"冀兖青扬会馆"，人们都称它为"山东会馆"。该会馆为两层楼建筑，门前有一影壁，影壁南面是一荷花池。影壁上雕刻着二龙戏珠和福禄寿三星，栩栩如生。影壁前的荷花池，清波荡漾，水光反射在影壁之上，使人有二龙翻腾戏水之感。

清代晚期，位于辽河下游的营口逐渐取代牛庄成为新的贸易中心。据《盖城县志》记载，营口"距县城西北七十里，昔为海城、盖平分辖。以老爷阁为界，曰东沟营、西没沟营，东属盖平，西属海城，南省则总称之为牛庄"（民国《盖平县志》卷八《交通志》）。同治三年（1864年）营口正式开港前，已有鲁商在此经商。如道光二年（1822年）黄县李家设立西义顺商号，道光六年（1826年）蓬莱县人王富有、孙百顺开设兴茂福，经营杂货。营口开港后，更是迅速成为鲁商的重要目的地。当时营口与胶东

关东鲁商

20世纪20年代的大连码头（来自：http://www.dl126.com）

半岛有商船往来，黄县李序园于宣统二年（1910年）开办的肇兴公司开辟了营口至龙口的客运线路，为鲁商在营口经商提供了便利。

20世纪初期，大连开埠后，迅速成为鲁商前往关东的重要中转站。大批鲁商抓住大连开发建设的机遇，渡海来大连参与城市建设，从事百货批发、榨油、建筑承包、海陆运输、金融业等，见证并参与了大连的发展。依照习惯，他们按地籍分为福山、威海、掖县等几派。但在大连的鲁商总体上为一山东帮，他们还成立了山东同乡会，互帮互助，沟通信息。

辽东南部的安东"襟江表海，咽喉东陲，土脉膏腴，交通便利，居民半由冀鲁贸迁侨寓"（民国《安东县志》序）。"各行商之占势力者则完全为山东帮"（《东三省经济调查录》，第86页）。

至于辽宁的小城镇也可随处可见鲁商的踪迹。如柳南县的柞木台子，光绪二十八年（1902年）以后陆续有山东人前来定居，莱阳人开设的永春源是当地最大的商号,主要制造销售烧酒,买卖兴隆,雇用长工230多人。

三、吉林地区的鲁商

地处关东中部的吉林,交通发达,物产丰富。"南迎长白,北绕松花,扼三省之要冲,为两京之屏障,诚沿江近边一形胜要区也"(萨英额:《吉林外记》叙)。吉林原称"船厂",清康熙十五年(1676年)镇守宁古塔等处将军从宁古塔移驻此地后,吉林城逐渐发展成为盛京(沈阳)以北地区重要的政治、军事、经济中心。随着吉林地位的不断提升,吉林城的农副业、手工业、商业、运输业等日益发达,成为东北重要的物资集散地。鲁商早在雍正年间(1723~1735年)就经常到吉林地区贩运毛皮、牛羊及各种山货,销往内地。嘉庆以后,更多的鲁商寻着垦荒者的"窝棚"而来,先是肩挑背扛、流动经营,继而建屋设点,固定经营。吉林最早的百货店兴顺号、天和昶、怡合恒等都是掖、黄二县商人开设的。吉林的手工业机房(织布作坊)多数由山东昌邑县人设立,但规模较大的裕华织染厂(现吉林市丝织印染厂)则是由平度人许华利开办的。吉林周边各县也聚居了很多鲁商。如在榆树县,清道光年间昌邑人姜潍清开设了功成德商号,以经营上下杂货为主,后扩大经营,建立了油、酒作坊和金融、当铺等业,其联店、分店遍布关东各主要城市。

长春位于柳条边以外、以北,属蒙古郭尔罗斯前旗管辖,"县境南扼伊通边门,迤北弥望平原,东通省会"。19世纪60年代以后,伴随着营口开埠,东北南部的辽河航运和北部的松花江航运以及沟通两大水系、流经长春市区的伊通河的相继开发,特别是"自东清铁路告成,平夷洞达,商旅辐辏"(魏声和:《吉林地志》,吉林文史出版社1986年版,第10页)。19世纪60年代末长春已经成为东北中部重要的粮食集散地。在19世纪70年代的10年时间里,长春市区内至少接纳了来自山东、河北、山西三省的3万名商业性移民,商人成为城市社会的主体。鲁商在长春商人群体中占很大比重,他们经营的店铺众多,业务广泛,从日常百货到烧锅、制粉，包罗万物。除银钱号 30 余家为外省商人经营外，长春的当铺、绸缎、粮栈等大多为鲁商垄断，因此有"山东帮"之称。而在鲁商整体之内又依县籍或府籍分成数个小帮，有济南帮、黄县帮、蓬莱帮、掖县帮、昌邑帮等等。

扶余县"东界榆树、双城，西界松花江及郭尔罗斯前旗、长岭，南界松花江农安，北界松花江与嫩江合流处及郭尔罗斯后旗"（郭熙楞：《吉林汇征》，吉林文史出版社 1986 年版，第 170~171 页），在清末也聚集了许多鲁商，他们来自不同地区，从事不同行业。如当地经营屠宰业的大多数为山东武城县人，如范廷俊、王立水、二宝、王金斗等；搞纺织业的多是山东莱州府人；经营蔬菜的大部分是山东青州府博兴县人；从事捕鱼业（俗名网房子）的则全部为山东兖州府汶上县人。

另外，吉林南部的通化县也是鲁商聚集之地，以东太恒、福生德、茂记、大德成等商号为代表的山东帮有 20 余家。中朝俄三国交界的边界城市珲春"百民除山东直隶外，他省其寥寥焉"（《东三省政略》卷一《边务·珲春》）。鲁商也深入蒙古故地经商，原属扎赉特旗的大赉县，"县内商人多来自山东方面"（中东铁路局商业部编，汤尔和译：《黑龙江》，第 51 页）。其数不可枚举。

四、黑龙江地区的鲁商

哈尔滨位于关东东北部松花江中游、阿什河下游、松嫩大平原南缘。"往为松花江右滩地，江左傍近郭尔罗斯后旗界。蒙人以此地草甸平坦，遥望如哈喇，蒙语因称为哈喇宾。汉语讹转，又易喇为尔"（魏声和：《吉林地志》，第 14 页）。19 世纪末 20 世纪初，随着中东铁路的修建，哈尔滨作为一个重要铁路枢纽而逐渐发展起来，商业、手工业、轻重工业、金融业等快速发展，成为关内商人的重要谋生之地。光绪三十四年（1908 年）哈尔滨最有影响的中资大商号有 9 家，全是关内商人开设的，其中尤以鲁商的根基最稳固，占 6 家。（参见《清史研究集》第 8 辑，第 330~334 页）

同时，哈尔滨城市的繁华，和山东人的到来有着不可分割的联系。相传大约在嘉庆十年（1805年）左右，山东黄县田保辉兄弟六人在祖父和父亲的带领下，辗转来到哈尔滨，开设了当地第一家烧锅。经过苦心经营，田家烧锅远近闻名。产品畅销哈尔滨、双城、阿城、呼城等地。香坊区的名称即由田家烧锅而来。

傅家店在哈尔滨城市的形成和发展史上占有重要地位。傅家店的创始人山东德平县人傅宝善于光绪十六年（1890年）前后来到哈尔滨，在今道外区太古街西端与南头道街头接角处建房居住，并利用家临渡口的有利环境开设客店、大车店和黄酒馆，方便过往行人。此后，人们便习惯性地将该地称作傅家店。后来滨江厅知事何厚琦以傅家店之"店"字意义狭小，改为"傅家甸"。从此，傅家甸就代替了傅家店成为当地行政区划的名称，一直流传到建国之后。傅宝善后来改名傅巨川，建立阜城房产股份有限公司，承包建筑工程，在哈尔滨城市建设史上写下了重要一笔。1918年傅巨川还从上海买进10辆黑色八成新汽车，组织"安泰

田家烧锅移民聚居区（来自 http://www.sina7.com）

关东鲁商

傅家甸的繁华街市（来自 http://www.sina7.com）

汽车公司"，在哈尔滨第一个开设了私运交通线路，往返于道里、道外之间，为哈尔滨跻身国际化城市作出了重要贡献。形成于光绪二十一年（1895年）的香坊区安埠街，曾是哈尔滨地区最为繁华的地带，许多闯关东的山东人在此聚居、经商。

裤裆街形成于同治九年（1870年）左右，当时街道两侧居民多为山东人，他们在此建立了山东会馆，联系乡谊，互济有无。1917年，山东福山县人朱安东在道外区升平二道街创办了当时第一流的饭店——新世界大菜馆，其设施、经营、技术、品种、服务在当时都是第一流的。

清康熙三十八年（1699年），黑龙江将军府由墨尔根移驻卜奎。清末民初时，已改称齐齐哈尔的卜奎已经发展成为地区性的贸易中心，在此经商的鲁商众多，如鲁商曲中厅聘请掖县人王中和代理开设的天和永商号；鲁商王和彭聘请黄县人周希久代理开设的德增久商号；黄县三才堂、掖县积善堂聘请黄县人沈喜舆开设的福盛昌商号；莱州府人车稀圣代理开设的永顺隆粮店。这些商号都属于齐齐哈尔比较大的商号。另外还有一些黄县、蓬莱的鲁商经营的商号和这几家商号一起撑起了齐齐哈尔商业的半壁江山,以至于民国时有人指出:卜奎商业中"山东帮最占势力"(《东三省经济调查录》,第297页)。

位于黑龙江东北部、松花江上游的"县境濒江一而平原沃土,比年开道置邮,已成通道。北注松江,佳木斯屯适扼河口,为江航之津埠"(魏声和:《吉林地志》,第19页)。桦川县与鲁商关系紧密,其县治悦来镇因鲁商而得名。光绪十年(1884年),山东张姓移民在苏苏屯东8里处开设一处客栈,起名为悦来客栈,后来客栈周围开始形成聚居群落,并逐渐发展成繁华的市镇。因悦来客栈的缘故,这儿被命名为悦来镇。在桦川县商号中,以山东黄县经营的最多,黄县帮基本上垄断了当时的商业市场。如悦来镇王树魁开办的东盛恒商号,资本52万吊,四家合伙开办,柜伙80多人,控制了悦来镇的半条街。佳木斯镇曲子明开办的福顺泰,股本雄厚,为该镇独一无二的商业巨头,在当地商业经营中举足轻重。

另外,在边境城市黑河,各地商人中以鲁商势力最强,且多习俄语,大半与俄人交易,故中俄边境一带华人商务"为山东帮所独占"(《东三省经济调查录》,第310页)。"'满洲人'及俄国商人固无论矣,即德国人之精于商者,亦退避三舍,不能与山东人抗衡,是以山东人在满洲西伯利亚一带经济上之势力,足以凌驾一切,握商业上之霸权"(吴希庸:《近代东北移民史略》,第53页)。如掖县商人毕凤芝清末民初闯关东来到黑河谋生,1917年至1921年期间,到黑河对岸的布拉戈维申斯克寻找商机。1921年回到黑河落户后,他开始以贩卖烧酒等紧缺商品为业,积累了大量资本,在布拉戈维申斯克独资开设和盛义商号。除了经营布匹、绸缎外,他还由日本大阪购进大宗的黄烟等金矿工人急需的商品,成为金矿工人的抢手货,生意日益兴隆。和盛义有门市房五六百平方米,店员二十七八名。和盛义在黑河还设有分号,俄国境内也有买卖。毕凤芝利用在俄国赚到的大笔资金,在黑河购买地号,成片改造房屋,有楼房也有砖结构铁瓦盖的平房,成为黑河屈指可数的房产商之一,对黑河的发展起到了一定的作用。

第二章　关东鲁商的经营行业

九边风雨百年空，河朔商车处处通。

口外繁华君听取，垂杨十里市楼红。

——（朝鲜）柳得恭《滦阳录》

关东地区地广人稀，是关内直隶、山东等地民众的主要移居目的地。有清以来，身怀较高生活能力和生产技能的山东移民纷纷闯关东来此垦荒、放山（挖人参）、淘金、伐木、筑路、贩运、贸易等，带动关东地区社会经济进入空前发展的时期。特别是清末至民国年间闯关东的大批山东移民，为关东农业垦殖、工商业发展提供了充裕的劳动力，而且形成了巨大的消费群体，为关东市镇经济的发展以及长途贩运贸易提供了重要的发展机遇。

为适应移民日常生活的需要，早在清朝初年，已有相当数量的鲁商深入到关东各地，开杂货店经营百货生意，或长途贩运粮食、木材、人参、棉布等，推动了关内、外区域贸易市场的形成。随着鲁商实力的不断增强，他们纷纷在辽河沿岸、铁路沿线的各大城镇设立商行，在中小城镇设立支店。他们的经营范围也不断拓展，涉及粮栈、货栈、杂货铺、当铺、钱庄、药铺、饭铺、皮货铺等十多类行业，有"上至绸缎，下至葱蒜"之说。另外，他们多半还经营实业，如油坊、烧锅（酿酒）、制粉等。鲁商中资本雄厚的商号多属老字号。"其开业时，成本甚微，日积月累，其后公积金有逾原本数倍或数十倍者。大体言之，当铺烧锅成本均在二三万元，杂货行则十万元或四五万元不等，粮栈成本较巨，乃至二三十万元"（《东三省经济调查录》，第39页）。至清末民初，鲁商中资本雄厚者开始纷纷投身实业、金融业、航运业等行业，在关东经济发展和社会进程中占据重要地位。

第一节　批发零售业鲁商

关东零售批发业中的鲁商，大体分为"行商"、"坐商"和"中间商"三类。

行商也称"运商"。他们将关东地区的物产运到山东，再将山东的商品运回关东。如胶东行商，每年都走海路从东三省运粮回胶东，"以补土田之不足"（道光《重修蓬莱县志》卷五《食货》）。章丘县因地少人稠，如遇灾荒，也要通过行商"告籴于辽东"（道光《章丘县志》卷六《礼俗》）。

坐商或称"铺户"，是指坐地经商的商人。他们一般在关东的城市或乡村集镇设有商铺和货栈，有固定的经营场所，经营商品批发、零售业务，与消费者直接进行交易。

牙行（大屋子）称"中间商"。行商与坐商一般不能直接进行交易，按规定必须经过牙行（或货栈）从中牵线。行商将大宗商品运到目的地后，通过牙行联系坐商，即所谓"投行"。

在关东经营零售批发业务的鲁商商号众多，经营形式多种多样。如"丝房"是综合商店的代名词，"大屋子"（杂货代理）属于中间商一类，而粮栈、木行、化工店、柞茧行等虽属专业商号，其经营业务虽略嫌单一，但同样也都属零售批发行业。

一、丝房商

"丝房"最初是指经营丝织品加工销售的商铺,在清中期时这些商铺扩大经营范围,已与普通杂商店差别不大。因此在一般市民心目中,"丝房"就是"百货商店"的代名词。

清朝定鼎北京后,沈阳(当时称盛京,后称奉天府)作为陪都,政治地位依然十分重要,大批满洲贵族驻守于此。其中满族、锡伯族的妇女均喜爱手工刺绣,如绣鞋面、枕头顶、飘带等物件,所以绣花用的丝线就

20世纪初的中街(来自 http://www.syclub.cn)

成为当时的抢手货。而那时当地并没有生产这类丝线的手工业作坊,丝线全靠商贩从山东等地采运而来。这些满洲权贵日益受到关内生活方式的影响,尤其对绫罗绸缎等需求量极大。黄县商人在往来贸易中看准这一市场需求,纷纷从内地肩挑背扛丝织品来沈阳售卖。康熙十五年(1676年)前后,黄县商人单文利、单文兴兄弟在沈阳定居下来,开设"天合利"丝作坊,生产加工丝织品。他们除在自设的店铺销售丝绸外,

还派人到辽中、铁岭等地推销丝线。不久,单文兴同其哥哥分了伙,在福胜门(大北门)里的悦来馆胡同又开办了"兴顺利"丝作坊。此后,又在法库、辽阳、营口等地开设分号 20 余处。嘉庆元年(1796年)单家财东单于干将天合利丝作坊改称天合利丝房,丝房中"并不售丝,专贩绸缎布匹、中外杂货"(《东三省经济调查录》,第 108 页)。其绸缎多从苏杭等地购进。因而丝房遂成了百货行业的代称,天合利也成为沈阳百货业之首。清中期以后,沈阳作为关东市场的商业销售贸易中心,吸引了更多黄县商人来此经营丝房。除以天合利丝房起家的单家又相继开设了"天合东"、"天合源记"、"老天合"、"天合辅"等"天"字号丝房外,此时还出现了以"兴"、"吉"、"洪"、"谦"、"裕"等为字号的丝房。"兴"字号丝房有"兴顺义"、"兴顺西"、"兴顺"等几家丝房。林慎德出资开办"吉顺昌"、"吉顺洪"、"吉顺通"、"吉顺隆"等"吉"字号丝房。王子佩、张仪堂出资开办"洪顺盛"、"洪顺茂"等"洪"字号丝房。郑铁珊出资开办"谦祥恒"、"谦祥泰"等"谦"字号丝房。马瑞丰出资开办"裕泰东"、"裕泰盛"等"裕"字号丝房。可以毫不夸张地说,黄县商人已经垄断了奉天的丝房业。

20 世纪 30 年代的沈阳中街(来自 http://www.syclub.cn)

在抚顺千金寨镇，丝房同样是引人注目的商业行业。千金寨为抚顺县的一个镇，由于有丰富的煤矿资源，民国初年，大量采矿者从四面八方聚集而来。1915年，抚顺县治由抚顺城迁至千金寨，工商店铺也云集于此，千金寨一时间成了抚顺的政治、经济、文化中心。从1912年第一家丝房开业到1930年的18年间，千金寨丝房发展至13家，资本达到100700元，占全埠工商业资本总额的20%。其中，1915年，黄县人王恩久开办天合顺丝房（资本1万元）；同年，黄县人曲翰西开办恒兴茂丝房（独资1万元）；1917年，田东臣开办至诚永丝房（资本5000元）；同年，张麟阁开办泰顺东丝房（资本3000元）；1920年，黄县人王东开办恒兴成丝房（独资1万元）；同年，黄县人谭金谱合资7000元开办三盛东丝房，为其中声名较著者。它们也和奉天的丝房一样，经营范围广泛，从绫罗绸缎到红糖、面碱、门神灶王等，应有尽有，类似于百货店。

二、杂货铺商

田庄台（今属辽宁省大洼县）是辽河下游的重要商埠之一，清朝雍正年间即有黄县人于氏来此经营杂货生意。凭借辽河交通便利的优势，通过异地购货销售赚取价差的方式，生意越做越大，十多年间盈利上万贯。乾隆二年（1737年），于氏将店铺改名为"元兴顺"。咸丰年间到民国初年的70余年间，元兴顺进入鼎盛阶段，由单一的杂货铺发展成综合性的买卖商号，并建立了东柜"元兴东"和其他支号，即使在光绪年间遭受中日甲午战争冲击，流动资金仍保持在100万大洋左右，每年纯盈利7~8万元，以当时粮价计算可购买高粱8000至10000石，其财力之雄厚可见一斑。晚清时期，元兴顺以经营京、津、杭货为主，各种商品均不经过中间环节，而是派外跑掌柜直接与生产厂家签订合同，特别是南方出产的竹制品和北方生产的木制品，均由分管日用杂品方面的采购员深入手工业作坊对产品逐步进行精选把关。同时，该商号千方百计减少运输费用，因而保证了产品的价格低廉，如当时受农民欢迎的"红绒牌"

青蓝白大尺布、"冰船牌"白面及"太古美酱油"和其他日用杂品的零售价都比同行低5%~10%，批发价低10%~15%。元兴顺对顾客一视同仁，热情接待，受到顾客赞誉，1914年，还收到顾客赠送的一副对联"笑迎千家客，温暖万人心"。元兴顺积极组织人力下乡售货，既送货上门解决了农民的需求，又避免了库存积压，变死货为活钱，一举两得。在当时，元兴顺的一系列经营手段，颇受民众的称赞与欢迎，因此在当时田庄台各商号中，元兴顺的销售额一直居于首位（《盘山文史资料》第六辑，第1~2页）。

锦州地处辽东咽喉，也是清代前期关东沿海最重要的港口，也是关内外大宗货物的集散地。清代前中期，黄县、福山（今烟台福山区）的商人即渡海来此经营杂货铺。在关东其他地方经商的鲁商也因锦州的重要贸易地位而在此设置分号设有驻在员，负责收集贸易信息。清末民初，营口专营南方丝织品的"绸缎庄"达数十家，多由登州人担任掌柜，其中规模最大者为登州商人经营的"太顺增"商号。"太顺增"还有两家联号——"太顺祥"和"太顺利"，前者专营茶叶，后者专营纸、竹、糖、酒等来自南方口岸的所谓"杂货"。金州（今大连市金州区）的张宇中出身鲁商家庭，幼年随父学习经商之道，青年时到大连经商，积累了丰富的经验和可观的资金，后返回金州开设"聚增长"杂货商号。他采取"人无我有，人有我精"的经营策略，获利不菲，成为金州商界后起之秀。

长春最大的鲁商商号是逄凤池经营的天合庆和王魁东经营的兴顺公，两家都经营绸缎布匹，固定资本分别达到官帖30万元和20万元。吉林省城最早的百货店如兴顺号、天和昶、怡合恒等，经理人皆来自山东掖、黄二县。清道光年间，昌邑商人姜潍清来到吉林，在大孤榆树屯（今榆树县城）开设功成德商号，以经营杂货为主，后不断扩大经营范围，联店、分店遍布关东各主要城市。在通化（今吉林通化市），以东太恒、福生德、茂记、大德成为代表的鲁商杂货铺有20余家，经营杂货为主，兼营进口袋装面粉（当时称"洋面"）、出口大豆、修造木艚、转运货物至安东(今丹东)等大宗业务。扶余(今吉林省扶余县)位于松花江江畔,地处吉林省西部交通要冲,为南北商品中转之地,伪满统治时期济南府齐东县人郑砚耕在此开设德顺兴杂货店,销售布匹百货,为当地鲁商代表。

哈尔滨19世纪末开发以来,即有鲁商在此经营杂货铺。光绪二十八年(1902年),黄县人纪凤台在哈尔滨开办"和成公"商号。光绪三十二年(1906年),黄县人刘汉章在哈尔滨道里新城大街(今尚志大街道里肉类商店)开办"公和利"百货店,1917年他又向哈尔滨以北拓展,在富锦县(今黑龙江省富锦市)建立了"裕隆祥"百货商店等。呼兰(今黑龙江省呼兰市)在清咸丰十年(1860年)开禁后,移民迅速增加。又因地处要冲,鲁商来此经营者颇多。光绪三十四年(1908年)时,呼兰城以鲁商石开设的同合春商号(为杂货铺、油房、粮店三合一,资本额25000两)、孙开设的恒成泰商号(为杂货铺、粮店、油房三合一,资本额12000两)最为著名。卜奎自清初黑龙江将军驻守后,即为杂货铺聚集之地。至清末,鲁商在此开设商号30余家。其中,兴聚源(蓬莱商人杨春华开设)、恒祥利(登州商人魏氏、王氏开设)、天和永(曲中厅开设)、德增久(王×、彭×开设)、福盛昌(黄县三才堂、掖县积善堂开设)、天合润(黄县商人开设)、"公和源"(黄县人张老梦开设,后改为"公和厚")等商号,加上鲁商担任掌柜的永顺隆、天兴永商号,占据了齐齐哈尔杂货业的半壁江山。"桦川(今黑龙江省桦川县)当松花中游之地,土壤肥沃,物产丰饶。"(民国《桦川县志》《桦川县志序》)晚清民国时期,黄县商人基本垄断了桦川县商业市场。如悦来镇的王树魁开办的东盛恒商号,资本52万吊,柜伙80多人,控制悦来镇半条街。佳木斯镇曲子明开办的福顺泰,股本雄厚,桦川县公署不少官员都入股其中,在佳木斯镇无人能比。1921年,黄县人曲辅臣与人合资在东兴镇开设了福增庆商号,生意兴旺,6年中资金从1万余元增长到20多万元哈大洋(系由交通银行、中国银行、东三省银行、黑龙江广信公司、边业银行、吉林永衡官银钱号等在哈六行号于

明末辽东形势图（来自 http://www.wanghaohao.com.cn）

1919~1931年所发行的印有哈尔滨地名的大银元兑换券),营业面积达1000平方米,店内职工200余人,一时间风光无限。

三、"大屋子"中间商及行业性商号

19世纪中期以后,营口出现了一种名为"大屋子"的批发商兼中间商,它是营口独有的集仓储、批发代理、服务于一体的商贸企业。"大屋子"拥有自己的驳船、仓库以及旅馆,为买卖双方牵线搭桥,买卖成交后,"大屋子"从买卖双方获得佣金。"大屋子"商号多经营杂货、粮食、豆油、豆饼、茶叶等商品,是一本万利的大买卖,但因其对经营者的经营资质要求很高,仅少数财力雄厚、交际广泛、公信度高的大经销商才有能力经营。例如,经营"大屋子"的黄县人李恒春是"西义顺"商号的财东,在关东各地有分号几十处,经营有杂货铺、油坊、银炉等诸多产业,并曾先后多年担任营口商务总会协理(副会长)、总理(会长)职务。

鲁商在关东经营木材、粮食、山茧、棉布等专业商号者也颇多。登州(辖区相当于今烟台市)商人曾是辽东粮食、木材生意的主要开发和经营者,山东境内的登州(今山东省蓬莱市)、黄县(今山东省龙口市)、掖县(今山东省莱州市)等海口,都是他们的主要转口口岸。"惟登州向为东北木材及粮食进口之地。城中一水中澄,两涯多积木材。列肆市杂粮者数百家。皆自牛庄、海城、盖平等地贩运而来。"(张玉法《中国现代化区域研究·山东省》,第29页)

乾隆年间,盛京地区的木材采伐业已经形成了一定规模。如盛产木材的牛庄和海城,"皆有木行,收买四乡,亦取给于此"(光绪《海城县志》,《销路》,宣统元年铅印本)。安东森林资源丰富,有"木都安东"之称,山东移民在此开设了推销木材的商号"木把铺",门面一般都书写"木业行"。鲁商开设的木把铺有长顺德、文诚号、华福盛、玉顺栈、福裕兴、永庆隆、长顺永等。此外,兴京、开原、凤凰城、岫岩、辽阳等地也有大量木材外销。鲁商将大部分木材运回山东销售,在济南的市场

上，关东木材商就占有重要地位。

　　吉林南部山区也是鲁商经营木材行业的重要地区之一，沂水（今山东省沂水县）人公振东于宣统二年（1910年）6岁时随父亲迁到吉林省海龙县山城镇，14岁起开始在"振兴东木匠铺"当学徒。17岁出徒后先在"德泰昌木铺"做木工，后又开过木匠铺，倒卖过瓷砖和大豆，积累了一定的商业经验。1930年，当得知木材产区吉林辉南县样子哨镇木材堆积如山，比山城镇价格低得多，但由于盗匪猖獗无人敢去购买后，便决定前往样子哨做生意。公振东巧妙地装扮成庄稼人的模样，混过盗匪的视线，进入样子哨。通过与当地人接洽，生意很快成交，一车木材运到山城镇就得到多达两倍的利润。当时样子哨税捐局隶属于山城镇税捐局管辖。因中途"胡子"多，税款难于上交。于是公振东与样子哨税捐局商定，以后来样子哨采购木材时不用携带现款，购木材款由样子哨税局付给，等把木材运到山城镇销售后，把垫款付给山城镇税局。这样既免去了沿途携现款的困难，又加速了资金周转，对生意兴隆局面的形成起了很大的作用。同年，公振东在样子哨镇开设木铺兼木材行，第二年，又在朝阳镇开设"东记木厂"。营口、沈阳、大连等地木材商人纷纷涌向东记木厂，以优惠价格订货。1932年，公振东又在小金川开始采伐木材，其利润比采购推销木材大得多。那时每年经营木材约200火车皮，年利润可达伪币3万多元。并且还购买50头牛、30匹马，以便从林区运出木材。1935年，伪满不准中国人独资经营采伐业，于是公振东与日本商人合资成立了"朝阳镇伐采组合"，任副组合长，实际主持公司业务，伐采区也从小金川扩大到石道河。他又自筹资金修筑通往林区的公路，并购买10辆汽车运输木材。但伪满又不准单干运输，公振东就以东记名义，组成"东记汽车队"，汽车增加到70多辆。此时，公振东已成为名副其实的大富翁了。

　　鲁商从关东输入山东的粮食以杂粮为主。山东半岛登、莱二府丘陵山地较多，是山东主要缺粮区。尽管清代前期政府严禁关东粮食输出，却曾多次特准山东商人从关东运粮救济山东灾民。山东福山县的烟台港（当时属福山县管辖）、利津县的铁门关海口都是关东粮食输入的重要港口，山东昌邑县的下营镇海口也是"通关东，米船岁入关东豆及高粱无数"（《郭嵩焘日记》第一卷，第248~250页）。乾隆五十年（1785年），黄县商人霍某曾雇佣江苏蒋隆顺商船半年之久，贩运辽东粮米到黄县、利津等海口。（《历代宝案》第二集，卷七十三）

米店幌（来自王富云《漫话商业铺幌》，以下铺幌皆引自此书）

  关东许多城镇也都有鲁商设立的粮米行。清后期营口是关外粮食外运的集散地，"为东三省农产出口之首要区，历年辽河流域所多余之粮食，皆从内地用大车或船装至营口，分发各处"（《东三省政略》卷一一《实业·奉天省·纪开港计划》）。当时在营口有蓬莱帮的"同兴德"、龙口帮的"万源栈"、烟台帮的"文裕栈"、莱州帮的"和兴栈"和"裕庆东"、黄县帮的"义顺厚"等商号，专营粮食外销业务。许多在营口经营杂货的鲁商获利后在入冬之时也往往购买价格低廉的大豆、高粱，存于各栈，以备明春运往他地谋利。此外，在长春、哈尔滨、卜奎、黑河、佳木斯镇等地也有鲁商从事粮食购销业务。他们多在秋收时低价囤积粮食，第二年春天粮价上涨之时再卖出，从中获利。莱州人潘修海继承父业在旅顺经商，20世纪20年代，在旅顺旧市街开设西洪顺精米行，不几年，资产总值已位居旅顺第一，成为工商界中的头面人物。

  山茧也是清后期鲁商由辽东输入山东的一项重要商品。清末时，辽东半岛的金、复、海、盖等处均产山茧，柞茧的产量占全国的75%以上，但本地尚不能缫丝织绸，90%以上的蚕茧需输入烟台等地缫织，"铁道未通之前，省城附近产有一种野丝，俱聚集于此（奉天）……山东黄县人遂争设肆此,购运回鲁肆中"(《东三省经济调查录》,第 39 页)。清末复县每年输出至烟台的丝茧有 200 万个,岫岩、宽甸、绥中等地每年也有 2/3 的丝茧输往烟台。盖平向有丝城之美称,特别是在每年产丝的旺季,城镇及其附近极为活跃,来自山东各口岸如烟台、昌邑县柳疃镇等地的商人均在盖平市场收购蚕茧和茧丝运回山东再加工成绸缎。(彭泽益:《中国近代手工业史资料》卷 2,第 97 页)

棉布是鲁商自山东输入关东的重要物品。乾嘉年间山东已形成多个商品布输出地区,如济南府齐东县每年从布市上汇集棉布数十万匹,"通于关东";章丘、长山、邹平所产棉布多先汇集到周村,然后转贩关东。山东半岛登州府所属各州县不宜植棉,但家庭棉纺织业却相当普遍,棉花皆从外地输入,织成棉布后由商贩运销关东。(许檀:《明清时期山东商品经济的发展》第 90~92 页、327~328 页)如雍正十年福山县福字 9 号船,装载布匹、线带、布鞋等销往关东贸易。(《雍正朝汉文朱批奏折汇编》第 23 辑,江苏古籍出版社 1991 年版,第 716~717 页)

1938 年,山东黄县人张业同与胞弟张业德合资 1 万元,在沈阳开办了"同德化工商行"。最初经营各种香精、香料和化妆原料,由于经营有方,连年获利,经营品种不断增多,商行逐步发展成为垄断东北化工市场的"张氏家族四大户"之一。

四、边境贸易

清朝前期,关东地区与朝鲜、俄罗斯以"互市"的形式,在边界地区开展贸易。但自甲午中日战争后,关东各地纷纷被迫开设商埠,"东北自辟商场以来,南起营旅(营口、旅大),北达卜奎(齐齐哈尔),东接鸭绿江(安东),西连临榆(山海关),轮(船海路)轨(铁路)交驰,贸易日盛"(《奉天行省公署档》)。关东贸易市场迅速形成,并被迅速卷入国际大市场中,在民国后期,日本控制着关东的经济命脉,在关东对外贸易中占据重要地位。

在中朝两国的边市贸易中,始终活跃着鲁商的身影。在今辽宁省安东县与朝鲜义州间鸭绿江中的中江岛上,清顺治三年(1646年)开市,初为官市。康熙后期,随着两国贸易发展,两国私商"恣意交易",从而形成了"中江后市"。以毡帽一项贸易为例,乾隆后期,朝鲜从盛京地区所购的"一年帽价,动费钜万"。在《朝鲜李朝实录》中记载,盛京地区出现了一批商人,雇工"聚毛打造,专售我国,坐收大利"。其中鲁商占据着重要的份额。(《朝鲜文献中的中国东北史料》,《增补文献通考》卷4"中江开市",《长白丛书》第4集)"每当市期,金、复、海、盖之载棉花者,沈阳、山东之载大布者,中后所、辽东之贩运帽子者,车马辐辏"(《清高宗实录》卷四一,乾隆二年四月壬戌)。在清朝后期,图们江流域的珲春,鸭绿江流域的安东、九连城、凤凰城等是对朝贸易的重要据点。20世纪初,由安东口岸进口货物品种繁多,有美国的面粉,日、美的布,朝鲜生牛皮、米、纸烟等达30多种,从事贸易者也多为鲁商。(马光波:《安东海关建立后的安东贸易》,《丹东史志》1987年第2期)

中日两国贸易以港口贸易为主。在日本先后占领朝鲜、旅大后,关东东南部的商埠基本转向对日贸易,对欧美出口也要经过日本中转。大连是关东南部重要的贸易口岸。日本借助日俄战争攫取了大连,在当地大力发展殖民经济,试图通过扶植控制大连的进出口贸易,控制关东的经济命脉。而在大连经商的鲁商遍布油坊业、银行业、织染企业、航运业等各领域,无不与日本发生着直接或间接的贸易关系。例如,第一次世界大战前后大连油坊业快速发展,成为大连第一大工业,大豆及其制品更是在对外贸易构成中长期占据首位。鲁商经营的油坊有成裕昌、同泰、德兴隆、义顺牲、中和、和成、天和成、储蓄油坊、东和长、政记等几十家,在大连油坊业中占据重要地位。在日本占领期间,这些油坊经受日本政策的层层盘剥,特别是在日本占领后期,实行产业统制政策,鲁商经营的油坊被迫合并或组合,组成大东制油株式会社,为纯粹的山东帮组合,与本地帮的协和制油株式会社相抗衡。

在中俄两国贸易中,鲁商在边境城市黑河和海兰泡最为活跃。在黑河,商务"为山东帮所独占"(《东三省经济调查录》,第310页)。如前面提到的掖县商人毕凤芝等可谓势倾一时。在海兰泡附近的小北屯（俄称"杂搏汉斯"）,黄县人姜荣财经营的全兴福商号,主要经营油、盐、酱、醋和日用杂货；黄县人陈百岁开的客栈有20多张床铺。此外,还有黄县人许宝山经营的宝顺成（后来回到黑河开旭东商店）、黄县人吕国臣开设的宝顺号、黄县人梁永信开设在达拉果维街的双和永、陈桂茹在毕西勉街经营的面包铺万兴号、黄县人于子谦开设蚨生源杂货铺、莱阳人邢某开设胜利商店等。掖县人李仁阳还和俄国犹太人别鲁果奇合资开设"达维果利亚"商店。"自乌苏里江以东,迄乎东海,皆俄国沿海滨省。其间大埠,除伯力外,若双城子,若王宝山俄名倭子德为仁斯科、沙河子俄名果耶夫克、快当别俄名图力洛克,南抵海参崴,几及百处。三年前,华侨统计不下十万人,皆勤苦企业,不携家室,尤以娶俄妇为戒。有大半至冬季辄携一年积货而归。山东人最伙,直隶永平等地人次之"（魏声和：《鸡林旧闻录》,第38页）。光绪十七年（1891年）中东铁路修建以前,已有鲁商在海参崴经商,人数多但营业规模普遍较小。中东铁路破土动工后吸引了大量华工和华商前来寻找商机,整个19世纪90年代和20世纪第一个十年,是鲁商在海参崴大发展的时期。在伯力,也有山东黄县人纪凤台开设的和成利商号,因他"交结俄官最密,各处俄人无不知有纪凤台者"（曹廷杰：《西伯利东偏纪要》）。

第二节　实业鲁商

清代中期以后,关东土地大面积垦殖,农业经济快速发展,为榨油、制酒(烧锅)、棉纺织业、缫丝、制粉(火磨)等提供了发展基础,同时也推动了制铁、制砖、制盐、木材加工、采矿、火柴加工、皮革加工等实业的兴起。这些行业在关东出现有早有迟,大体说来早期皆为手工操作的小作坊。中日甲午战争后,外国资本竞相进入关东设厂开矿,近代科学技术、生产设备和经营手段等大量引进,对关东传统实业产生了巨大的冲击。传统实业为适应历史潮流开始了历史性转型,逐渐采用新工艺和新设备,经营方式由家庭手工作坊向近代产业化方向发展,一批具有资本主义性质的近代企业由此诞生。同时,关东近代工业在发展过程中,逐渐形成了以农产品加工业为中心的具有区域特色的产业经济体系。

鲁商经营的实业大体上分布于大连、奉天、长春、哈尔滨等铁路沿线地带。东北南部和北部在工业布局上有很大差别,南部油坊业、缫丝业和织染业比较发达,而北部则以面粉业和酿酒业为产业骨干。在矿业方面,南部以煤炭开采最盛,而北部则以金、银矿开发最为显著。在实业的发展过程中,也形成了一些工业中心,如榨油业就以东北南部最为发达,尤以大连、营口、安东三大港口地区最为集中。面粉加工业主要分布在以哈尔滨、长春为中心的中东铁路沿线地区。缫丝业主要集中在奉天省的东南部山区,尤以安东为中心。机器织染业则以奉天、铁岭最为发达。

一、榨油、制粉与酿酒

食用油与国计民生息息相关,因此在中国传统手工业中,榨油业占有相当重要的地位。关东最初加工豆制品的多为小油坊,分布于辽东的营口、海城、安东、沈阳、辽阳、铁岭等地,满足城乡居民基本需要。清末民国时,营口、大连、哈尔滨、黑河等城镇均有鲁商经营油坊,并且旧式油坊逐渐向新式机器生产油坊过渡,大豆及豆油、豆饼等制成品也成为营口、大连等港口主要的出口物资。

营口油坊业有着较长的发展史,现在所知最早的油坊为道光二年（1822年）黄县李家在营口设立的西义顺油坊，创立之初采用手工生产，光绪十二年（1886年）李序园执掌油坊后，改用机器生产，扩大经营，西义顺逐渐发展成为营口最大的油坊。19世纪末，大豆和大豆制品成为重要的出口物资，部分资本雄厚的鲁商抓住机遇，大力发展油坊业，将营口油坊业推至巅峰，营口成为关东制油业的中心。光绪三十一年（1905年），营口公议会中有5名山东籍会员，他们分别经营着元茂盛、同兴宏、兴顺魁、天合达、西义顺等商号，均设有油坊，获利丰厚。

　　大连也是鲁商油坊业较为集中的地区。光绪年间，黄县丁家已在此经营振丰油坊（参见山东大学历史系在黄县的调查资料）。宣统元年（1909年），日本帝国主义为发展其操控下的大连经济，颁布了"油坊业和其他有动力设备的工业三年之内不纳税"的优惠政策，并鼓励扩大大豆产品输出，刺激油坊业的发展。一时间，大连市内的油坊业如雨后春笋般蓬勃发展，至1913年第一次世界大战前夕，大连油坊业已发展到48家，年产豆饼900余万片。短短几年时间，大连已凌驾于东北油坊业发祥地的营口、安东之上，一跃而成为东北地区油坊业的集中地，油坊业也成为大连第一大工业。其中鲁商经营的油坊有成裕昌、同泰、德兴隆、义顺牲、中和、和成、天和成、储蓄油坊、东和长、政记等。其中威海个山乡南虎口村人徐敬之创办的东和长油坊是其中的佼佼者。徐敬之早年在洋行学徒时每天与大豆打交道，练就了丰富的管理经验和榨油业技术，在经商中他又常常能抓住机遇，获利甚丰。他还在复昌盛油坊、福聚恒油坊占有一定的股份，因此，在大连油坊业中举足轻重。

　　哈尔滨制油业起步较晚，咸丰十一年（1861年）营口开埠后，大豆榨油技术才开始传入哈尔滨及其以北的地区。宣统三年（1911年）前，哈尔滨油坊皆为土法制油，至华商投资创办的东和机器油坊始，才开始转为机器生产。至20世纪二三十年代时，哈尔滨有机器油坊20余家，"制油业一跃而上，执制造业之牛耳"（杨大金：《现代中国实业志》，第680页）。

关东鲁商

烧酒幌

鲁商经营油坊者颇多，民国初年，哈尔滨市油坊公会会员13人中有11人为山东人，皆以经营油坊为主。（万福麟：《黑龙江志稿》卷六）

关东地区气候寒冷，饮酒御寒是人们日常生活方式的一部分，烧酒需求量相当大。加之关东沃野盛产高粱、大麦，为以粮食为原料的烧锅加工工业提供了充足的物质来源。因此，关内移民大批进入关东后，烧锅开始在城乡发展起来，成为关东地区的传统优势产业。

在大连、奉天、长春、哈尔滨等城市，鲁商控制着城市烧锅业（《东三省经济调查录》，第146、39、209、232页），在辽阳、营口、锦州、吉林、扶余等重要城镇都有鲁商在经营烧锅，在乡村里也有鲁商的身影。民国《安图县志》卷五载：清末海阳（今山东省海阳市）人单秉钧与父亲来到

烧锅工坊（来自 http://www.sina7.com）

田家烧锅（来自 http://www.sina7.com）

安图（今吉林省安图县）城西小沙河村，在村中设立烧锅一处，并在安图城内设商店一处，集酿造与销售为一体，获利甚大，"家称富有，同族甚繁"。柳南县柞木台子地理位置优越，南来北往的大车都要经过这里。莱阳人张文轩、朱宝寿、董深、董宾等在此开设永春源商号，开设烧锅。因质量好、供不应求，后搬到街里，产量逐年增加，生意兴隆，鼎盛时雇有长工230余人，还雇用炮勇若干人负责保卫打更工作。文登县人韩宪宗（韩边外）于同治年间在吉林桦树林子（今吉林省桦甸市境内）开办了"公顺泉"烧锅。到他的孙子韩登举时又在吉林红石创办了"义泰盛"烧锅，在荒沟创办了"公盛和"烧锅，在小红石砬子创办了"公盛涌"烧锅，在韩家管辖区域内，这几家烧锅长期处于垄断地位。在哈尔滨地区烧锅也有着比较长的历史，如光绪二十一年（1895年）建成的田家烧锅，前身为建于咸丰年间的"永兴德"，兴盛时曾有30余间厂房。

清咸丰年间，韩家从山东来到吉林扶余的增盛屯（今增盛镇），以土地起家，清末民初时创办增盛永烧锅。烧锅制酒所用的水来自自家院内的水井，水质极好，人称"甜水井"，产出的酒绵甜甘冽、香气盈口，非其他烧锅可能比,堪称一代名酒。由于批发和零售的都是原浆酒,滴水不掺,因而增盛永信誉卓著。初时烧酒主要销到附近的三岔河、陶赖昭、五家站三地,由烧锅主人负责出车运输。运酒的容器称"酒篓",是用二连纸和发酵的猪血糊裱制成,这种特制的酒篓不怕浸泡,也不怕摔、压,装卸方便,便于长途运输。烧锅所经营的商品也是由以上三地采购,随车运回。随着生意兴隆,增盛永也不断扩大经营,到1930年时,又开设"增盛谦"、双城县"增盛兴"、花园"增盛春"、肇州县"增盛昌"和"增盛和"等5处烧锅,在吉林北部地区享有盛誉,成为当时扶余县数一数二的大商号。"增盛永"烧锅的发展也带动了增盛屯的繁荣,到1940年左右,屯内已有1家百货商店、3家药铺、2家馃香铺、2家铁匠炉、2家豆腐坊、2家饭馆、1家大车店,还有1家官营的"大烟馆"、7家摊床。小贩在烧锅大门外东西两侧摆摊,大街上人来人往络绎不绝,赶集的农民也把自己的土副产品带到此处出售,俨然依此而形成一个市场。

民国初年,关东已出现外国人开设的葡萄酒生产企业,但沈阳最早生产葡萄酒的企业则出现在1923年7月,是由山东人马云生以资本金2400元开办的济宁酿酒厂,生产果露酒、葡萄酒。据记载,1934年时,该厂年产量已达到9吨。

山东商人不仅酿酒,也遍设酒肆直接卖酒。在卜奎鲁商酒肆极多,"大率山东回民执此为业",在此驻军的官兵闲暇时常来此饮酒,以至"练兵饷项半耗于此矣"(徐宗亮:《黑龙江述略》卷六)。在长春有位操酒多年的鲁商李某"用梨汁造成佳酿,色清味美,与西产葡萄酒无异,远近争贩,即附近日(本)人亦多欲尝者"(《盛京时报》,宣统二年八月十五日)。

民以食为天。制粉业是关东的重要产业,清代前中期,百姓一直使用石磨磨制面粉。19世纪末20世纪初,俄国人最早开始在哈尔滨建造机器面粉加工厂,并一枝独秀。渐渐地,中国人也看到了机器制粉的便利和高效。民国成立前后,鲁商纷纷在长春、吉林、哈尔滨、齐齐哈尔等关东北部各商埠城市设厂加工面粉。新式制粉企业因使用蒸汽机械设备，由烧煤提供蒸汽，因此早期新式制粉业俗称"火磨"。

长春周围盛产粮豆、小麦，清代中期以后作为粮食集散地而逐渐发展起来。长春有着较长的制粉历史，1914年9月，黄县人王荆山在长春创办了裕昌源火磨，这是长春市第一家由中国商人开办的机械化大型粮食加工企业。经过精心经营，裕昌源获利丰厚。1936年，王荆山又收购了吉林恒茂火磨，占据了吉林大部分市场。不久，王荆山又在哈尔滨建立裕昌源分号，在黑龙江安达县开设裕达火磨。经过产业扩张，到20世纪40年代时，裕昌源火磨曾有"亚洲第一火磨"的称号。吉林最早的火磨为鲁商杨云峰于1913年投资开办的裕顺火磨。杨云峰曾在宁古塔创办裕顺合火磨，1913年他在吉林城东关购地17000平方米，盖房建厂，加工面粉。后因资金不足，1916年，裕顺火磨被海参崴鲁商毛宗梅等人以32万元接办，改名恒茂火磨有限股份公司。翌年，恒茂扩建投产，年产双鹿牌面粉25万袋，每袋40斤，吉林市所需面粉50%由其供应。该公司采取机械化生产，小麦原料来自五常、农安、扶余、安达诸县。至1926年，恒茂火磨在吉林市扩股经营，拥有职工176人，年产值200余万元，使用汽车运输，为关东有名的面粉工厂之一。30年代后，因受美日面粉冲击，恒茂被迫停产。1936年被长春裕昌源火磨以48万元收买后，恒茂改名裕昌源吉林工厂，生产三洋牌、白雪牌面粉。翌年起，关东小麦连年丰产，加之交通运费降低，市场需求量增大，工厂遂扩大生产，改汽轮传动为电力传动，机磨由6台增至12台，成为当时东北产量最高，规模最大的面粉厂家，年产能力增至3万吨，独占吉林市场。

哈尔滨制粉业起步较早。光绪三十一年（1905年）前，哈埠制粉业一直被俄商资本控制。日俄战争后，民族资本开始进入制粉业。1915年，掖县人张廷阁买下俄国人经营的地烈金火磨，改名"双合盛"火磨，生产红雄鸡牌面粉，因信誉卓著而享有盛誉。1916年，他又购进双城堡火磨，扩大经营。至1937年，双合盛制粉厂全年生产面粉已近5万吨，在当时的哈尔滨周边市场上居于首位。1927年2月，黄县商人张本政在哈尔滨道外北十九街创办政记火磨，生产"双金牛"牌面粉，也拥有一定的市场。掖县人李文勋早年曾在海参崴经商，归国后相继在富锦县和佳木斯开设了德祥东火磨，其中1929年在佳木斯开设的德祥东火磨影响很大。由于当时担任总经理的掖县人张元度经营得法，"德祥东"面粉不仅销往三江平原各县，而且每年开江之后、封江之前，还通过松花江转航黑龙江的水运之便，远销到黑河一带。金沟（即金矿矿场）、林场等移民聚集的山林里都畅销德祥东的面粉。

1929年，黄县人赵连春，掖县人杨兴东、毕月涛结伴闯关东来到黑龙江兴凯湖畔的鸡东县，通过贩酒和开贸易贷栈起家。他们利用赚来的钱，购买了大量土地向外租种，秋后把收来的大豆、玉米再卖给俄国人，赚取了不菲的利润。通过生意交往，他们认识了一个丹麦商人。在丹麦人的建议下，他们用60车皮大豆（约900吨）购得一台加工小麦、谷子的机器，在鸡西（今黑龙江鸡西市）开设了"裕记"火磨。在机器购买、运输、安装的同时，聪明的三兄弟想的另一个问题是：机器开工了，原料的来源靠什么？当时，当地农户种植的品种多是大豆、玉米、谷子，很少有人种小麦。为保证原料供应，他们规定：佃户交租时，必须交小麦，交粗粮要二斗顶一斗。农民想要种麦子，他们帮助调配麦种，并且提供长年无利息借贷。当年，他们就从勃利县买来大批麦种，借给方圆几百里内外的农户。由于山东三兄弟鼓励农民播种小麦，小麦原料供应充足，促进了裕记火磨的兴旺发达。在原料购买上，裕记火磨与外地客商也有过竞争。1929年，望奎县的"永发成"号火磨、哈尔滨的"双合盛"号火磨都曾派人来密山一带争夺原料。裕记火磨适时掌握商情，有客商收购时，就提价；把客商挤走后，再把价钱降下来。这样，本地小麦极少外流，基本上保证了供给。山东三兄弟的生意经是买、卖二字。他们对加工的原料从不兑换，只讲买，加工出面粉再卖出去，这是转手取利的买卖；再是卖出去：当时的面粉一斤只有六七分钱，而且不好推销。裕记火磨的办法是不惜一切代价用最好的面粉、最低廉的价钱打入市场，站稳脚跟，表面看来在经济上有些损失，但一旦销路打开，再慢慢提价，多大的损失也能弥补回来。商人们见有利可图，纷纷前来订货，面粉曾远销到北京、哈尔滨、牡丹江、下城子、梨树镇、密山等地，也受到苏联及西欧商人的好评。所以，裕记火磨经营的时间虽不算长，但由于经营方法对路，管理手段高超，收益颇大，每年纯利润可达3万大洋以上。在短短几年时间里，三个人就成了富翁。对裕记火磨的管理，三个人也有明确分工，老大赵连春当家理财，老二杨兴东管理生产，老三毕月涛负责购买原料、燃料及推销产品，相互依赖、相互信任，从未发生过口角。

二、棉纺织、缫丝与皮革商

晚清民国时期，为适应日益扩大的城乡市场需要，关东纺织业遍地开花，棉纺织、缫丝、皮革加工等业逐渐从家庭手工业转为机器大工业生产。

棉纺织业是中国农村重要的家庭手工业之一。关东棉纺织业最初皆为手工制作，至中日甲午战争之后才开始出现民族机器纺纱业。19世纪末，黄县黄山馆人刘汉章漂洋过海，来到辽东旅顺。光绪二十五年（1899年）他开设了"公和利"纺丝织布厂。到光绪二十九年（1903年）时，"公和利"已发展成近代新型纺织印染工厂，职工达到60多人，资本增加1万两白银。此后，他又在奉天、营口、长春、本溪、哈尔滨等地建立分厂分站。1915年他把在哈尔滨道里工厂的纺织印染机器全部投入傅家甸，建起"共和彩"印染厂、利记袜子工厂，一时间成为关东数一数二的大纺织企业。（《哈尔滨文史资料》第十五辑，第87~91页）1920年，鲁商崔某出资30万元在沈阳创办了裕华毛织工厂，是沈阳最早的民营毛纺织厂，厂址位于今小北关天后宫，占地60亩。工厂拥有英国进口的毛纺设备两部，毛纺锭 1020 锭，有木制织毯机 60 架。1922 年正式投产，日产毛线 454 公斤、绒毯约 300 条，使用山羊牌商标。绒毯质量较高，在关东地区及天津等地有着不错的销路。民国初年，山东章丘孟氏家族在此开设了瑞蚨祥、谦祥益等"祥"字号的分号，经营绸缎、布匹等，与关内联系密切。吉林扶余县从事纺织业的都是莱州（今山东省潍坊市、烟台市部分县市）人。（《扶余文史资料》第六辑，第 10 页）哈尔滨地区有很多从事粗布、袜子、手套生产的鲁商家庭手工业作坊。1928 年前后，黄县殷家前店村人殷乃寅来到哈尔滨创业，经过几年努力，在道外染房胡同开设"永盛东"鞋铺。起初工人只有十几个人，后发展到一百五六十人。黄县位庄邹氏在哈尔滨六道街上开设了兴隆织布厂。黄县南树口人在十四道街上开设魁记针织厂。掖县人孙白云在南十八道街开设了裕生工厂，专门生产各种手套和线袜丝袜。

吉林市手工业机房（织布作坊）多数是昌邑（今山东省昌邑市）人设立的，但其中规模最大的裕华织染厂（今吉林市丝织印染厂）却是平度县（今山东省平度市）昭凤庄人许华利创立的。光绪年间，许华利逃荒来到船厂（今吉林市）昌邑屯居住。他先是在兴顺号、源升庆、汇合成等商号做临时杂工，与各商号建立了商业关系。光绪二十四年（1898 年），针对城内各家百货商店棉布皆由营口、盛京（沈阳）运来的情况，许华利争取到各商店老板的支持，创办许家机房，为各家订货织布或帮助购买棉纱代为加工。日俄战争期间，外国人放松了对东北的经济侵略，许家机房得到了发展的机遇，加之许华利做生意重质量、讲信誉，因此受到各商号的信赖，业务蒸蒸日上，经营规模也不断扩大。1920 年，许家机房改称"裕华工厂"，从此开始自产自销，产品遍及吉敦沿线、吉长线的榨皮厂以及桦甸、舒兰，而且自设柜台开展批发零售业务。此时，许有盛开始接替父亲经营起整个工厂，成立了染色作坊，实现了自织自染。他遵照父亲的教导，苦心经营，精打细算。他曾说：

"我晚上睡觉用肋条骨当算盘来计划收支,收入多少、支出多少,心中有数,买原料花的什么钱,都赶快到财神庙(注:当时吉林的货币兑换场所所在地)兑换顶上,以防币值高涨或下跌,在币值上绝不投机倒把,专心经营生产。"当时的银号(银行)也都愿意贷款给他,买纱织布,批零两兼,加速周转,营业大振。尤其在吉敦铁路通车后的六七年中,吉海铁路通车,更把裕华工厂引向繁荣,裕华工厂产品推销到磐石(今吉林省磐石市)沿线,整个永吉(今吉林省永吉市)周围的布庄都来购货。许有盛为了方便主顾还进行了赊销分期还款的办法,专派收款人员到各地收款,并征求各商号的意见,以便改进质量及规格。裕华工厂还与各商号使用信函订货,商品严格保证质量,如有不合格者无条件退还并包赔运费,如此进一步树立了信誉,促成了相互关系。随着工厂的发展和需要,裕华工厂又在辽宁开办了有20台电力织布机的工厂,生产布匹,以供本店销售。裕华工厂先后又在长春设立织布分厂、在沈阳设立织染分厂。截至1930年,吉林裕华工厂铁轮织机已增至67台,年产量34429锭,占当时吉林全市年产10万锭的34.4%,成为当时吉林最大的民营纺织企业。

中国是发明植桑养蚕、缫丝织绸的国家,育蚕缫丝历来是农村副业生产的一个重要部门。乾隆嘉庆年间,山东移民将柞蚕养殖技术带到了关东地区,多分布在辽东一带。初期,柞蚕丝都要运往山东加工,到清末民初时,鲁商资本纷纷进入辽东,就地办厂,购买原料缫丝。乾隆六年(1741年),大批烟台、莱阳等地的灾民迁来海城(今辽宁省海城市),并带来了柞蚕养殖技术,开始在山区植柞放蚕。随着蚕场规模不断扩大,茧产量逐年增多。1917年,鲁商王巨川与海城商人周佐臣联合,在海城镇内创办专门收购大茧和土丝的丝茧栈。1918年,鲁商唐余九在海城北关成立"和聚涌"制丝工厂,设有700支纩机,招工千余人,主要生产七八个茧的绸条丝,装箱运往日本,获利很大。此后,山东各大丝坊资本家纷纷向海城投资,先后办起数家缫丝厂。其中,较大的有"合泰号"、

"三合永"等。清朝末年时，昌邑县齐家庄齐凤吉、齐树通等人来到辽宁宽甸县从事缫丝业。1916年、1928年，先后又有两批昌邑人到宽甸从事缫丝、织绸业。当时全县缫丝织绸商号不下七八十家，如赵殿庆的"协兴和"，陶松林的"裕兴东"，郝新泰的"东祥号"，刘介朗的"新成"，李文炳的"康林茂"，温立彦、温立渊的"利聚昌"（兼营杂货铺），刘介祥的"大顺号"等都是昌邑人开办的。其中，除"协兴和"工人有200余人，织机超过百台外，其他机房的从业工人也都在七八十人以上，织机近百台，产品外销安东、哈尔滨等地。

安东也是清末民初缫丝企业比较集中的地区。宣统元年至二年（1909~1910年），世界丝业出现波动，为降低成本和风险，烟台很多丝厂开始到安东设厂生产。宣统元年（1909年）设立的华安丝栈，拥有缫8个茧子的缫车100部。次年开办的福增源丝栈有缫车120部，到宣统三年（1911年）时产丝120箱，每箱价值240~260海关两。远记丝栈和恒兴丝栈也是鲁商开办的规模较大的丝厂。至宣统三年（1911年），安东已有大小制丝厂二三十家，其附近亦有丝厂10余家，逐渐成为东北缫丝业的生产和贸易中心。福增源丝栈的创办者是招远县（今山东省招远市）人王建极。幼年的王建极跟随父母闯关东一路艰辛来到东北，他们先在奉天府盖平县（今辽宁省盖州市）居住了一段时间，后在宽甸杨木川金厂村（今宽甸满族自治县杨木川镇金安村）落户。成年后，颇有商业头脑的王建极被养蚕的乡亲们推举为蚕茧销售代理人。当时，蚕丝的加工厂大多集中在山东，为给乡亲们谋得最大经济效益，王建极把蚕茧在安东集中后，再运到山东出售。但时逢乱世，每次运输途中必遭勒索盘剥，有时到达目的地后，又遭到当地丝商压价，一来二去，"赔累者实多"。后来，他考察了一些蚕丝加工厂，并联系安东其他倒运蚕茧的商家，开始在八道沟、东坎子等地建缫丝厂。在王建极的带动下，安东的缫丝产业迅速发展。民国《安东县志》在提及本地蚕丝业发展时，对王建极的功绩曾作了十分中肯的评价："埠内茧栈日盛，今安东八道沟、东坎子等处,缫丝厂密如栉比……而丝栈亦处处皆是,实由君启其端也。"通过经营蚕丝声名鹊起的王建极,很快赢得了安东商界人士的尊重和拥护。清宣统元年(1909年),他当选为安东总商会协理(副会长),三年(1911年),他又被选为商会总理(会长)。

实业家张廷阁投资170万元在哈尔滨创办的双合盛皮革厂,是东北北部最大的皮革加工厂。由于经营得法,仅1939年一年,皮革厂就获纯利93万余元,成为当时双合盛各企业中最赚钱的工厂。

三、铸造(铁匠铺)与采矿商

关东地区矿产资源丰富,尤其是金矿资源吸引着关内民众来此淘金。登州府文登县人韩宪宗,道光二十六年(1846年)来到桦甸夹皮沟开采金矿。咸丰四年(1854年),韩宪宗当上金场总头目后,不断扩大金场范围,并建立了采金工的管理机构——"会房"。采金业极盛时期,韩宪宗的势力范围东起今敦化县富尔河,西至今桦甸县城,南自抚松县,北达半拉窝集,接近蛟河县,即今桦甸县的桦树林子、二道甸子、红石、夹皮沟、白山等几个乡镇和安图县的海沟、古洞河、石人沟、沙兔儿沟、小营子沟、大浪柴河,以及靖宇县的那尔轰、暖木条子、新开河等地,辖区达20万平方公里。韩家经营的开采脉金和沙金的矿点共有百余处,仅夹皮沟就有采金工四五万人,日产金500两,可谓"日进斗金"。

章丘制铁业有着悠久的历史:"唐时铁器章丘最盛"(《山东通志》卷四十一,华文书局股份有限公司1969年版)。因章丘境内多山,不利耕作,故民众多出外谋生铸铁为业。明代时,章丘铁业已在山东遍地开花。到了清代特别是晚清至民国时期,章丘铁匠开始纷纷闯关东,到关外寻找新的生活机会。据道光《济南府志》,每年去关东的章丘铁匠"常数千人",关东几乎每个市镇的铁匠铺都是由章丘人开办的。如章丘人康业福1922年在哈尔滨道外太古南十五道街开"三盛炉"铁匠铺。经过几年,"三盛炉"菜刀就在哈尔滨创出了名号,在本埠和外地用户中赢得了信誉,成为哈尔滨市最早的名牌产品。奉天省的洮南县有个章丘三发铁匠炉,掌柜是章丘王家坞村王庆祥。他十几岁时来到口外学徒打铁,逐渐学会了蒙语,并能适应当地习俗,与当地群众关系搞得很好。上至王公贵族,下到黎民百姓,他都有业务往来。

"郑发菜刀"创始人章丘人郑茂盛,八岁时跟随舅舅闯关东。1921年18岁时,他来到长春四马路铁行街胡同的"泰发炉",拜一位姓王的铁匠为师学习打铁。经刻苦学艺,两年后学徒期满,他开始独立开起铁匠炉,起名"郑发炉",主要打制菜刀。当时的长春市四马路铁行街是一条热闹的商业街,各个铁匠铺都想在顾客面前打响自己的招牌,而郑茂盛始终以独具特色的制作工艺一路领先,让"郑发菜刀"名声大振。经他打制的菜刀钢口好,背厚、堂薄、锋利,用起来得心应手,有"削铁如泥"的美誉。在工艺上,"郑发菜刀"克服了刀口刚度不硬或过硬的弊端,在冶炼时将刀的背加厚,增大下压力;加钢时在刀刃上折口,然后加钢,使钢套得牢固。除生产"郑发菜刀"外,他还打制其他生活用刀具,如牛耳刀、甘蔗刀、厨刀、扒皮刀、水果刀等10余种刀具,形成了具有特色的刀具系列产品。他十分注重刀具的打造质量,对每一道工序,都精益求精。什么样的刀该用什么样的火候来炼,什么样的刀用什么样的火候来淬,他都有独到的研究,被人们誉为"刀王"。郑茂盛工作严谨,一丝不苟,十分注重名牌刀具的社会信誉。他亲自掌管"郑发菜刀"的标记铁戳。每打一把好刀需要加盖标记时,他都要亲自进行认真的检验,认为合格了他才在刀背上刻下标记。对于不合格产品,他坚决不刻标记,不许出厂,始终恪守"把像样的货卖给顾客"的经商信条。

四、建筑商与玻璃、火柴、蜡烛加工商

1916年,成武(今山东菏泽成武县)人杨学进在吉林辉南县样子哨镇西门外创建瓦窑,常年工人达十四五人,生产旺季时还要雇10余名短工,产品销往辉南县城、小金川(今金川乡一带)、柳河县圣水、朝阳镇

等地方。

1916年，黄县人隋之奇迁入汤原县（今黑龙江省汤原县），在西凤鸣屯西汤旺河畔建马蹄窑一座，烧制青砖，年产一万块，为全县制砖业之首。

1917年，鲁商傅巨川联合于喜亭等人合资在滨江县（今哈尔滨）创办了第一家私营建筑公司，初名"合群公司"，后更名为"阜城房产股份有限公司"，他亲任董事长。公司经营业务主要是承揽建筑工程，兼营房产买卖、租赁业务。因1916年滨江县知事张南钧筹备开发东四家子一带时，傅巨川参与拟定10年开发计划，因此公司占尽了天时地利人和的优势，先后承揽到荟芳里妓院、同乐戏院、劝业商场、新世界及这一带的民宅、旅社、饭馆等的建设。1920年，阜城房产公司承建哈尔滨大舞台工程（砖木结构三层），为哈尔滨市最早从事此类建筑的公司。

宣统二年（1910年），安邱（今山东省安丘市）人马景山在奉天小南门外开办了奉天首家玻璃厂——景圣玻璃厂，制作灯罩和玻璃瓶罐，很受顾客欢迎。

民国初年，关东火柴工业在吉林和卜奎等地先后出现。吉林城四周环山，木材资源丰饶，为近代火柴生产提供了重要的原材料来源。20世纪20年代时，吉林城共有5家火柴工厂，职工1330人，年产火柴能力11.1万箱，约占当时关东地区消费需要的1/4以上，是当时关东地区火柴生产的基地之一。鲁商开办的火柴工厂共有3家，占了半壁江山。1920年，掖县人刘洪儒以大洋10万元，独资在吉林西关创办吉林增昌火柴厂，生产"长城"和"宝车"牌火柴。该厂规模较大，设备齐全，年生产能力约2.5万箱，产品颇为畅销，获利较多。1923年9月，招远人孙郁烈、孙光烈兄弟二人集资12万大洋，在吉林城东关团山子创办吉林金华兄弟火柴厂，生产"兄弟"、"飞艇"、"福禄"牌火柴，职工210人，年生产能力1.5万箱。1928年2月25日，掖县人宋心斋、临沂人陈万苍集资15万元，在省城东关东大滩石碑街创办泰丰久火柴厂，生产"泰山"、

关东鲁商

"三洋"、"三鱼"牌火柴,有职工200人,年生产能力1.5万箱。(林明棠:《吉林市发展史略》)

山东黄县商人张梦×在卜奎投资开设"鲁昌火柴厂",是当时黑龙江省仅有的两家火柴厂之一。鲁昌火柴厂规模较大,机械设备有三四十台,虽然尚为半土半洋的木机和铁机结合使用,但在当时来说,也算是先进的了。全厂人员约有百人,忙时还招用临时工。由于没有强劲的竞争对手,鲁昌经济效益相当可观。

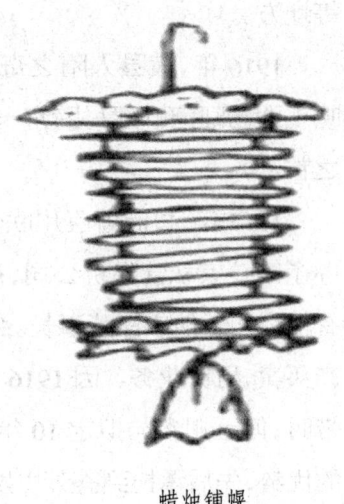

民国初年,黄县殷家前店村人殷乃亨、李凤鸣在哈尔滨成立了股份制的"永顺东"制蜡厂,生意可观。

蜡烛铺幌

第三节 其他行业鲁商

清末民初,关东社会经济快速发展,实业勃兴,带动了服务业的繁荣兴旺。为了满足城乡居民的需要,很多鲁商投身服务行业,经营饭店、旅馆、糕点店、药店、文具店、运输公司和金融商号等服务性商铺、公司,为关东城镇社会经济文化生活水平的快速提升作出了重要贡献。

一、饮食服务商

光绪三十四年(1908年),鲁商任岐山在营口创办汇海楼饭庄,取"汇海内之宾客,聚天下之朋友"之意。店内设中、西两个餐厅,备有礼堂,可唱"堂会"。设有雅座、散座,大型宴会可打通客房的隔扇,摆40桌酒席。店内生意非常兴旺,店员最多时达上百人。汇海楼还在日本人聚居区开设分店,专营西餐。

　　清末民国时期,哈尔滨从事餐饮业的鲁商众多,鲁商经营的饭店主要有:1917年,福山县(今烟台市福山区)人朱安东在道外区升平二道街创办的哈尔滨第一家民营大饭店———新世界大菜馆,1920年他又在道外十六道街建成当时居第一流的新世界饭店;1923年,鲁商陈铭久在道里中国十一道街创办的福泰楼;1932年,掖县(今山东莱州市)人彭芝田在道里石头街(今哈尔滨市人民政府大楼)开设的宴宾楼饭店等。这些饭店皆为鲁菜名店,经营的全是传统鲁菜。鲁菜在当时哈尔滨中餐菜肴中占据主导地位。原居在海参崴的山东名厨捷足先登,首先将鲁菜引进哈尔滨。福泰楼、新华楼等大饭店最初都是由他们掌勺,代表人物有王金陵、高廷俊等。另外还有从海路经大连进入哈尔滨的"福山帮",代表人物有新世界的朱光铸、致美楼的朱喜才等。占主流的是从北京转来的"京东帮",代表人物有张锡财、张海峰等;在40年代唱主角的"奉派",以张二杰为首。

汇海楼开业时的情景(来自http://hi.baidu.com)

朱安东创办的新世界饭店是新中国成立前哈尔滨最大的旅馆饭店,民国九年六月十七日(1920年8月1日)开业。饭店内的设施、经营、技术、品种、服务在当时均属一流,院内有花园、喷水鱼池、休息椅凳,楼顶有一处花园,并附设球台、活动电影等。新世界的旅社部分约有100个房间,大小房间齐备,设有套间、会客室、卧室、浴室及厕所,室内陈设讲究,设施齐全。饭店分中餐、西餐大菜、南味、素餐,设中、西两个灶房。新世界中餐每次容百余桌,并设有喜庆堂;西餐同时能坐数百人,设有休息室、茶室。饮食不拘时间,随从客意。在《全哈尔滨商工名录》(1935年)中,新世界列为四等二级,是当时哈尔滨饭店业中最高的等级。从业人员80名左右。

在偏远的黑龙江东丰县城也有鲁商开设的饭馆。1931年,黄县人刘宝奎、新泰人张锡和联合奉天的几个朋友在此开设泰和兴饭馆,生意兴隆。吉林拉林大沟地方也有登州府海阳县(今山东省海阳市)人裴海开设的饭铺。

鲁商在关东各地经营的特色饮食店铺也比较多。宣统二年(1910年),在北京福星斋(酱肉铺)做过学徒的掖县人王孝庭闯关东来到哈尔滨道外傅家甸,与宋文治(字焕臣)合伙开办了"正阳楼"。因店名是仿北京正阳楼起的,所以匾额"正阳楼"三个大字上面还有"京都"两个小字。店内前屋营业,后屋为作坊,二楼是宿舍,还设有客厅和雅座。正阳楼主要生产风干香肠、松仁小肚、五香熏鱼、虾籽火腿、烤肉丸子、青酱腊肉、熏鸡酱鸡、五香酱肉等肉制品,在经营中继承北京传统风味,又不拘于传统。最初的肉制品皆依照北京的传统风味生产,但京式风味又近于南味,有些产品试销一度,因不受北方人欢迎而停产。像"青酱腊肉",当时是应滨江道尹李嘉鳌的提议而生产的,也曾受到南方人的欢迎,但大多数北方人不习此味,销售量很小。王孝庭等人针对这一情况,认识到产品必须改进,应该以大多数北方人的口味为调整依据,否则就没有出路。他们对产品在调料、工艺等方面进行了改进,取得了成效。正阳楼还随季节的变化而增减品种,春秋凉爽,就多生产既受欢迎又有较高经济效益的酱制品,炎热季节则多生产一些熏制品,以迎合人们的口味。正阳楼的信条是:信誉是企业的生命,质量是企业的命根子,因此,在技术指导上一丝不苟,每批产品都要由技师过目;售出去的商品必须一刀一刀地切好,各类食品都要求包扎结实,还要留个绳扣做提手,完整地交给顾客;食品帖均印有"京都"二字,以示正宗。正阳楼的食品因其质量和服务一流,吸引了许多达官显贵、商绅名流慕名而来。当时,吉林交涉局总办、滨江道尹李嘉鳌,黑龙江铁路办事处督办鲍贵卿等人都来此购买食品,甚至连奉天的大帅府、少帅府、齐齐哈尔的吴俊升督军府也常派人来正阳楼购买各种食品。

1933年,招远县人杜兰魁和赵履元在哈尔滨道里区合开魁元阁,经营山东风味排骨包子,并于1936年在道里区西八道街开设分号。山东人王凤魁20世纪三四十年代在哈尔滨范记独一处当跑堂,深得掌柜信任,成为其事业继承人,经其允许,创办"范记永"饺子馆,在哈尔滨很有名气。清末民初,鲁商尹雨德经营的庆记香油房、王魁武经营的仁义和三鲜庄,在抚顺千金寨都非常有名。1930年,王登莱、王廷弼等人在沈阳开设普云楼,经营酱肉大饼,风味独特,驰名全城。1922年,烟台人王莲洲在奉天省沙河子(今丹东)开设仙露芳糕点店,生产的月饼、糕点香而不腻,甜而不厌,储藏期长,不霉不变,脍炙人口,虽售价高于别家30%~50%,但仍顾客盈门。

旅店业在哈尔滨出现较早。光绪十六年(1890年)前后,山东人傅宝山、傅宝善兄弟在道外桃花巷一带开设傅家店,以旅店为主要经营业务。在其他区域内也有许多鲁商建立的小饭店,清光绪二十三年

客栈幌子

繁荣的傅家甸桃花巷（来自 http://www.sina7.com）

(1897年)绘制的《黑龙江舆图》上，就有在今哈尔滨市区域内以穿心店、宋家店、孙家店、路家店等小旅店店名作为村名的记载。在桦川县悦来镇也有光绪十年(1884年)鲁商张开设的"悦来客栈"。

二、药材商与照相、文具商

在沈阳曾流传着"先有广生堂,后有沈阳城"的说法。明朝万历年间,广生堂在沈阳创建,自此经营不辍。乾隆四年(1739年),巨野县药商卜涿如,以白银1.8万两买下广生堂,继续经营。乾隆十年(1745年),卜家又在沈阳(当时称奉天)开设宝和堂、万玉堂。在此后80多年间,广生堂、宝和堂等以其规模大、业务发达、药品齐全,在人们心目中信誉颇高,成为沈阳著名的药店。从宣统元年(1909年)至1931年"九·一八"事变前,广生堂、宝和堂又先后在沈阳、辽阳、营口、抚顺、铁岭等地开设分、支店铺8处,成为与世一堂齐名的关东中药业大商号。营口是关东中药集散地,这里的批发庄中驻有大量山东客商,主要经营金银花、四大怀货等。营口"宝和堂"为沈阳卜家宝和堂的分号，清光绪年间创立。宝和堂实行前店后坊的经营方式，前屋设柜台售药，后屋设诊室和制药厂，兼办药材批发。由于恪守信誉，名声极好，南北客商纷纷慕名前来购药。

老宝和堂西柜（来自 http://lib.yingkou.gov.cn）

吉林"永德堂"是沈阳广生堂的分号，乾隆末年（约在1790年）开业。初名广生堂德记，嘉庆元年(1796年)改为全生堂号大记，同时在伊通河设分号大记。咸丰十一年(1861年)全生堂大记改名永德堂。光绪十年(1884年)又在吉林市西大街和阿什河（今黑龙江省阿城县）设立两个分号，以后又在呼兰县设分号；光绪十八年(1892年)，阿什河分号又在哈尔滨设立分号；1912年在营口设立永源庆参茸山货栈，1913年在双城堡（今黑龙江省双城县）设分号，成为关东数一数二的中药批发商。永德堂重点经营人参鹿茸，其他如皮张、中药材、绸缎、面粉、烟、茶，甚至石油、日用百货等，只要有利可图，无不经营。永德堂的大发展除依靠其"货真价实"、"薄利多销"、"讲究信誉"赢得顾客外，官府和银行的支持也是不可缺少的因素。民国初年，永德堂经理贾秀峰（吉林省商务会委员）与当时国民党名流莫德惠过从甚密，在经济方面获得很大关照。永德堂也获得了当地银行的大力支持，每年可从银行借用流动资金20余万元。同时，与老对手"世一堂"的竞争、合作也推动了永德堂的发展。世一堂创建于嘉庆年间（约1815年），自光绪二十六年(1900年)任用郭万春担任总经理以后，采取灵活的经营手段，企业日益兴盛。永德堂看到后，便于光绪三十年(1904年)任用郭

关东鲁商

万春的弟弟郭万和为总经理，带动了经营状况的好转。此后两家争设号庄，争夺市场。永德堂原在海参崴收购参茸山货并兼营石油业务，盈利很大，世一堂有鉴于此，便于光绪三十二年（1906年）与永德堂合资在营口设德增和分号，又于光绪三十四年（1908年）在海参崴设山

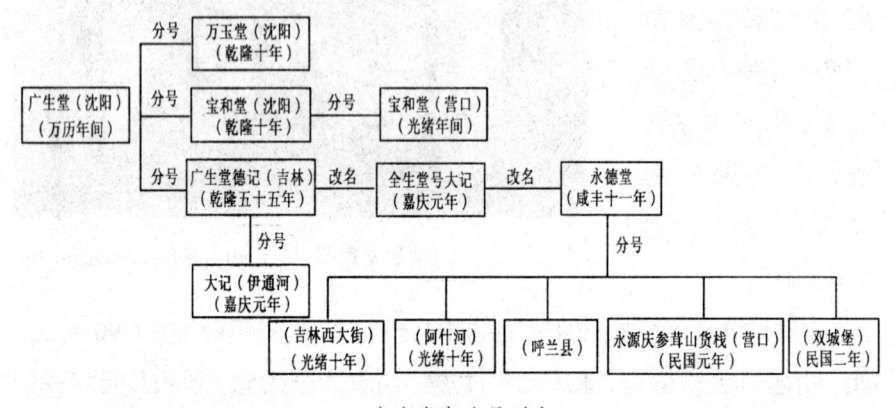

广生堂各分号列表

货庄常年收购山货。永德堂也不甘落后，于1912年在营口开设"永源庆"山货栈。

1912年，山东烟台福兴堂在安东前聚宝街158号设立安东福兴堂。福兴堂注重品牌意识，创立之初就注册了"太乙炉"商标。自建堂之日起，福兴堂以"存心济世、货真价实、童叟无欺、竭诚尽力"为宗旨，对药品精益求精，所配制的丸、散、膏、丹等传统中药，均精选川、广、云、贵和长白山等地药

安东福兴堂（来自 http://www.fy0415.com）

材,在国内和朝鲜、日本、东南亚地区都享有盛誉。创建人孙云亭曾被安东中医业者选为安东药业会会长,药店也得到社会各界赞誉。1927年,奉天省省长赠匾题词:"慈善为怀";安东商埠公安局题赠匾额:"惠周贫病";朝鲜平壤府德盛号董事长王鼎敬赠"医界明星"雅号。

此外,蓬莱人梁甘庭于1915年同安东日生堂药店合资在安东开设天祥福药店,后改名"老天祥大药店"。老天祥以经营中医药为主,兼营西医西药,在安东市区内先后开设5家支店。由于药品制作精细,功效明显,加之宣传得法,药材销往全国各地及邻近的朝鲜,邻近地区的患者皆慕名而来就医,连朝鲜新义州的居民也过江来求医购药。

天祥药店(来自 http://www.dd-guide.com)

1926年,赵云生在长春西四马路85号开设了"广兴堂"诊所,主治儿科疾病。1941年长春麻疹大流行,赵云生用自制的"托疹散"救活很多危重病患儿,人们都亲切地尊称他为"赵小孩"。他在实践中研制了"健脾散"、"温中散"、"止咳散"、"清肺散"、"镇惊散"等中药,并用药品和针灸相结合的办法开展治疗,疗效显著。光绪十六年(1890年),山东人王恩猷在吉林汪清县百草沟开设了全县第一家中药铺"庆和堂"。(《延边文史资料》第七辑,第111页)

关东鲁商

1930年，招远人原鸿飞在黑龙江富锦县开设东亚药房。之所以起名"东亚"，有着一定的内涵。因当时中国积贫积弱，外国人瞧不起中国人，称中国人为"东亚病夫"。中国凡有志之士对此都极为愤慨，想通过实业救国之路，使中国强盛起来，所以原鸿飞给自己的药房起名"东亚药房"，时刻警醒自己，也警醒国人。药房走中西药结合、药医结合的经营之路，经营有丸散膏丹、人参、虎骨等中医药和针片酊膏等西药，还售卖医用器械和护理用品。药房设问病室，向顾客开展售药咨询，开展小型外科手术和处方处置业务。由于信誉好，服务齐全，药房生意蒸蒸日上。

晚清时期，西方照相技术开始传入中国。民国初年，关东民用照相业开始兴起，其中尤以哈尔滨的照相业最为发达。鲁商在哈尔滨照相业中占据重要地位，有几家重要的照相馆都是鲁商开设的。

乳山县人林蓉三早年闯荡海参崴，1923年，在道里中国十二道街开设美华照相馆，后又在道外北头道街设分店仍称"美华照相馆"。1930年前后，他又在哈尔滨市最繁华的正阳街上开设"三友照相馆"。其中"三友"照相馆以规模宏大（当时有职工数十人）、设备先进（一切均由苏联进口）、技艺高超（重金培养和任用名师）而声名显赫，成为当时哈尔滨摄影业的中心。1934年，盛冠斗、苏猷忱在道里新城大街(今尚志大街)和十二道街交叉路口开设真美照相馆。上官云珠、韩非、白云等著名演员都在真美照相馆照过相，极大地扩大了真美的影响。

照相馆幌

清代后期，在文化服务产业中也出现了鲁商的身影。在沈阳、岫岩等地都有鲁商开办的文具店。光绪年间，山东人李湛章在沈阳中街开办

第二章 关东鲁商的经营行业

了"李湛章笔墨文具店"。李湛章擅长制作毛笔,作为制笔业权威,为东北各地推崇达60余年。他的四个儿子继承父亲的技艺,也都为制笔能手。他们制作的毛笔有七紫三羊、净尾狼毫、青山挂雪、大中小羊毫、长锋宿羊毫以及各式提斗等。由于质量优良,李家毛笔受到书法家、教育家及各机关、商号的欢迎,销路颇畅。民国初年,山东人黄全盛在岫岩城开设了"福生和"文具商店,独家经营文房四宝、文具用品、学生字典等,专门制造和出售"小大由之"毛笔,其文具不仅在本县销售,还外销到庄河、孤山、海城、安东等地。

三、交通运输与金融商

清代前中期,鲁商凭依地利之便,使用旧式帆船渡海来到辽东南部的牛庄和锦州从事贸易。晚清民国时期,关东开始融入国内大市场,特别是中日甲午战争以后,清政府正式允许民间资本进入轮船运输业,鲁商适时抓住机会,投资航运业,并在行业中占据了主导地位。

锦州是清代前期辽东和山东之间贸易的重要集散地,马蹄沟海口和天桥厂海口"进口船只来自天津、山东两处……入口货为天津、山

昔日锦州西海口(来自 http://www.jz.gov.cn)

东两处之麦,出口货以杂粮为大宗"。铁岭马蓬沟码头河运发达,来往商船众多,其中以山东帮商船最多。山东帮船商资金雄厚,人多势大,不仅代运货物,又兼营粮业、丝房、钱庄等。其中王家有船百余只,还有许多海船,来往铁岭、锦州、胶州、烟台等港口之间。(民国《锦县志略》卷十三)

嘉庆、道光年间,山东等省商船即开始在营口和登州之间贩运大豆等粮食作物。咸丰十一年(1861年),营口被辟为通商口岸后,成为关东地区重要的人员及货物集散地,带动了渤海海运的兴起,太古、旗昌等洋行的轮船凭借各种不平等条约和炮舰政策垄断了营口至烟台、龙口一线的航行,给民族航运业带来致命打击,往来于两地的鲁商在经商过程中也多受其挟制。20世纪初,鲁商开始着手建立自己的商业船队、打破洋轮垄断的局面。光绪三十一年(1905年),在营口经商的黄县人李序园联合营口等地山东同乡会人士集资购买了400余吨载重量的木造轮船一艘,取名"全胜"号,航行于营口与龙口、登州之间。通过经营全胜号,李序园积累了宝贵的经验。宣统二年八月(1910年9月),已任营口商会总理的李序园又联合多人发起成立肇兴轮船股份有限公司,并先后在龙口、上海、大连、青岛等地设立分公司,与外国公司抗衡。20世纪30年代事业顶峰时,肇兴公司拥有"肇兴"、"和兴"、"裕兴"等船只10余艘,还代理其他公司船只20余艘,成为营口民族航运的龙头老大。另外,黄县人王致中等于1920年创办了营口商船股份有限公司,其中董事9人,山东籍的占到6人;监事3人,山东籍占2人。蓬莱人庄树庭等于1923年十一月创办了大通兴(也称"大通")轮船股份有限公司,其中董事9人,山东籍占8人;监事3人,山东籍占2人。

出生于旅顺的文登(今山东文登市)人张本政,甲午战争期间,结识了以经商为掩护的日本特务——高桥藤兵卫,并在高桥的代理店里工作。不久,因看到经营海运有利可图,在高桥介绍下他拜在日本人梶原门下学习海运贸易。光绪二十七年（1901年），张本政以特殊身份租到两艘日本轮船——"贯效丸"和"宇和岛丸"，专驶烟台、大连和大东沟（今丹东）一线。日俄战争期间，他又利用租来的船只为日本运送军火物资，取得日本军方的信任，因此在日军占领大连后，他获得低价收购俘获船只的奖赏。在日本人的支持下，他顿时飞黄腾达起来，成了大连著名的暴发户。光绪三十二年（1906年），张本政在烟台独资兴办了政记轮船公司，先后买进日本轮船"仁义丸"（改名为"胜利号"），并租用5艘日本轮船，航行于威海卫、烟台、龙口、天津、营口、大连、安东等地，营业逐步发展。第一次世界大战期间，欧美船只忙于军运，无暇东顾，张本政趁机大捞一把。在整个战争期间，平均每年都购进三四只轮船。1920年，为了扩大经营规模，张本政将政记公司改组为政记轮船股份有限公司，筹集资金1000万元，这时政记轮船公司已拥有轮船21艘。航行范围除渤海、黄海沿岸外，还远达香港、曼谷、新加坡和日本港口，并先后在大连、青岛、龙口、天津、上海、香港、广州等地设立支店。1931年日本帝国主义侵占我国东北，张本政又发了几年国难财。到1941年时，政记轮船公司共拥有轮船35艘，总吨位51000余吨，成为我国沿海航运的一霸。张本政为了发财致富，善于看风使舵。起初他的轮船打的是日本旗号。1915年袁世凯同日本帝国主义签订了丧权辱国的"二十一条"，全国掀起抵制日货的怒潮，政记轮船公司的船只亦被抵制停航。张本政急得如同热锅上的蚂蚁，"乃奔走权贵，在北京东南部登记注册，所有船只都挂五色旗，可通行全国无阻也"。为了装潢门面，欺骗国人，1919年，他通过关系从北洋政府的农商部得到"厚生奖章"，1920年，又从北京政府总统府获得"五等嘉禾章"。张本政的大部分轮船航行于渤海、黄海沿岸。1931年日寇侵占我国东北以前，除大连港为日本占据外，其他港口均控制在各地军阀手中。张本政同这些军阀也是互相利用，狼狈为奸。张本政同张作霖来往甚密。第一次世界大战后，欧美船只重新麇集亚洲，政记轮船公司竞争不过，营业颇受损失。张作霖亲自借给他30万元，并

"由东北官商加股二百万元",使政记轮船公司渡过难关,"基础巩固,年有盈余"。1924年第二次奉直战争时,直系军阀吴佩孚将政记公司在天津、青岛、烟台等港口停泊的十余艘轮船扣留。张本政巧施妙计,打通关节,"经各方解释"又因直军战败,吴佩孚只好将这些船只放行。(《辽宁文史资料》第3辑,第178~181页)

  1924年,奉系军阀张作霖收回东北内河主权后,委托掖县人张廷阁与王魏卿(东亚轮船公司经理)、马希圣(大同粮栈老板)经营松花江航运,合资兴办奉天航业公司,张廷阁出资21万哈大洋,买进4条火轮,连年获利,仅两年的盈余就收回了全部投资。1927年,张廷阁又投资购买了钢牛、富江、江元、江享等4条客船与拖轮,成立"兴记航业公司"。自成立之日到1939年被日寇强制收买为止,12年间航业公司共盈利197万元。

大连政记轮船公司办公楼(来自http://www.dl-library.net.cn)

20世纪初,汽车运输业作为新生事物在关东出现。1918年,鲁商傅巨川等在哈尔滨组织"安泰汽车公司",购置汽车10辆,每辆可乘坐15人,往返于道里、道外之间,开了哈尔滨现代汽车客运业的先河。

关东城镇贸易发展,工业勃兴,带动了商业资本和金融资本的日趋活跃,银炉、钱庄、当铺、银行等民间金融机构先后出现并发挥着重要的货币交换和中转媒介的作用。

银炉为营口的特有金融机构。嘉庆道光年间,关内商人开始在此经营烧锅、油坊、百货批发等行业。咸丰十一年(1861年)营口开辟为商埠后,市面逐渐繁荣,南北客商云集,车船辐辏,被称为"关东门户"。由于商业交易频繁,款额巨大,按旧例收付现银有诸多不便之处;而且,当时吉林、黑龙江各地客商来营口买货,多携带杂银,规格成色不一,作价换算难以达到公平合理。因此,营口商界经过酝酿磋商,决定由各商号创建银炉,将外地客商所携杂质现银一律投炉重炼,剔除杂质,铸成标准银锭,每锭重53两5钱,称为标准型的"营平炉银",其效用功能和流通

福山县同兴炉银五十两(来自 http://www.kyqs.cn)

关东鲁商

货币相同。各银炉通过发行标准炉银，遂演变成代收代支的信用转账机构，"成为商业交易史上资金交流中枢渠道"。(《辽宁文史资料选辑》第三辑，第56页) 鲁商在营口开设的银炉有：蓬莱贺家于光绪五年（1879年）开设的丰泰文；黄县李家于光绪十年（1884年）开设的义顺魁，光绪十九年（1893年）开设的恒义福、恒义利，光绪二十一年（1895年）开设的长记，与茂生行合资开设的义生祥，1914年开设的金记；黄县山家于光绪十七年（1891年）开设的恒有为，光绪二十一年（1895年）开设的恒有长；黄县单家于光绪十九年（1893年）开设的天合益，光绪三十年（1904年）开设的天合赢；光绪二十年（1894年）黄县协兴万商号开设的协兴永；光绪二十八年（1902年）蓬莱宋帅开设的义盛德；光绪二十九年（1903年）烟台双盛泰商号开设的鸿盛利、鸿盛玉；光绪三十年（1904年）掖县杜家开设的正祥孚；1924年莱州吕家公顺东、宏顺东、合顺东商号合资开设的东记银号等。其中，尤以黄县李家的"义"字号和莱州吕家的东记在当时金融市场中举足轻重。

典当行俗称"当铺"，是一种传统的商业金融借贷机构。从事资金借贷的借贷人以物品作抵押借取现金，限期赎取，并收取利息。若过期不取，没收抵押物，变价抵偿。长春典当业出现较晚，但发展很快。咸丰九年（1859年），昌邑人齐广德在东三道街开设

银炉店幌

当铺幌

东广顺当；咸丰同治年间，齐东岳在南大街开设广顺当；光绪七年（1881年），赵志远在西头道街开设广顺庆当。这些典当铺设在城内，资本金在40万吊至60万吊之间，当息每月3分，当期一般两年。榆树县最早的金融机构为昌邑县柳疃姜家泊庄姜潍清于道光二十二年（1842年）开设的功成当，以抵押衣物等流动资产为主进行放款活动。功成当除在伪满成立前夕因战乱歇业一段时间外，一直营业到1945年春。由于经营好、信誉高，在榆树县影响很大。

19世纪60年代以后，关东各地流通的货币种类繁杂，币值不一，给异地贸易带来极大不便，由此，带有银钱兑换性质的钱庄应运而生。钱庄主要经营存贷款、汇兑和货币兑换业务，由于手续简便，存放灵活，深受工商业者欢迎。大连钱庄业中山东帮的福山、威海两派实力较强，掖县次之，其业务对象主要是山东籍的工商业者。鲁商安慈民在他开设的肉店和粮店中兼营货币兑换，因营业不断扩展，最后成为全市工商界中资金雄厚的"八大家"之一。光绪三十三年（1907年），福山商人刘仙洲开设储蓄公司，经营银钱兑换。在营口鲁商经营的钱庄业也有着一定的地位。此外还有光绪十年（1884年）姜海东开设大海钱庄、光绪十七年（1891年）王邦兴开设诚兴祥钱庄、光绪三十一年（1905年）庄树庭开设怡泰号钱庄等。长春位于关东中部，为南北商业贸易中转站。随着市场需求的不断增加，钱庄业迅速兴起，山东昌邑人开办的钱庄在其中占到一半。吉林城凭借便利的水陆交通条件，道光年间逐步发展成为奉天以北最大的商品交换中心。来自昌邑县柳疃姜家泊的姜德信，见开办

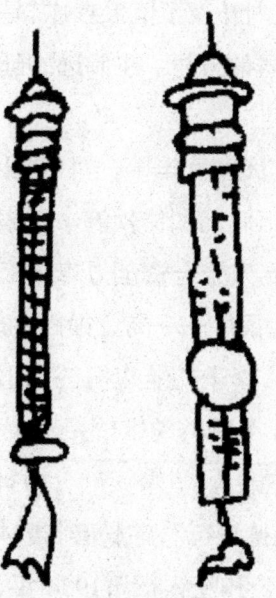

钱庄幌

钱庄有利可图，遂于光绪十五年（1889年），以资本40万吊建立功成玉银号，银号聘用吉林天锡公银号的祖郁周担任主事掌柜。坚持稳扎稳打，初期阶段只经营汇兑业务，以后逐渐增加办理货币兑换、代理买卖货币、存款、放款、贴现、储蓄以及代理保险等业务。清末民初，功成玉在吉林城相继增设东关、西关两个分号，1917年又在长春、1920年在哈尔滨开设分号。总号和分号的柜伙达到200多人。在民国初期，功成玉银号股本及公积金达到30万两银，常年放款约25万两，汇兑年约100万两，一时间成为吉林金融界的巨擘。哈尔滨钱庄业，包括汇兑庄、钱号和银号等，多设于繁华闹区，尤以道外商业集中区最多，一般以经营汇兑业务为主，兼营存放款。山东、直隶、山西等地钱庄在哈尔滨开设分庄者众多，而以天和兴、福顺德、恒聚、公和隆等为代表的鲁商钱庄在其中最有影响。民国元年三月（1912年4月），烟台史家的天和兴钱庄来哈尔滨开设分庄，专办哈埠至山东的汇兑业务，为哈尔滨第一家鲁商钱庄商号。1914年，烟台梁子薰来哈设立福顺德银号分号。1920鲁商肖星三在十三道街恒顺昌杂货店内开设了恒聚钱庄，是烟台恒聚钱庄的分号。公和隆是烟台公和隆银号的分号。在偏远的延吉，也有鲁商陈少卿开办的"会源恒"钱庄。

　　鲁商经营的银行在关东也有着极大的影响。民国九年十一月（1920年12月），刘子山在大连开设普通银行支店，从事储蓄和贷款等一般银行业务。1935年9月，李子初和王翰生等工商界人士合资创办奉天汇业银行。1942年7月，汇业银行与营口的地方性银行——商业银行、福顺银行合并，更名为"兴亚银行"，总行设在营口，李子初继续担任董事长。此外，沈阳信访永银行也由鲁商开设。1928年后，哈尔滨的银号钱庄也纷纷改组为银行。如1930年6月，恒聚钱庄改为"恒聚银行"；1934年12月，福顺德银号与烟台总号分离，改名"福德银行"，在长春、吉林等地开设了分号；1934年，公和隆银号更名为"公和隆银行"；1934年，瑞增祥银号改称"瑞增祥银行"，1935年再次改组为瑞祥银行；1938年，

天和兴钱庄改称"天和银行";1934年,吉林功成玉银号改称"功成玉银行",1938年又改称"功成银行",先后在沈阳、大连、营口和关内的北京、上海、天津、青岛、烟台、龙口等地设立办事处或代理处,接付票款,形成了遍布大半个中国的汇兑网。

20世纪20年代,招远人原鸿奎在黑龙江富锦县开设了当地唯一的金店。金店主要销售金银首饰,也对外加工各种金银饰物,生意十分兴隆,在松花江下游一带小有名气。

关东地区的保险业诞生于清末,盛于20世纪20年代。1928年,鲁商李序园、李子初等在上海创办了经营水、火灾保险业务的"肇泰保险公司",并在吉林市设代理处,是国内最早开办海上贸易的民营保险公司。

张廷阁自幼聪颖，八九岁时进入私塾读书。光绪十七年（1891年），张廷阁的父亲突然去世，本不宽裕的家庭再也无力担负其学费，张廷阁只得辍学务农。但仅凭务农来养家糊口殊非易事，光绪二十二年（1896年），一次大规模的闯关东人流浪潮中，21岁的张廷阁也加入了他们的行列，跟着本家侄子张天纲到关东谋生活。他们先后经安东、延吉等地，向北走出国门，几经辗转，最后来到海参崴，并经人介绍进入"福长兴"商店做了小伙计。

海参崴本是中国领土，由于地理位置优越，咸丰十年（1860年）第二次鸦片战争期间，清政府被迫将其割让给沙俄。沙俄把海参崴定位为"控制东方的桥头堡"，极力经营。到19世纪末，海参崴已经成为沙俄在亚洲最大的军港兼商港。特别是光绪二十二年（1896年）中东铁路修建后，海参崴与关东地区的商业交往日益密切。许多山东流民来此开店铺、设摊床、做买卖。在当时流民群体中有一句俗语，叫"闯崴子，拾金

1899年海参崴火车站站台附近的华商（来自 http://tuku.news.china.com）

子",意指到海参崴闯荡,有无限生机,可以赚到大笔钱。

在福长兴做活期间,张廷阁做事勤奋认真,肯动脑筋,边做边学,逐渐掌握了商业上的生意经。他还充分利用和俄国人打交道的机会,学会一口流利的俄语,为以后顺利地和俄国人做生意打下了重要基础。经过学习和锻炼,入店三年后,张廷阁已成长为一名富于冒险精神又能谨慎从事,大胆灵活又能审时度势的熟练商人,尽管当时他还只是一个23岁的小伙子。

中东铁路修建前,海参崴华商店铺众多,鲁商是其重要组成部分,但商铺规模普遍偏小。中东铁路修建后,关东地区的商机陡增,山东登、青、莱三府的鲁商大批进入海参崴,经营茶叶、丝绸、粮食等商品贸易。鲁商开设的店铺之间因同乡近邻关系,交往密切,不定期举行聚会加强沟通联络乡情。张廷阁正是通过这种交往结识了"双合盛"杂货铺的掌柜郝升堂。郝升堂也是掖县人,比张廷阁大六岁,他的家乡柳行村离张廷阁家乡石柱栏村只有几里路远。"双合盛"杂货铺,由郝升堂、李梦令、杜尚志三人合资,属于小本买卖。通过交往,张廷阁的经商才能和潜质获得郝升堂的认可,郝升堂多次诚心邀其加入双合盛。

光绪二十四年(1898年)前后,张廷阁经过深思熟虑,认为双合盛虽是小店铺,但施展经营才能的机会更多,于是辞去了福长兴的工作,进入到双合盛杂货铺。在店铺里,张廷阁获得了参股权(双合盛发展为七人股份企业,除原来的郝升堂、李梦令、杜尚志外,张廷阁与杜清治、邹日恒、王禹川4名店伙也在双合盛注入股金。以后双合盛再未增加新股东),既是店伙,又做股东。

在双合盛,凭借通晓俄语的专长和灵活机动的经营手段,张廷阁得到郝升堂的绝对信任,凡经营上的大事,他都可以出谋划策,大宗交易也都由其出面洽谈。在不长的时间里,张廷阁就做成了几笔大买卖,开始担任双合盛副经理,全权经办双合盛一切对外业务。在张廷阁任副经理的几年里,双合盛发展迅速,营业额连年猛增。

光绪二十九年（1903年）日俄战争爆发前夕，海参崴沙俄驻军猛增，并大量储备战略物资，准备与日军作战。张廷阁敏锐地意识到即将有战事发生，也预感到这是一次大的商机。于是他利用掌握俄语的优势，以金钱买通俄军军需要人，与俄军建立了联系，得以承揽供应俄军军需物资的大生意，从中赚取了巨额利润。同时，根据战争期间物资供应将会出现紧张的经验和预期，他还大量储存生活物资待机抛售。1904年2月，日俄战争爆发，日本海军封锁了海参崴的水上运输线，外地货源断绝，市内物价飞涨，战前以4戈比一斤购进的大批食盐，战争期间竟卖到五六十戈比一斤。双合盛大赚了一笔。张廷阁牛刀小试，已露锋芒。

光绪三十二年至三十三年（1906~1907年），为解决财政问题，沙俄政府曾两次增加工商营业税率，每次都引起海参崴物价上涨。对此，张廷阁均通过渠道提前获知内部消息，抓住时间差，利用当时进货不用先付款的有利条件，赊购了大量货物待涨价后出售。这样，双合盛没有动用一分流动资金却赚取了大量利润。张廷阁的几笔业绩不仅令"双合盛"内部人瞠目结舌，也令当地同行钦佩不已。

短短数年，在张廷阁经营下，双合盛由一个小杂货铺一跃成为零售兼批发呢绒、绸缎、日用五金等各类百货的大型百货商店。资金充裕的双合盛积极扩大经营规模，在海参崴开设了分号，并在商业闹市区租地建楼，扩充营业项目。随着业务范围的扩大，双合盛与国外的贸易联系日益密切，它在莫斯科、大阪、横滨、香港、新加坡等地都设有驻在员，直接和各地厂商建立贸易关系，由国外大量进货。为确保货源充足、渠道畅通，双合盛还与英国、德国等地的厂商订立了长期进货合同。货运繁忙之时，双合盛往往要承包整趟列车、整条轮船进行国际运货，气魄之大可见一斑。同时，双合盛信誉也大为提高，资本金迅速增加，逐渐成为海参崴商界中首屈一指的商号。张廷阁作为华商界首富，于1914年被推举为海参崴华人商会会长。

第二节　移资哈尔滨执商界牛耳

　　双合盛虽然创业在海参崴，但其与国内联系一直比较紧密。哈尔滨（当时设置滨江县）处于重要交通枢纽上，"东清铁路西自满洲里入我国境，东达交界驿，县境适扼其中，而支线南达长春，接南满路，至迄辽东半岛。又于斯起点。一纵一横，此为交点。故就东省论，实绾南北满洲之毂。就交通大势论，要为东亚之枢。"（**魏声和：《吉林地志》，第14~15页**）早在日俄战争前，双合盛就向郝升堂的叔叔郝茂祥在哈尔滨开设的义合成杂货店投资5万卢布，在哈尔滨建立了一个落脚点。此外，黑龙江黑河地区盛产黄金，但因交通不便，日用品短缺。双合盛抓住商机，1913年在黑河设立分号，并派刘思恭、鄢正海二人前往负责工作。分店设立后常常由海参崴或哈尔滨两地直接寄货由其出售，货出手后则廉价从当地购买黄金，由可靠的店伙带到哈尔滨。这样，不但两边获利，而且双合盛也因此储备了大量黄金，为后来回国兴办实业提供了重要的物质基础和在当地从事商业的经验。

　　由于货物采购的关系，张廷阁在双合盛经常接触一些国外的实业家，感到帝国主义列强国力强盛，皆因有强大的工商业作支撑，中国以农业立国，要想富强，也应走实业立国的道路，因此渐渐产生了回国办实业的想法。第一次世界大战前夕，俄国无产阶级革命进入高潮，政局动乱不宁，而中国国内却恰逢清朝覆灭民国成立。资产阶级民主革命的胜利，为中国民族工商业的发展提供了一个千载难逢的机会。民国元年，刚刚成立的北洋政府在北京召开了由国内著名实业家参加的工商会议，会议倡导"富国利民"、"实业救国"，在国外华侨中引起了强烈反响。会议之后，张廷阁即携巨资游历了北京、天津、张家口等地，以考察国内工商情况为由，寻找机会购厂办实业。他本欲在北京开办公用电车事业，但北洋政府的腐败和地方商界对外来资本的刁难、排斥，使他大失所望。此行虽未达到投资办厂的目的，但他却因此了解到了国内工商业发展的一些情况，增强了回国办实业的信心。也就是从这一年起，他说服了犹豫不决的郝升堂开始将双合盛的资产抽调回国，实现双合盛的实业之路（至1919年，资金全部从海参崴撤出）。1914年，张廷阁在北京收购瑞士人开办的啤酒汽水厂，改名双合盛五星啤酒厂。1915年，买下俄国人经营的地烈金火磨，办起"双合盛制粉厂"。此后，他先后买入双城堡永胜公司的火磨、香坊的双盛泰油房置于双合盛旗下。1920年，他投资100万现大洋，在松花江边兴建大型制革厂；又从德国购进全套制油设备，兴建大型精油厂；与他人合资，创办奉天航运公司和兴记航运公司，此外，还广泛经营房地产。

一、移资创建双合盛制粉厂

黑龙江盛产小麦，城镇乡村的手工制（面）粉业早已存在。但第一家新式制粉企业是由俄国人于20世纪初创办的。第一次世界大战期间，俄国在黑龙江地区的殖民势力日渐削弱，加之卢布贬值，俄商面粉厂资金周转困难。张廷阁毫不犹豫地加入了收购俄商面粉厂的行列。

双合盛制粉厂外景（来自 http://www.sina7.com）

1915年,张廷阁在哈尔滨买下了俄国人经营的地烈金火磨。该厂在买进时,是一家规模不大的生产小厂,最高日产量仅32000公斤。但该厂生产的红雄鸡牌面粉曾在欧洲面粉展览会上获奖,因而在哈尔滨及中东路周边地区信誉较高。张廷阁在买进该厂时,正是看中了该厂的面粉质量和厂家信誉,故将其商标及原面粉袋图案(上有红雄鸡商标和欧洲展览会奖章图案)也一并买下。经过简单检修后,工厂于1916年1月正式开工生产,日产量一举增至48500公斤。

第一次世界大战后期,日、俄两国都到中国关东地区采购军粮。加之国外面粉输入的中断和俄国政府对中俄边境贸易限制的取消,哈尔滨制粉业在市场上所受到的外来压力和限制也大大减轻,不仅恢复了在东北南部和俄国边境地区的市场,而且,还深入直隶、山东和俄国腹地。张廷阁又乘机增添机器设备,将日产量提高到72800公斤,较购进该厂之初增加了一倍还多。

双合盛的红雄鸡牌面粉因吃水量大、筋力强、色白,在中东路沿线地区广受好评,客户众多,一直供不应求。张廷阁看准发展势头,决定扩大生产规模。1928年,他从德国、瑞士订购了先进的制粉设备,在原厂址(道里买卖街)另建新厂房。1929年4月,新厂破土动工,年底厂房全部建成。新厂房按50台制粉机、日产1万袋面粉设计。出于安全考虑,张廷阁一次只订25台机器,先测试机器性能如何,面粉能否保持"红雄鸡"的质量水平。次年年初,机器设备运到后,进行了紧张安装。至年底,新机器试车运转(同时拆除旧厂),日产量达154000公斤,较旧厂产量又翻了一番。此时,双合盛制粉厂共有27台机器(进口25台,旧厂移过2台),成为哈尔滨制粉业中设备最先进、机器最多的厂家。

新厂投产的几年里,机器性能稳定,出产的面粉质量颇佳。1936年,张廷阁决定再次从德国、瑞士购进23台制粉机。机器投产后面粉日产量达到22万公斤。1937年,双合盛制粉厂制粉机达到50台,全年生产面粉近5万吨。从此,双合盛制粉厂成为哈尔滨设备最先进、产量最大、产品质量最好、信誉最高的制粉厂家。双合盛的成功经营,受到了正在全国大力推广实业的北洋政府的关注。1919年3月,北洋政府农商部因"哈埠双合盛火磨资本雄厚,为华商之冠",特予嘉奖,并颁赠匾额一块。

双合盛火磨、五星啤酒广告（来自 http://www.sina7.com）

在双合盛各企业中,张廷阁最重视双合盛制粉厂。他曾说过:"双合盛的名气,就是红雄鸡给叫出来的。"（《哈尔滨文史资料》第二辑,第54页）因此,他几乎把一半精力用到制粉厂上,从小麦采购,到面粉销售,总是亲自过问。对面粉质量他更是不肯放松,在小麦质量达不到规定尼克（面粉精度）时,他宁愿减产或停产,也不生产次面。20余年中,双合盛制粉厂也不负众望,一直是双合盛无限公司各企业中赚钱最多的工厂之一。当时双合盛面粉价格一直保持在每公斤0.13~0.27元之间。面粉除供应哈尔滨周边地区外,每年还大约有1万普特（1普特约等于16.38公斤）运销于松花江、黑龙江和乌苏里江流域一带,1931年最盛时,运往中东铁路沿线附近的面粉有80万普特。（陈绍楠主编:《哈尔滨经济资料文集（1896~1946）》第三辑,第104~108页）

在哈尔滨双合盛火磨开工的同时,1916年,张廷阁又买进双城堡永胜公司的火磨。双城堡火磨在盘进时因机器设备陈旧,生产管理混乱,产量一直不高。购进后,经调整、检修,日产量一度达到66000公斤。

张廷阁同样狠抓该厂的面粉质量,保证和哈厂基本持平,所以在市场上也很受欢迎。1931年,哈尔滨旧磨拆除后,运到双城堡,更换该厂原有旧机器,使产品的产量和质量又有了进一步提高。尽管双城堡制粉厂规模不大(只有17台机器),但平均每年都能有10多万元的赢利。

二、打造"中国第一啤酒厂"

鸦片战争以后,欧美各国在中国从事经商、传教等活动的人员日渐增多。为了满足他们的生活需要,洋行商人将啤酒引入中国,特供洋人饮用。随着西风东渐,啤酒也开始逐渐被国人接受,成为一种时尚饮品。当时,"我国需要啤酒之量日增,而各处企业家设厂仿照之品,不见佳良。德日等国之啤酒输入数,甚是惊人"。1914年第一次世界大战在欧洲爆发,德国作为交战国,其啤酒出口受到很大影响,中国市场上开始出现啤酒供不应求的情况。张廷阁敏锐地意识到这是改变啤酒市场被外商垄断局面的大好时机,为此他说服郝升堂和其他股东,开始抽调资金回国,投资于啤酒制造业。

1914年,经过多方联系,张廷阁在北京收购了一家瑞士人开办的啤酒汽水厂。这家工厂位于北京广安门外南观音寺11号,规模较小,且只生产汽水不生产啤酒。张廷阁接手后,起名"双合盛五星啤酒厂",仍沿用"五星"商标。1916年,第一批"五星"啤酒问世。工厂于1921年和1930年进行了两次扩建,总面积达到14000余平方米,共有生产用房612间,除总厂外还有西厂、南厂2个分厂,总厂和2个分厂均设有轻便铁路方便运载原料和成品;机器设备一应俱全,先后添置自动式烤原料设备,更换大型装酒机2部,扩充酒窖8处,同时开始使用自造酒瓶。几年间,工厂生产规模也有了很大发展,1921~1932年间,五星啤酒厂经营兴旺时期,职工多达500人,啤酒年产量达到3000吨左右。

五星啤酒以选料精良、生产工艺水平高著称,它使用的水是清宫廷御用水——玉泉山水系的水;制酒所用的大米来自浙江,大麦选自河北

双合盛五星啤酒厂（来自 http://www.zh5000.com）

徐水一带的金粒大麦，颗粒饱满、皮薄、有鲜味；关键原料酒花由捷克进口，酵母则来自丹麦。由这些精挑细选出来的原料制作的啤酒，口感醇厚、"杀口"力强，有浓郁的麦芽香味。当时就被称为"中国唯一优良酒品，性质、滋味与外来德国啤酒殊少差异"。五星啤酒在国外也有一定知名度，曾在 1937 年巴拿马国际博览会上获奖。

啤酒厂采用新式经营方法管理。由于工人多来自山东、河北等地，厂方为职工修建了宿舍、食堂，生活上给予照顾。工厂还注意培训技术骨干，各项技术性较强的工序，都选定部分专职工人作为业务骨干，让他们在实践中掌握操作要领，严格把好质量关。每个生产管理部门也都选用熟悉业务、有技术知识的人来负责。

从经营五星啤酒开始，双合盛一直聘请捷克技师尧西夫格负责技术管理。尧西夫格对制作流程管理严格，每天都要检查各道工序，严守操作规程。对于酵母菌培养和增殖这一啤酒发酵的关键工序他总是亲自秘密操作。啤酒灌装之前，也要经他品尝，点头同意后，才准许灌瓶包装。他对制作过程中的卫生标准更是一丝不苟。例如,发酵车间的工人曾存在不良习惯,把流出的鼻涕抹在发酵啤酒花的桶上,尧西夫格看见后二话不说,马上命令把6吨多重的一桶啤酒全部倒掉。从此全厂职工在工艺操作上再也不敢有丝毫马虎了。

以优质产品和高效管理为基础,张廷阁努力开拓五星啤酒的市场。为此他不惜成本,除在天津设办事处外,还在国内外寻求和设立代理批发处,先后委托天津德茂祥、元兴太,上海成茂号、泰康公司等国内22个城镇的26个商号以及国外的侨兴国货公司(新加坡)、陈华山商号(泰国)等为其代理批发零售。庞大的供销网络使双合盛五星牌啤酒短短几年内就在全国打开了市场,尤以北京(当时称"北平")、天津、上海、汉口、济南、青岛、烟台为最大销售市场。以1929年货物统计,北京一处就多达344352瓶之多。从1930年开始,五星啤酒由天津出口,销售于香港及南洋群岛,年销售约5000余箱。与此同时,双合盛啤酒的盈利也是节节攀升,1928年获纯利7万余元,1930年增至12万元,1931年已达近20万元(均系现大洋)。五星啤酒信誉也越来越高,常有供不应求的现象。当时北京一些大饭店和大型宴会上,如果没有双合盛的五星牌啤酒是很失脸面的。

三、投资创建双合盛皮革厂

民国初年,张廷阁在考察国内工商业时,曾前往张家口一带调查毛皮业市场情况。当他看到外国商人廉价收购中国出产的毛皮,制成皮革后又高价返销的情况后,就产生了创办皮革厂的想法。但由于当时各方面条件尚不成熟,所以没有贸然投资皮革加工业。

1920年,已经拥有雄厚资本的张廷阁和双合盛公司开始筹划皮革加工厂的兴建工作。他聘请俄国高级建筑工程师阿德尔为顾问,经过考察,选中哈尔滨东郊松花江南岸圈儿河附近地方作为双合盛制革厂的基地,开始投资兴建厂房。民国九年十二月七日(1920年1月15日),

投资170万元现大洋的双合盛制革厂正式建成,建筑面积7000多平方米。同时,张廷阁又从德国购进洗皮、轧皮、去毛等全套新式设备,1922年,机器设备全部安装完毕,正式开工生产。这是哈尔滨民族资本大规模投资皮革工业的开始。

由于进口皮革充斥中国市场,双合盛皮革厂开工初期产品销路不畅,还时常积压大量资金,获利并不大。张廷阁并没有灰心,而是主动采取多元化经营,在皮革滞销时就令其转产,生产一些皮大衣、毡帽、毡靴等应时皮货,保证皮革厂能正常开工生产,尽可能做到不赔钱。1930年,双合盛皮革厂不慎失火,机器设备焚烧一空,但由于公司已预先在保险公司投保,损失被减到最小。1932年,张廷阁利用保险公司赔偿的66万余元现大洋很快又依照原样修复了皮革厂。本想重整旗鼓大干一番,不料正遇上日本侵略军攻占了哈尔滨,人心惶惶,工厂无法复工。这年夏天松花江江堤决口,双合盛皮革厂地势较低,厂内汪洋一片,工厂再次遭受损失。大水过后,张廷阁亲自组织修复机械,并再度向德国购买皮革机,于1935年恢复生产。皮革厂重建后,张廷阁加强了双合盛各公司的防火管理,除规定一些控制火源的措施外,还投资在各厂的重要通道上安装了防火铁门,棚顶加修防火山墙,各车间添置大批防火工具,使双合盛各厂平安无事地生产到新中国成立后。

日伪统治期间,在双合盛各企业经营不景气时,该厂却因中国市场进口皮货减少而利润大增,仅1939年一年,皮革厂就获纯利93万余元(伪币),成为当时双合盛各企业中盈利最多的工厂。有几年,双合盛整个公司的开销全靠皮革厂的盈利支撑。当时,双合盛皮革厂是国内最先进的制革厂之一,有工人160多人,外籍技师3人;生产设备完备,有刮皮机、打亮机、打皮机、压底皮机、冷气压皮机、砂轮净里机、锤皮机、把软机、熨皮机、剁面机、压花机、剖皮机、脱毛机、洗毛机、抽水机、挤水机、蒸汽机、清水转水桶、底皮转皮桶等机械,都是由德国购进。产品有底皮、硬皮、软皮等多种,使用"金鸡"商标,最大日加工能力底皮 80 张、软硬皮 50 张、法兰皮 50 张、羊皮 200 张。日本人在调查写成的《哈尔滨皮革工业的情况报告》中说:"……第一级工厂只有双合盛一家,其组织及资本方面都是一流的,制品的质量也是一等的。"双合盛皮革销路以哈尔滨为最多,平均占到 7/10,辽宁占 1/10,吉林占 1/10,黑龙江占 1/10。(《哈尔滨经济资料文集(1896~1946)》第三辑,第 253 页)

四、投资香坊油坊、精油厂及其他产业

1919 年,张廷阁以 12000 元现大洋购进香坊双盛泰油坊。经过简单修整后,香坊油坊翌年开工生产。当时哈尔滨制油业正值大发展时期,经营情况颇佳。油坊后又逐年增添机器设备,日生产能力达到 17000 公斤。虽然油坊在双合盛各企业中是规模最小的(仅有 40 台油榨机),在全市制油业中也属中小户,各股东都不太重视油房的生产情况,但张廷阁却并不因此放松对它的管理。1928 年,哈尔滨的油房总数曾达到 42 家,到 1932 年经日寇洗劫后,仅幸存 9 家,而香坊油房就在其中。虽然在日寇统治时期双合盛油房曾断断续续停产多年,但因为双合盛资本雄厚,油房一直没有倒闭。

直至民国初年,中国化学工业还比较落后,张廷阁通过考察,得知可以利用大豆加工生产化工原料——硬化油,遂欲建立自己的硬化油加工工厂。1921 年,张廷阁花费 130 万哈大洋从德国购置了 104 个车皮的精油设备,准备在皮革厂旁建一个生产硬化油的工厂。筹备工作进行了很长时间,但因种种原因,精油厂一直没能建成,设备也长期闲置未加利用。这是张廷阁唯一的投入本钱而又没办起来的工厂,也是他人生的一大遗憾。

五、投资兴办奉天航业公司和兴记航业公司

第二次鸦片战争期间,俄国以不平等条约获得松花江、黑龙江、乌苏里江航运权,嗣后即造成 2 艘轮船试航于黑龙江、乌苏里江等江域。

1901年更进入松花江运输贸易，每年获利百万卢布。当时，我国航业未兴，故当时三江航权实由俄人独占。当时人阎毓善在《呈报巴彦地方情形》中议论道："松花江内官商轮船往来绝少，粮石货物向藉俄轮装载。数日一行，既无定期，又苦虐待。就州境而论，每年输出船价约计六七万金，如俄船由州境载粮三千石运至哈埠，船价即在千金左右。利权坐失，殊为可惜！"（《呼兰府志》，成文出版社1974年版）1924年，奉系军阀张作霖为同苏联对抗，同时防止日本染指松花江航运事业，电令中东铁路督办王景春、滨江道尹蔡运升：松花江为中国内江，外国船舶均无航行之权，并下令禁止外国轮船在松花江航行。第二年，他指定当时在关东地区有重要经济影响的张廷阁、王魏卿（东亚火磨公司经理）、马希圣（大同粮栈老板）合资收购俄人索斯金公司的轮船。初时，张廷阁本无意出资买船，但迫于强权，无奈出资21万哈大洋，购进4条火轮（其中青岛号最大，500马力；威海号最小，200马力；烟台号和济南号各为300马力）。随后，奉天航业公司成立，张廷阁任经理，账房设在双合盛，公司业务由双合盛代管。松花江航运以输出和输入贸易为主，哈尔滨居于航运中转站，上下游货物都云集于此。该公司自开办后，沿江运输

松花江上（来自 http://hi.baidu.com）

货物繁忙,连年获利。据当事人杨云程回忆,仅前两年就收回了全部投资。见航运业有利可图,1927年张廷阁又投资(也是3家企业合资)购买了钢牛、富江、江元、江享等4条客船和12条载货吨位400至1000吨不等的拖轮,成立了兴记航业公司。从1927年正式营业至1939年被日寇强制收买,12年间航业公司共盈利197万元,平均每年盈余额16万余元哈大洋。航业公司成了双合盛各企业中投资不大获利较多的一个企业。

六、投资房地产业

双合盛从20世纪20年代起就开始经营房地产事业。双合盛名下的房产遍布关东及北京等地,共几十处。每年仅房租就有几万元的进项。特别是在伪满统治后期,为抵抗日伪政府勒索,张廷阁减小生产规模,增添房地产投资,代表双合盛相继于1939年买房8处,购价100余万元;次年(1940年)买房6处,购价100余万元;第三年(1941年)再买3处,购价60余万元。通过三年里大量购置非生产用房,双合盛成为当时哈尔滨最大的房产主。这些房产主要有道里新城大街与三道街拐角的三层大楼、道里水道街与工厂街拐角楼房、道外南头道街二层楼房、南岗花园街义州街拐角二层楼房、南岗车站街的二层楼别墅、道外十六道街华乐舞台、道外大新街与七道街拐角一片平房、道外生平街的两个当铺、道里透笼街的二层楼房。此外,还买了两块地皮,一块在北八站用来存储小麦,一块在道外十八道街。

双合盛公司不断壮大的过程也是张廷阁不断成长的过程。1916年,张廷阁升任"双合盛"公司经理;1925年,双合盛无限公司正式登记成立,张廷阁出任总经理,统管一切事务,各企业则基本由海参崴老号过来的人来负责;双合盛制粉厂主要由邹松山负责;双合盛五星啤酒厂由郝升堂、王禹川负责;双合盛制油厂由迟永清、韩吉枢负责

双合盛总商号

（后来由范永平负责）；双合盛皮革厂由张廷桐、张和卿负责（后来是张和卿、傅钧名负责）；双城堡火磨由郝余庆负责；航业公司由黄济之、张作进负责。

双合盛是哈尔滨民族工商业中资金最雄厚、实力最强的资本集团，但实有资金多少无从查考，就连在账房工作多年的高级职员也不知其底细。从账面上看，刚从海参崴迁来哈尔滨时登记资本金为27万现大洋；1927年所属各企业都已建立时，账面反映出的资本金为182万现大洋；1930年资本金增至247万元。其实，公司所辖5厂的机器设备，2个航业公司的船只码头，值价130万元的精油设备以及大批房产、股票等已大大超过账面资本。因而，20世纪30年代，伪满中期伪中央银行曾对双合盛财产进行估算时，除北京双合盛五星啤酒厂，外总资产已达1000万元以上（伪币）。双合盛全部股金分成30股，东股占17成6厘5，西股占10成5厘，公积金1成，余股8厘5。张廷阁在东股中占7成，在西股中占1成8厘，共占8成8厘，29.3%的股份。

第三节 抵抗日本侵略与热心公益事业

1931年，"九·一八"事变爆发，日本帝国主义侵占我国东三省。1932

年,哈尔滨沦陷,对正处在鼎盛时期的双合盛和张廷阁来说,这无疑是个沉重的打击。日伪占领的前几年中,因主要精力用在对付反满抗日的军事行动上,无暇顾及经济统治。但由于侵略造成的土地荒芜,交通阻断,也给双合盛带来了盈余减少和营业不景气的影响。从账面上看,日本侵占前的1929年,双合盛盈余额66万元现大洋,到1933年,仅盈利23万元(伪币)。从此,张廷阁从无限扩张企业、增加资本的迷梦中被拉回到水深火热的惨淡现实中来。日伪占领后期,加强经济掠夺,采取强制收购和入股等方式,鲸吞了无数民营资本。鉴于双合盛集团的实力和声望,日伪政府与张廷阁之间展开了一场紧张、激烈而又没有硝烟烽火、有张有弛的漫长格斗。日伪政府三管齐下,全面进攻,政治上拉拢,经济上限制,资财上勒索;张廷阁则虚与委蛇,消极抵抗,竭力保存实力。

从日本侵占哈尔滨开始,张廷阁先后挂有伪满发明协会哈尔滨支部长、伪满洲省实业银行取缔役、伪东亚经济恳谈会满洲会部评议员、伪滨江省正备委员会委员、道里商会会长、哈尔滨松花江胶合板株式会社社长等头衔。但同时,张廷阁和双合盛也不断受到兜售股票、推销公债等名目的强制摊派,被公开勒索流动资金240万元,加上所谓的防水利民公债80万元、国防献金约20万元、拖欠加工费60万元,双合盛共损失资金400万元,相当于双合盛全部资本的36%。同时,日伪政府以军需为名,加紧经济控制和掠夺,在向双合盛派驻顾问未果后,又以"合营"为名,企图抢占双合盛。他们首先向奉天航业公司和兴记航业公司发难,以松花江内河航运权"收归满洲国国有"为名,强行低价易手。不久,日伪政府又提出要收购双合盛精油设备,并无端扣押了张廷阁的秘书,迫使在北京出差的张廷阁返回,将这套花费130万元哈大洋从德国买进的当时世界上最先进的技术设备,以45万元伪币价格转手。

面对公开勒索和阴谋掠夺,张廷阁不甘坐以待毙。他巧妙利用自己的社会影响,或推或拖,虽有时不得不做点无伤大局的妥协,但最终得

日军侵入哈尔滨（来自 http://www.hljdaj.gov.cn）

以保住了双合盛。例如，1938年，刚侵占北京的日本军界人士扬言要向北京啤酒厂注入资本。张廷阁亲往北京"面议"，以每年"奉送"若干箱啤酒了却此事。日伪政府借口要收买双合盛皮革厂时，张廷阁以"我们这是股份公司，股东很多，住址分散，需要全体股东同意后才能决定"为由，一拖再拖，长期不予答复，终于推掉了日伪收购的计划。张廷阁为了保住双合盛的产业，在日伪铁蹄踏进哈尔滨不久，即费尽心机着手资本转移。在日伪统治初期，他秘密将94万余元现大洋分两次汇往上海汇丰银行。接着，借划出北京五星啤酒厂独立经营之机，拨出97万流动资金。此外，张廷阁还有意缩小生产规模，增添不动产，他将出让航业公司和精油设备所得悉数用于购买房地产。1939~1941年购买房地产17处，购价达到260余万元。经过千辛万苦，张廷阁基本上保住了双合盛的根基。

张廷阁作为一个成功的商人和实业家，积极参与社会公益事业，担任过许多社会职务。早在1914年,他就曾出任海参崴中华总商会会长,维护华侨工商业者的利益。回国以后,1918年,他当选为哈尔滨市公议会议员。1923年,哈尔滨总商会会长徐琴芳病故,张廷阁接任会长职务。1926年5月,东省特别区商会联合会成立,张廷阁被选为会长。同年11月,经过张廷阁与其他华籍议员的积极争取,沙俄当局被迫改组市公议会,成立临时自治会,张廷阁被选为第一届会长。日伪统治时期,伪满为了拉拢张廷阁,除让他留任哈尔滨总商会会长外,另外还为他加了许多头衔。1938年他被委任为伪满发明协会哈尔滨支部长,1940年,又被委任为滨江省实业银行取缔役,此外,他还先后担任过东亚经济恳谈会满洲本部评议员、道里商会会长、滨江省整备委员会委员、哈尔滨松江胶合板株式会社社长等项职务。

　　张廷阁担任的这些社会职务,有些属于虚设,有些却要担负一定的责任。对此,张廷阁除在日伪时期完全是应付差事外,其他时期都积极利用自己的影响为国家、社会和商界服务,重要关头不忘自己是中国人。1926年夏,哈尔滨市公议会第七十八次大会讨论第五十条文字语言案时,中国议员力主在议会中使用中国语言、文字(在此以前市议会中一直使用俄文交流记录)。然而,俄籍议员却凭恃人数上的优势无理否决了这项提案。中国议员为此全体退席表示抗议,并两度发表宣言,力争中国人的主权。张廷阁和傅润成等联名呈文地方政府东省特别区长官公署,要求收回市政大权,改组公议会,成立自治会。呈文中说:"哈尔滨市区地方完全为中国领土,自治会本应由中国人组织……俄籍议员恃众专横,每遇提案均不尊重我国国民之公意,遂使中华土地、中华国民不能用中国语言文字办理其市区内之市政,此诚中华民国国民之奇耻大辱……恳请钧署鉴核,饬下市政管理局,按照民国十年颁布之市自治会法,将哈尔滨市公议会改组为中华民国哈尔滨市自治会,以树基础,俾市民困苦得以昭苏,国家主权得以恢复。"(《哈尔滨特别市市政报告书》第一册,第150页)张廷阁等人的呈文,引起了东省特别区长官公署长官张焕相的重视,也得到了社会各界人士的支持,全市工商界纷纷举行罢工和游行示威活动,学生们也组织罢课、发表义愤填膺的演讲,声援华人公议员的正义行动。不久,长官公署就顺应民意公告改组市公议会,成立临时自治会,张廷阁被聘为高级顾问。1926年11月,经过市民选举,张廷阁当选为市自治会会员,接着又在会员选举中当选为第一届自治会会长。哈尔滨市自治会的成立,结束了沙俄及其残余势力长期把持哈尔滨市政权的局面。

"九·一八"事变爆发后不久的1931年11月,黑龙江步兵第3旅旅长、代理省主席马占山率部在嫩江桥与日本侵略军交火,爆发了驰名中外的"江桥抗战"。当时,哈尔滨各界纷纷声援马占山部的抗日行动,张廷阁在工商界中率先以匿名方式向马占山驻哈联络站捐赠大笔款项和物资。

江桥抗战(来自 http://bbs.tiexue.net)

1945年9月,日本战败投降,苏联红军占领哈尔滨,但当时哈尔滨市政仍处于无人管理状态。市内各界知名人士有意推举张廷阁临时主持市政。随苏联红军进入哈尔滨、担任市军事管制副司令的抗日联军著名将领李兆麟将军也两次亲临双合盛,晓以大义,竭力支持张廷阁出任哈尔滨市临时市长。张廷阁临危受命组织建立临时治安维持会,并任临时市长,任职至1946年1月国民党政府接管哈尔滨止,为维护哈尔滨的社会稳定作出了贡献。在此期间,他还参加了哈尔滨市政参议会、中苏友好协会等组织的创建工作。同年4月,国民党政府撤出哈尔滨,哈尔滨市政参议会随即召开会议,研讨迎接东北民主联军进城事宜。会后,张廷阁与100多名各界人士联名致电东北民主联军司令林彪,言明"哈尔滨现呈无政府状态,群情惶惑,治安甚虑",呈请东北联军进城维持治安,以安百姓之心。民国三十五年三月二十七日(1946年4月28日),民主联军进驻哈尔滨时,他又积极出资帮助人民军队制作军服,为政府顺利开展接管工作,建立政府组织做了大量工作。

张廷阁为人正派,自律甚严,终生保持着勤俭节约的习惯。他平时很少吸烟喝酒,只是为了官场、商场上的应酬才不得已而为之。在家庭生活方面他严格控制家庭成员开销,反对奢侈浪费,也反对讲排场。家里只雇了一名做饭的大师傅,没有佣人,家务活大都由他的妻子邹德馨操持,粗活则由一名双合盛的老家人来做。(这个老家人由双合盛请来专门为张廷阁、杜清治、邹松山3位经理家干粗活,并非张家专用)。邹德馨去世后的一段时间里,三女儿张霭林操持家务,她花钱有些大手大脚,买奶油一次就买10斤。张廷阁看了很不高兴,后来他就自己上街去买奶油,一次只买半斤。在一些社交场合,张廷阁也依然不讲排场,有时不免会使人感觉与他的身份不相称。有一次他参加一个社交活动,进门后,侍者为他脱衣挂帽。按惯例这些服务要付小费,一般客人出手就是5元、10元,张廷阁却只给了5角钱。旁边就有人说道:"像你这样的知名人物,又是全哈尔滨闻名的有钱人,几个小钱也计算,太失身份了吧。"他不以为然地说:"钱也不是大风刮来的,花要花在正地方,我最看不惯死要面子穷摆谱的人。"

虽然在个人和家庭生活方面非常节俭,但在社会公益方面张廷阁却是出手大方、当仁不让。他具有强烈的社会责任感,时刻想着报效祖国、回报社会。1925年,上海爆发"五卅运动"时,他捐赠大量现款和面粉救济上海工人。在红十字会发起的多次赈济灾民的捐款活动中,他也都以匿名方式捐赠了大笔款项。还有一次,金少山到哈尔滨举行灾民义演,张廷阁破天荒地去听了一回京戏。其实他并不喜欢听戏,此行主要是为了做善事。

1950年,抗美援朝战争爆发后,哈尔滨市工商联号召全市捐资捐物。在市工商联召开的工商界代表联席会议上,75岁的张廷阁爱国热情不减当年,代表双合盛制粉厂独资捐献"双合盛"号飞机一架,当时在全市工商界中起了重要的表率作用。

张廷阁热心慈善事业。民国十六年十二月(1928年1月),为了应对春节后移民会大量增加的情况,张廷阁专门函请东省铁路当局共同筹划救济方法。经过各界协商,终于制定了包括在中东路沿线各大站组织卫生队、预备温暖车辆和在长春、哈尔滨建设温暖栖留所、粥厂等三条措施,为移民提供了大量帮助。(《直鲁难民源源赴北满》,1928年1月10日上海《民国日报》第1版)1936年起,他开始担任哈尔滨慈善总会会长。为救助苦难同胞,他率领总会办起了乞丐收容所、妇孺救济所和惠黎小学,并在每年冬季设厂施粥,救济贫民。但是慈善总会的经济来源有限,为此,张廷阁把目光投向了兴盛一时的电影业。由他出面向市政公署申请,在道外北六道街建造一座电影院,取名"慈光电影院"。总投资约10万元,他出资1万元,慈善会筹集了9万多元,由道里、道外两家商会负责担保,议定影院开业后将每年收入的十分之一偿还,其余作为慈善会的经费。翌年三月(1937年4月),慈光电影院破土动工,总建筑面积1883平方米,设坐席1160个。第二年十二月二十三日(1938年1月24日),慈光电影院建成,六天后正式开业。广大市民在享受电影娱乐的同时,也为慈善事业出了一份力。

第四章　航运巨子李序园兄弟

紫澥黄云接大荒，

高邱东望思茫茫。

斜阳半落双龙口，

卷起洪波万里长。

——佚名《登冈望海》

清末民初，山东黄县人李序园与李子初兄弟，先后来到辽东营口继承祖业西义顺商号，历经几十年艰苦创业，终将商号发展成为拥有600余万两白银资产，20余家联号的巨型企业集团。他们创立的肇兴轮船公司更是在营口乃至关东交通运输史上写下了重要一页。

李序园像

第一节　出自黄县、起于营口

李序园(1868~1932年),名恒春,出生于山东黄县遇家村,光绪十二年(1886年)闯关东来到营口,经营祖业"西义顺"油坊。此后生意不断做大,相继在营口、大连、滨江(今哈尔滨)等处开设义顺魁、义顺华、西义顺栈、恒义利、长记等杂货铺、油坊、银炉20余家。宣统二年(1910年)他又出资创办了肇兴轮船股份公司,成为营口首屈一指的富商。1912~1919年,在担任营口商务总会总理期间,他为营口商业发展作出了重要贡献。

李序园兄弟四人。二弟李恒助,字训庭;三弟少亡;四弟李恒端,字子初。李子初(1883~1960年),号党斋,又称"鸥庐主人"。幼年时在家乡读私塾,光绪二十八年(1902年)20岁时因考秀才屡次落第,遂放弃仕途来营口投靠长兄李序园,并在其帮助下进入日本人仓喜平创办的营口私立商业学校读书。该学校由日本人三田村源次担任校长兼教员,教授日语和商业专科课程,为营口提供了一批专门的商业人才。四年后李子初以优异成绩从商业学校毕业,进入日本早稻田大学读经济科,光绪三十三年(1907年)回国,在西义顺商号中见习。宣统二年(1910年)进入由李序园等发起创办的肇兴轮船有限公司,担任理事。1914年,出任肇兴公司总经理。1920年,肇兴轮船股份有限公司成立后,又担任理事兼总经理。李子初与兄长李序园联手做大做强肇兴公司,建立了称雄一时的航运帝国。此外,他还创办了生生火柴厂、辽营纺纱厂、兴亚银行、奉天汇业银行等企业和银行,在营口民族资本界占有重要地位。

黄县(今龙口市)在山东半岛北部,西北濒临渤海。秦朝时置县。据史籍记载,清代时,黄县"地狭人稠,故民多逐利四方,往往致富"。"其商于外也,辽东为多,京都次之。地距辽东数千里,风帆便利,数日可至。倏往倏来，如履平地，常获厚利。大贾自造舟贩鬻，获利尤厚。于是人相艳视，趋鹜日众矣。"（同治《黄县志》卷一《风俗》）他们通过帆船往来于辽东和山东的渤海湾沿岸港口之间，将山东、江浙等地的粮食、布匹、线带、鞋、羊匹、五金、丝绸、染料、瓷器等货物贩运到辽东乃至关东腹地，返程时装载柞蚕、大豆、杂粮、山货等货物到山东加工售卖。

李家先祖李可明，清代乾隆年间离开黄县遇家村，乘船渡海来到辽东做小本生意，最初在盖平县落脚。盖平在奉天省东南部，与山东沿海直线距离很近，因此很早就是山东商人经商必到之地。乾隆三十五年

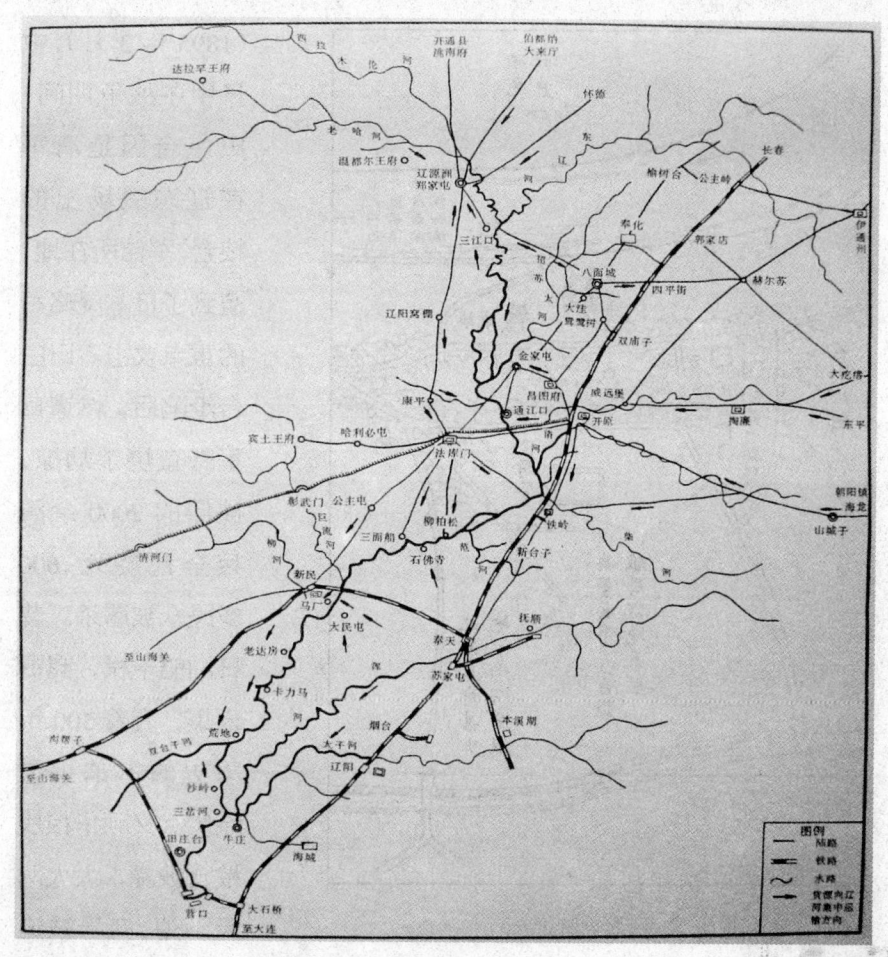

辽河流域航线示意图（来自邓景福《营口港史》）

（1770年），为了加强联络，互相扶持，山东商人还在盖平建立了山东会馆。大约在同年，李家创办义顺合粮栈（榨油行），几年后又创办了义顺元分号。乾隆末年因田庄台交通便利，李家遂于此建立新根据地，陆续开设义顺华、义顺增、义顺魁等商号。田庄台位于今大洼县南端大辽河右岸，是早于营口的辽河航运最大码头，关东地区重要的物资集散地，曾被誉为"商贾辐辏之地"。当时八里河岸，泊船上千，市井繁华，铺户栉比，有各种行业的工商店铺300多家，其中持续营业多年的老字号有200多家，号称田庄台八大商号之一的"义顺华"是其中最大的商号。光绪二十一年二月（1895年3月），中日甲午战争期间，田庄台因是清军在辽东战场上的粮台、军储所在地，遭到了日本侵略军的重点攻击。田庄台沦陷后，惨遭日军野蛮烧杀劫掠，被俘的2000余清兵全被烧死，600多民众被屠杀。昔日泊船千桅，商贾云集，有着500年历史的古镇生灵涂炭。义顺华粮栈粮仓被烧，大火两天不熄，商号被迫

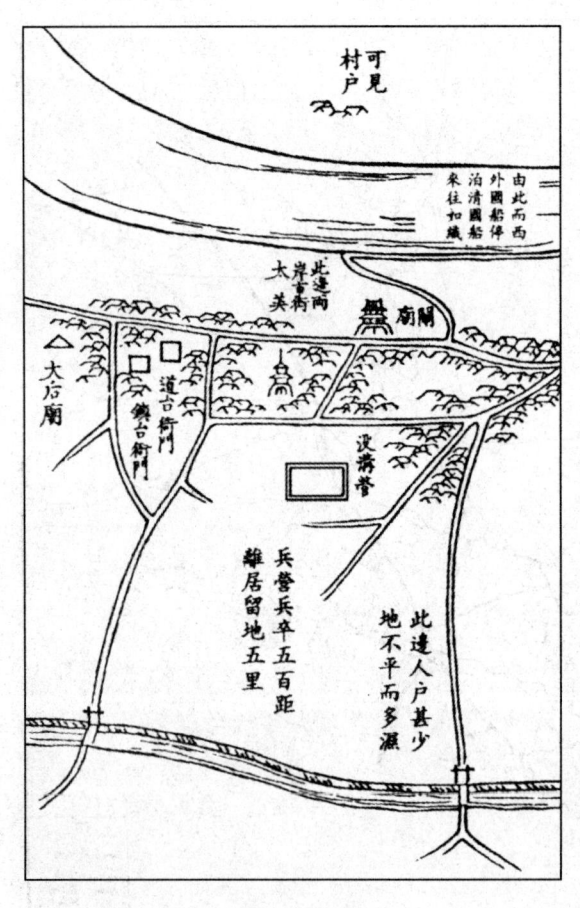

19世纪末的营口（来自《北中国纪行》）

停业。

营口原名"没沟营",又称"西营子",地处辽河入海口,面海背河,水上交通便利。秦汉时营口属辽东郡管辖,唐属安东都护府,明分属盖州卫、海州卫,清代前期为盖平、海城两县分辖。清前中期,营口是大牛庄的一部分(大牛庄是指牛庄驻防城所辖海口,即辽河海口码头的总称,其具体地点在乾嘉年间经历了一个从牛庄——白桦沟——田庄台——兴隆台——营口的迁移过程,至嘉庆末年已迁移至营口。

民国《营口县志》载"营口为辽河下游之口岸,奉省沿海一大商埠也。辽河……入口上溯十三海里,河之右岸即营口商埠。辽河港口旧在营口上游三十海里,地曰白华沟,以河底逐年淤塞,巨舟不能容,乃移向下游右岸之田庄台碇焉。曾不数年此地亦患淤浅,复移向下游左岸之兴隆台,阙后是处又淤塞,乃三迁而至今之营口,时在前清道光初年。西营子天后宫内有碑记此事。"道光十年(1830年)没沟营改称"营口",居民日增,贸易频繁,到道光十九年(1839年)时,"没沟营商舡已有八百五十九只"(中国第一历史档案馆:《盛京将

营口几次港址迁移示意图(来自邓景福《营口港史》)

军耆英奏为搜查商船并查办南路各海口烟禁情形》道光十九年五月二日）。在道光末年咸丰初年，随着东北地区开发的深化，东北沿海贸易重心亦随之发生变化。从咸丰十一年（1861年）营口开港直到20世纪初期，作为东北唯一对外通商的商埠，以营口为中心的商业运销网络逐渐形成，"舶来之品，土产之货，水陆交通，皆以此为总汇"（民国《奉天通志》卷一六二）。营口在东北沿海贸易中的地位已超过锦州，成为东北沿海税收额最高的海口。道光二年（1822年），李氏家族在营口成立西义顺商号，为田庄台义顺华的分号，甲午战争以后，义顺华毁于战火，李氏家族遭到沉重打击，西义顺遂成为"义"字号的总号。

光绪十二年（1886年），李家第六房"进修堂"的代表李序园来到营口，任商号股东兼总经理，开始接手经营西义顺油坊，准备重振李家"义"字号产业。李序园重振家业的资本主要来自"进修堂"自有资金和营口街老爷阁一带八百间房产祖业的租金。在重振家业过程中，他也得到了众多富商亲戚的帮助。当时黄县城后镇单家村的单氏、诸由观镇北王绪村的王氏、乡城镇狗皮集桥头的唐氏等，都是拥有大量资本的商人家族，与李家世代修好。

李序园接手西义顺油坊之初，营口大部分华商油坊仍在使用土法制造油饼。为了能与洋商相抗衡，李序园组织工人进行了多次试验改良，终于在宣统元年（1909年）研制出榨油机，油坊开始全部改用机器制油，出油量大增。1914年春，西义顺油坊的榨油机器模型曾参加巴拿马赛会展览，李序园也因此获得农商部颁发的四等奖章。通过革新和扩建，西义顺油坊在营口站稳了脚跟。

除了继续经营西义顺油坊和盖平的义顺合商号外，李序园又先后在营口、大连、开源、滨江等处相继开设了义顺魁、义顺盛、义顺来、义顺东、义顺栈、义顺华、义顺长、义顺厚、西义顺栈、义顺复、恒义福、恒义利、金记、长记、哈尔滨西义顺分号等20余号，其中，义顺魁、恒义福、恒义利、金记、长记为银炉，余则为油坊、粮栈、大屋子等。

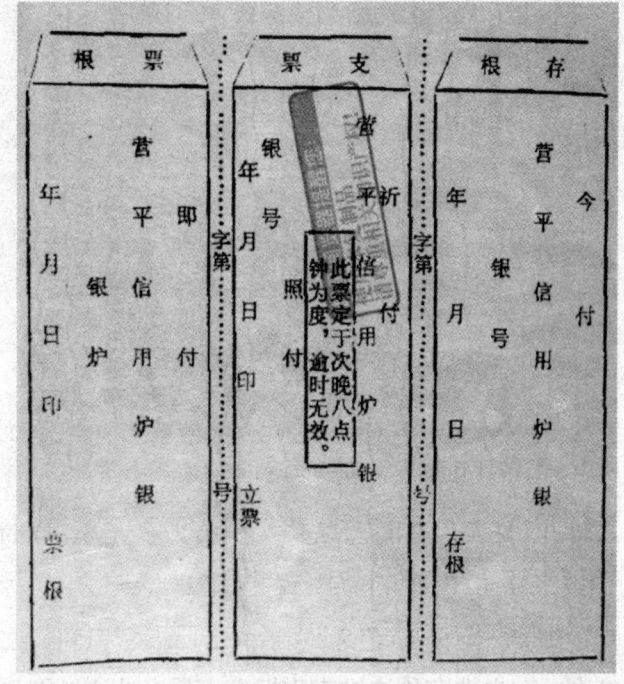

"西义顺"总号位于今营口市东北乐器厂，经理为王耀亭，一般人都叫他王老耀。支柜"义顺厚长记"，位于今新民街电气设备厂；另一支柜"恒义利"，位于今辽宁无线电三厂路北职工宿舍。"义"字号三家银炉，联

炉银汇票（来自于胥梦《营口银炉史》）

合起来成为银炉业一大势力。经理王老耀与当时"世昌德"经理姜立堂同在营口商会任职，遇事常在一起计议，同为银界两大巨擘。有关营口炉银的一切行动，王、姜二人有举足轻重之影响。盖平的义顺华商号为李家在关东创办最早的商号。民国初年，营业掌柜为遇敬亭。

营口濒临渤海，土咸水涩，河水秽油，不符合饮用水卫生要求。尤其在夏秋之间，市民饮用之后，常有疫症发生。为解决饮水问题，光绪三十二年（1906年），李序园联合东永茂商号财东潘玉田集资创办自来水公司。自来水公司建立之后，营埠商民皆饮用自来水，自此饮料清洁，全埠免受疾疫之灾。

日俄战争后，在日本支持下，大连油坊业快速发展。李序园抓住机遇，光绪三十三年三月（1907年5月），联合营口三井洋行支店广赖金藏、东永茂商号财东潘玉田等集资50万元（三井30万元、东永茂12.5

三泰油坊（来自 http://www.dl-library.net.cn）

万元、西义顺7.5万元），在大连设立三泰油坊，成功打入大连市场。1923年油坊豆饼产量已达到100多万片，为大连产量最多的油坊。同年，李序园又在大连创办义顺生（义发生）油房，资本金为20万金元券。同时，他还参与了营口水道电气公司、大连正隆银行的创建。

到清末民初时，"义"字号商号已占营口商业之大部分，居全市商号首位。加之他在周边城市也拥有大量产业，并因其拥有5家银炉供资金周转运用，所以当时大有左右营口市面的力量，可谓势倾一时。

第二节　进军新行业打造黄县帮

一、投资航运业创建肇兴轮船公司

营口为辽东门户，第二次鸦片战争以后被辟为通商口岸，咸丰十一年（1861年）开港后成为关东地区重要的人员及货物集散地。当时山东、直隶两省人民渡海来关东经商者不下数百万人，而当时只有英商太古公司专轮行驶龙口——营口间运送货物，顺带运送客商。因独家营业之故，且都是不定期运送，太古公司居奇盘剥，商民苦不堪言。

为了解决同乡的往来问题，光绪三十一年（1905年），李序园联合旅营山东同乡会同仁集资购买载重400余吨的木造轮船一艘,取名"全胜",使众多的鲁籍商民能方便地来往于营口与龙口、登州之间,改善了客货混装的不便状况,开创了营口华商经营航运业的先河。李序园也从此涉足航运业。

清末营口港木帆船停泊区情况(来自邓景福《营口港史》)

面对不断壮大的"闯关东"大潮,仅靠"全胜"已不能解决问题。宣统二年七月二十日(1910年8月24日),李序园与王源瀚(营口大清银行总办)、康焘(营口交通银行经理)等发起,成立肇兴轮船股份公司。设立董事会,董事二十人,监察四人,推举王源瀚为总董,李序园、康焘为副总董。陈达章为总经理,沈秉哲为副经理。公司资本总额小银元15万元,分作3万股,每股5元。李序园认购2000股,其四弟李子初认购300股。总公司设于营口东大街,靠海岸设办事处:一曰"西栈",是从"悦来盛"代理店兑换来的;二曰"东栈",是用洼地"稻田"兑换来的。同时,公司还在龙口宝善街西海沿路北原太古洋行旧址开设分公司,公司职员皆为黄县人,经理为毡王家村人赵文臣,副经理为张朱沟村人张民和,大写王季超,二写是皂户孙家的孙世模。其余文牍、会计、勤杂有新嘉疃王常范等人。

肇兴公司成立前,已于宣统二年六月二十四日(1910年7月30日)在上海耗资12万元购买了由香港英籍船厂建造的1237吨轮船一艘,命名为"肇兴"号,船长为挪威人韦德门,在上海注册船舶牌照,并申请了航线。七月十七日(8月21日),"肇兴"轮投入到营口至龙口、登州航线,进行客货运营。投入运营后,从前在此航线上占垄断地位的太古洋行受到很大影响。因此,双方展开了激烈竞争。双方票价由平到减,后来竞相免费乘船。肇兴除免费乘船外,还赠送旅客毛巾、肥皂、面饼等物品和食品。当时山东人均知肇兴为"山东帮所组织","无不搭附该轮以行"。(《盛京时报》宣统三年六月三十日)太古见势不妙,主动提出与肇兴和解,甘愿放弃营口——龙口航线,并将在龙口的产业如办事处、仓库等转让给肇兴公司。抗争的胜利,不仅使肇兴公司驰名中外,也使国人为之扬眉吐气。此后,肇兴公司在营口和龙口两地贸易和人员往来中发挥了重要的作用。

1914年,李序园出任公司总董,李子初出任公司总经理。1920年公司股东总会上,李序园又连任公司总董。经过十年发展,到1920年时,肇兴轮船公司已有了雄厚的资金基础。据《盛京时报》(1920年3月21日)《肇兴公司之发达》说:肇兴轮船有限公司"营业发达,大有一日千里之势,共得赢余红利不下百余万元。每至年终即行结账,按股分劈红利"。在此基础上,公司决定进一步扩大经营。经李序园提议,董事会修改章程,将公司改为股份有限公司,增资奉票小洋150万元,分作3万股,每股50元,并报农商部备案。扩充资本后的肇兴公司实力大增,连续购入数艘大船。

1920年,以日币34.5万元从日本购进载重831吨的"荣兴"号。

1921年,兑换"悦来盛"商号时带来两艘船"同安"轮和"同源"轮,同安轮由英国小兵舰改装而成,载重1800吨,启用不久即在蓬莱口外被撞;同源轮由德国邮轮改装而成,载重2000吨,可以运载乘客700名,后更名"来兴"。

1922年,用8.5万大洋购入"和兴"轮,载重2030吨,船长为浙江人张季丹。

1931年,用0.2万大洋购入"瑞兴"轮,来往于营口和田庄台之间;7万大洋购进"联兴"轮,载重1599吨,船长为朝鲜人新泽,来往于营口和天津之间,后改名"天兴";7万大洋购进"裕兴"轮,载重1656吨;0.5万大洋购进"江兴"轮;李氏族内小份子股东集股购买"万泰"轮,载重800吨,后更名"复兴"。

大量购轮的同时,肇兴公司相继开辟了营口至津、沪、闽等东南沿海及长江内河的航线,航线日益增多。肇兴公司除运输客人外,主要航线皆为货运路线,从南方运来土特产品,再将辽河上游的大豆、高粱、山货等运往关内或南方。

肇兴公司航运事业大发展期间,在全国各重要港口码头建立了许多分公司,开拓该地区航运业务:

1922年在上海广东路5号设立分公司,即五马路东头靠外滩处,在杨树浦还建有栈房、仓库。分公司聘任山东庙岛人宋竹铭为经理,营口人冯又新为助理,黄县二圣庙村人袁铭三为总船主,杨家疃人杨立夫为大写。其余文牍、会计、水脚部负责人有黄县城南关人王雨农、北巷人赵云青、南枣市人孙祥云等。

1924年在大连山县道105号设分公司,经理赵育才,副经理李铭臣。该处前面为楼房用来办公,后面是库房,靠海较近,方便货运。

1930年6月在青岛河南路75号设立分公司,主要航行青岛至营口、上海、龙口、大连等航线。此处是各分公司中面积最小的一处,常利用德聚祥的仓库来存储货物。经理为黄县妙果村人林恭言,副经理为黄县马家庄人马海亭,其余有职员马匡九、贾正彝、山之文(山之南胞弟)等。

其他港口如汉口、安东等地,虽未设立分公司,但由于业务往来关系,也都委托其他航运公司报关。如在汉口委托三北公司报关,由李锦堂负责接洽;在安东(今丹东)委托政记公司报关,随时派员联系,不设固定人员。

20世纪30年代初是营口航运业的鼎盛时期,同样也是肇兴公司的辉煌阶段。肇兴公司拥有远洋船只10余艘,分别是"肇兴"、"和兴"、

关东鲁商

肇兴公司的码头（来自邓景福《营口港史》）

"裕兴"、"联兴"（天兴）、"荣兴"、"来兴"、"复兴"、"瑞兴"、"江兴"、"捷兴"等。在李序园去世前，这些船只已大部分购进。另外，公司还代理其他公司船只，包括同源、得利、新利、纯利、迥安、神申、中华、泰利、乾利、顺利、庆宁、茂利、福利、华阳、丰利、成利、同德、余龙、安利、晋兴、元大、凤翔、宏利、大贲、增利、英利等20余艘。自有船只加上代理船只总计达30余艘，居营口七家民族航运公司之首，其轮船占营口民族海轮数量的42.85%。肇兴公司当时拥有4处码头：肇兴第一码头长86米，深5.0米；肇兴第二码头长110米，深4.6米；肇兴第三码头长71米，深5.5米；肇兴第四码头长113米，深5.5米。在肇兴公司的四处码头中，比较重要的是位于市区中部东双桥两侧的码头，称"东码头"和"西码头"。肇兴东码头原为日本东和公司码头，肇兴西码头原为日本小寺洋行码头，1930年肇兴公司通过用位于市区东郊的一块稻田与这2家日资企业交换得到了这2个码头。这些码头最初设施非常简单，皆为木造，每当

第四章 航运巨子李序园兄弟

船只靠岸只需搭桥板，便可装卸货物，后来水面系一只船或浮标箱（趸船），多数码头以木桩，少数码头以混凝土、钢筋修筑。

肇兴轮船公司，作为中国近代的一个民营航运企业，在帝国主义列强的排挤打压下，能由小到大，由弱变强，发展成为具有相当规模的航运企业，这与总董（董事长）的李序园总揽全局、通盘运作和总经理李子初的精心管理是分不开的。

二、以诚信打造黄县商帮

李氏兄弟向来对人和蔼热忱，对行业同仁、公司职员，以至工友、茶房、车夫皆一律厚情关照，赢得了他们的支持和拥护。肇兴轮首航沪港报关，海关借故无理刁难，不予结关（签出港的签证）。此举激怒了山东、东北等地的旅沪客商，他们宁肯将货物积压于沪，也不到"三大家"（英商怡和、太古及轮船招商局三大公司）托运，非装肇兴公司的轮船不可。连上海的几家大报关行，如北恒茂、鸿顺盛等也愤愤不平，提出抗议。当时的码头工人都有帮会组织，他们经过讨论，派代表到海关提出质询。上海港务局负责航道的德国人密斯提、日本人龟尾认识到事情继续下去将于己不利，便立即与海关税务司的英国人爱格里联系，并当即转告招商局，不得借故排斥同行，免生误会。最终解决了结关问题。

肇兴轮船公司自创立以来，十分注意服务质量，讲求信誉，得以在激烈的竞争中立于不败之地。自1919年龙口港建成后至1935年前后的十几年时间里，南北贸易繁荣，竞争激烈。就航运业来说，仅龙口就有5家船行，即政记公司（有永利、厚利两轮）、大通公司（有元顺、龙顺两轮）、直东公司（有北京、北铭两轮）、炽昌厚公司（有龙平轮）、肇兴公司（有来兴、联兴两轮），各公司间竞争异常激烈。1930年夏，政记公司每张船票赠送彩花毛巾一条；大连汽船会社开往上海的"大连丸"，每人每餐外加一盘菜。凡此种种，对顾客极有吸引力。

面对竞争，李氏兄弟采用"重信用，加强民族感情。提高服务质量，佐以物质表示"的办法争取赢得竞争。具体方法就是：约定船拉子（船务人员）在大连、龙口等地专门迎送乘坐本公司轮船的旅客；对于到达目的地后要捎回信的旅客，其信件由船拉子代交李家开办的龙口永兴裕商号，永兴裕每天都有信脚子（送信人员）专跑蓬莱、黄县、掖县等地；船拉子两头跟船，关照旅客，十分周到。肇兴公司还首倡为妇女、儿童设专席，每条船上常年备有预防时令疾病的药品，如十滴水、避瘟丹等，而且分文不收；同时也随票赠送三友实业社的原纺毛巾和家庭实业社的蝴蝶香皂，所以争取到了一些客多、货多的好生意。

从当时龙口街上流传的一首歌谣也可看出各轮船公司的情况和乘客对他们的评价。

大通富，政记凶，文明数肇兴，酸美炽昌厚，风流看直东……

歌谣中的"大通"即大通兴轮船股份有限公司，1923年由卢汲三、庄村庭创办，总公司先设汉口，后迁上海福州路89号，分公司设龙口，资本50万元（银元）。到1933年时，有轮船6艘，行驶北洋、南洋航线。"政记"即文登商人张本政于1919年创办的政记轮船股份有限公司，公司初创于光绪三十一年（1905年），称"政记轮船公司"，1919年4月，改组为政记轮船股份有限公司，资本总额1000万元，有大小轮船15艘，营业范围为购置轮船、航海运输、海上保险、代理保险、代理轮船、贩卖煤炭等，1933年在上海、汕头、厦门、香港、广州亦设分公司。"肇兴"即李氏兄弟创办的肇兴轮船股份有限公司。炽昌厚为炽昌厚有限公司，主业为火柴生产。"直东"为直东轮船公司，掌柜是盛昆山。

三、拓展业务推动肇兴公司发展

肇兴公司善于发现并重用人才。1924年，李子初任命33岁的上海人陈干青为营口肇兴轮船公司总船长，在全国轮船公司中开创了任命中国人为总船长的先河。在李子初的支持下，陈干青一方面培训航海人员，一方面运用总船长的职权，迅速替换洋船员，提拔中国船员，再用自己培训出来的年轻海员填补空缺，打破了洋人在中国航海界一统天下的局面。当时中国现代航运业刚刚起步，船舶的航行设施落后，船舶航行海上，除旗语、灯号、鸣笛等只能在近距离内通讯的手段外，无法与远距离的海上、陆上联系。1927年，日本帝国主义为了排挤中国航商，竟宣布"千吨级以上商船如无无线电通讯设备者，不得进入大连港装卸货物"。陈干青即与同学陶胜伯商量，在上海北四川路恒丰里开办中华无线电学校，培训电讯人员，共三期。学生学业结束，考取执业证书后即分派到肇兴各船去任报务员。肇兴公司的"和兴"轮成为中国第一艘有长短波无线电收发报机的商轮。

随着国内航运业的发展，船舶保险业也在中国兴起。但20世纪20年代中国的保险事业由英国人垄断，船舶都向英国保险公司投保，导致大量利润外流。由于陈干青有保险业方面的知识，经他提议，1928年3月，李序园、李子初联合唐筱泉等人发起组建肇泰水火保险公司，注册资本100万元，实收50万元，李子初任董事长兼总经理。公司成立后信誉卓著，业务鼎盛，打破了中国船舶保险业被洋人垄断的局面，改变了中国船东只能投保外国保险公司的状况。总公司初设营口，次年迁往上海。肇泰保险公司还在沈阳、哈尔滨、济南等大商埠设有肇泰保险分公司。公司的主要负责人有黄县兰渠的高

肇泰水火保险公司宣传画（来自http://www.997788.com）

临五、江格庄的赵少言等。为了经营好肇泰保险公司，李子初还编辑出版了《海员须知》(上下两册)一书，以提高航运业水平，免生事故。

第三节　进军工商业

1931年，李序园在营口病故。其四弟李子初继任肇兴公司董事长兼总经理，开始担负起李氏商业集团的重任。

李子初非常推崇孙中山先生。他曾说："中山先生实行三民主义，咱得好好学。"宣统元年(1909年)，李子初由日本留学归国后，决心要实实在在地办好三件事：第一，办好航运事业；第二，办好金融保险事业，第三，办好工商业。李子初在任期间继续致力于李氏家族和西义顺后续事业的发展。除继续经营肇兴公司外，他还创办了振义生油坊、营口纺织厂、生生火柴厂、兴亚银行、肇泰水火保险公司、水道电气株式会社等。当然有些企业他是以股东身份参与的。

20世纪30年代初期是营口航运的黄金时代，为了调和各航运公司的竞争矛盾，共同应对外国公司，民国十九年八月十二日(1930年10月3日)，李子初组织成立营口航业公会，当时的肇兴公司、大通公司、日昌公司、天津北方分公司、天津直东分公司、大连政记分公司等都加入了航业公会。1934年，李子初新建了肇兴轮船公司办公楼，扩建了肇兴第一码头(东双桥东侧)、肇兴第二码头(东双桥西侧)，拓展了营口与关内的航运业务。

就在李子初大展拳脚的时候，1937年，"七·七"事变爆发。事变后，李子初被迫卖掉了瑞兴轮，复兴轮又被日本人扣留于大连，来兴轮坚持跑天津、龙口，其余则先后集中到上海。上海总分公司由李界平督办，协理马崇海，主事冯又新。

抗战初期，为发展台北、汕头诸航线，经上海实业银行经理王偈僧联络,肇兴公司准备购买两艘大船。先买一艘,命名"鲲兴",载重6000吨,船长为日本人通口,专跑基隆线。

从1937年到1939年,处于日伪严密控制下的营口肇兴公司作为民营航运企业,为了拯救民族危亡,深明大义,冲破层层阻力,相继献出了"捷兴"、"鲲兴"、"裕兴"、"联兴",在千里之外的长江上为国家的抗战事业做出非常大的牺牲,并全部损毁,占当时公司仅存船只的一半。其中,1937年8月,捷兴、鲲兴自沉于江苏江阴阻塞线。1938年初,为保卫武汉,联兴(天兴)自沉于江西马当阻塞线,武汉保卫战中,裕兴在装运难民时,被日军飞机炸沉。要塞沉船延缓了日军的进攻速度,为我军民及物资的后撤赢得了时间,虽属消极防御措施,但仍然表现出了全民同仇敌忾、共赴国难的精神。

民国三十一年四月十八日(1942年6月1日),日军在营口成立满州海运株式会社,日本人小川亮一任社长。其后,李子初也曾任该会社社长。肇兴公司的"来兴"、"荣兴"、"复兴"、"和兴"4轮被强行编入,充作军用。除"来兴"外其余3艘均毁于战火。"荣兴"轮在渤海湾老铁山处被兴华公司的"新泰"轮撞沉。"和兴"轮在太平洋战争期间被日军征用,"八·一五"前夕在日本近海沉没。复兴(万泰)被日本人扣留于大连后炸沉。

抗战胜利后,航运业开始复苏。1946年肇兴公司又购进"祥兴"轮。1947年全国"船联"成立后,设立了"民营船舶战时损失要求赔偿委员会",1948年3月,肇兴公司领到"长江沉船"赔款计港币6万元、美金3.5万元、金圆券146万元。1947年末,由于东北战事吃紧,李子初连同"来兴"、"祥兴"两轮于辽河封冻前离开营口前往上海,肇兴营口公司停业。1948年10月,"来兴"轮行抵烟台,又被国民党第十三战区李弥部强令装运国民党军队及眷属逃往台湾。1949年2月,"来兴"轮由青岛开往台湾途中于舟山海面触礁沉没。其后,"祥兴"轮由上海开往台湾。至此,称雄一时的肇兴航运公司彻底结业。

在经营航运事业的同时，李子初还积极实践他的第三个愿望——投身工商业。1922年4月，李子初与蓬莱人王翰生等发起成立营口生生火柴股份有限公司，资本小洋10万元。地址在旧市街青堆子，经理为孙荆堂。接着，李子初又同王翰生合资创办了营口生生纺织厂、兴兴火柴厂、营口肥料厂和博山煤矿等一系列工厂。

民国初年的营口，作为对外商埠也成为洋纱输入的"重灾区"。当时，营口有民族针织、织布、织袜和织带业98家，所用棉纱全部为洋纱。先用英纱，后用美纱，最后日本棉纱彻底占领了市场。为了让大家用上中国人自己纺的纱，1930年4月13日，李序园、李子初与王翰生、孙辛堂、藏子耕、高吉先、郝相臣及其他数人在旧市街青堆子发起创建纺织工厂，资本金200万元，定名为"辽营纺纱厂"。据《盛京时报》（1930年6月18日）《纺纱厂工程进行》载："据闻该厂所用机器已向英国某有力会社订购。该厂与沈阳东兴帆布工厂有特殊关系，资本金半由东兴帆布工厂出资，半由本埠招股云。"最初，按每股现银元25元，集资50万元，同时购置英制纱机5000锭，并将原有布机200台整理，于1932年10月间开始生产。每年产十六支棉纱4000件，棉布13万匹。翌年，复增资50万元，并于3月24日注册成立"营口纺织股份有限公司"。公司董事长为李子初；专务董事是王翰生；董事有陈楚材、李纯仁、孙荆堂等。随后购纱机5000锭，总计1万锭，布机仍旧，年产十六支棉纱8000件，棉布13万匹。1934年，公司合并了奉天纺纱厂，资本总额达到伪币200万元，同时发行壹、拾、百、千股股票。

"九·一八"事变后，日本帝国主义在军事上逐渐控制了东北，并在经济上对中国民族工业进行渗透、控制和掠夺。纺纱厂成立之初，即成为日本纺纱业的眼中钉、肉中刺。日本关东军特务部不希望在中国关东地区新设纺纱工厂，遂采取向该工厂注入日方资本进行控股的策略，妄图控制辽营纺纱厂。1935年3月，日本朝鲜纺织会社社长山本条太郎投资100万日元，强行投资营口纺纱公司。"位于朝鲜釜山府的朝鲜纺织株式会社,是以拥有五百万元资本金的众议院议员山本条太郎氏为社长的朝鲜国内第一纺织会社。自从成立'满洲国'以来,为了进入'满洲',往各地派遣技术人员进行调查工作。这次得到关东军特务部的允许,向营口纺纱厂投资一百万元"("满铁"档案《营口车站庶情第五〇号》,1934年6月22日)。李子初任董事长,王翰生、野口三郎任常

日军占领营口(来自 http://www.xwhb.com)

务董事,原安三郎、李纯仁等任董事。日本人表面上将李子初推举为董事长,而实际权力却掌握在日本人手中。同年,公司发行壹、拾、百、千股股票,接修纱机厂房,新建一织布厂房,购置英制纱机1万3000锭,日制远洲织机424台,计有纱机2万3000锭,布机624台,年产十六支棉纱1万8500件,棉布47万匹。

1938年7月30日,公司名称变更为

营口纺纱株式会社株券(来自 http://www.ykwh.gov.cn)

"营口纺织株式会社"。李子初任取缔役社长,王翰生任常务取缔役。1940年,公司同时向协和工业株式会社和营口造船株式会社投资。(辽宁省统计局:《辽宁工业百年史料》第430页)1943年,营口纺织株式会社有精纺机5.5万锭,极系机3000锭,大中机械1520台,染色机37台,年收入187万元,利润118万元。(引自《满洲经济企业年报》)该企业就是在这种多难的命运中维持到抗战胜利。李子初虽然未能保持住纺纱公司,但能在洋商并立的夹缝中大力发展民族纺织工业的创举是值得称道的,他为营口成为轻纺工业城市奠定了基础。

李子初还将在黄县县城经营的商号转移至龙口,在龙口宝善街西口海沿处砌石挡浪,拉沙填平,建筑楼房仓库,把裕康、永康号合为一体,改字号为"永兴裕",并扩充了营业项目,有期市、提现、汇兑、代理,并经营面粉、粮秣、生油、豆饼及糖、纸等南货。这期间,经李子初、王翰生、戚福庭的努力,永兴裕队伍不断壮大,如吕见田、赵鹏九、田孝先、赵滋丰、丁树庭、王祚东、崔孝宽等先后加入商号工作。1932年春天,李子初、王翰生酝酿在连云港发展渔业,并同抵青岛商讨开辟沪新、青津航线。秋季,李子初、王翰生同返龙口,与戚福庭商讨多日,终因日本入侵,时局混乱,没能实现。

清末民初时,李家曾办有义顺魁、恒义福、恒义利、金记、长记等银炉商号,盛极一时。在赚取大量利润的同时,银炉也为李家经营西义顺商号提供了充裕的周转资金。因此,在建立肇兴公司后,李子初一直欲建立自己的银行。为了实现夙愿,1934年,李子初在上海创办了"兴亚银行",盛冠中担任经理,并在天津开设分行,李树中为分号经理。兴亚银行开业后,备受外国银行排挤,不久即不堪重负,被迫并入虞洽卿主持的上海实业银行,委任王偈僧为经理。但李子初不甘就此止步,1935年9月9日,他又和王翰生等工商界人士合资创办奉天汇业银行,并亲任董事长。1942年7月1日,由于日本限制中国民营银行的发展,命令民营银行合并,汇业银行遂与营口的商业银行、福顺银行合并,更名为兴亚银行,总行设在营口,外地设十余家分行。李子初担任董事长,总行经理的位置被日本人三柴茂占据。至1945年光复,兴亚银行已奄奄一息了。可以说,李子初的银行路自始至终都是在夹缝中行走,这也是当时众多民营产业共同的遭遇。

1960年10月28日,李子初因中暑病故于上海家中,时年77岁。

第四节　总理商会

一、总理商会

随着在商业上的成功,李序园本人也得到了当时营口商界的诚心拥戴。光绪三十三年(1907年)营口商务总会成立时,李序园被推举为商务总会协理(副会长),并连任两届。1912年9月10日,李序园又当选为总商会总理(会长)。直至1919年因病辞职。李序园连任总理8年的时间里,也是营口近代经济发展最迅速的时期。作为商界领袖,李序园为此作出了不可磨灭的贡献。

翻看当年的《盛京日报》,经常会看到有关李序园的报道:

为维护商务秩序,民国二年正月(1913年)2月,李序园亲自到大连面见主事官员谋求建立营口自治团。三月十三日(4月19日),李序园召开商会议董会议,重申营口杂货约公会行规,不准包捐。八月二十五日(9月25日),李序园召集协理坐办诸议董开全体会议,讨论设立董事公断处,选举处长与职员数名,以处理商讼事件,平息商业争端。

为维护银价平衡,1912年12月到1913年1月农历年关将至期间,海关道郑鲲池派委员钱慕韩来营口与商会李序园等共同筹划整顿银法。1913年11月,李序园主持特别全体大会,讨论维护市面纸币价值,

关东鲁商

营口商务总会（来自王维城《漫话营口老地方》）

保证商务繁盛事宜。民国三年闰五月（1914年7月）间，李序园回山东省亲，本拟八月回营，结果因营口炉银价值暴跌，商界恐慌，在六月十七日（8月8日）即乘轮船回到营口，当日即到商会处理事务维持银价，避免商界赔累。1915年初，营口炉银曾因一伙奸商市侩暗中破坏，由75元落至63元，市场上商品价格因此暴涨。经李序园极力维持，多次提倡，并与官府协商，三四月份（5月）银价才又落至75元，交易重新恢复正常。到五月（6月），市价每锭已至78元，炉银开始呈现平稳景象。

为维护营口市面繁荣，1914年，李序园召集商会会议，商讨"往年北城（营口以北的各大商埠）之大车每至冬季皆装粮米来营口出售，返回时载盐回北城出售以赚取脚力钱，自炉银归官府运销后，盐均由火车输运，北城大车装载粮米来营口出售者寥寥无几，以致冬季营口市面非常萧条"的问题，寻求解决办法，欲设法维持，使北城各镇乡大车每至冬季照常载粮来营口售卖，维持营口市面繁荣。

为减轻商民负担，1916年8月10日，李序园参加全国商会京师事务所8月15日召开的年会，商讨改良现行各项赋税暨债务诉讼结案办法，并商讨维持金融流通不滞的办法。1916年11月7日，李序园鉴于营口商税税率较各处负担偏重，与相关部门主管官员商讨维持办法，并经省长批准，税率得以减轻不少，为商民争取到了利益。

第四章 航运巨子李序园兄弟

为扩大营口商号影响，民国二年十一月二十三日（1913年12月31日），李序园组织营口商号参加巴拿马赛会与日本大豆博览会，同时也开阔了营口商界的视野。

二、关注公益事业

李序园非常关心公益事业。1913年4月，李序园从北路观察使王秉臻处收到关于内蒙遇灾、牧畜群空的电报后，非常痛心，开会召集诸议董，商量代募捐款，以救内蒙同胞。11月，李序园又开会报告北京救济会事宜，劝募商户资助灾区。1914年，李序园向众商家提议认购爱国公债票，各商户纷纷认购债票以救国难，认购超过6万元。1915年4月1日，李序园号召商号募捐赈济山东灾民，并为女子教养院募集善款。6月，营口成立救国储金团，李序园认储大洋1000元。9月14日，营口县所属东北两乡26个村庄遭受水灾，李序园筹募3000元。12月，营口西商会粥厂在山东寄骨寺祠前搭棚施粥，救济贫民。1916年8月2日，李序园召集商会坐办及诸议董，讨论吉林歉收居民乏食问题。1917年4月14日，李序园因大街石道经年未修，坎坷不平，往来不便，积极筹议修筑，方便交通。

在清末铁路修建之前，辽河是东北地区最重要的南北运输干线，沿岸的牛庄、白桦沟、田庄台、兴隆台、营口等都是重要的商运码头。从清初到清中叶的一百余年间，由于辽河的不断淤塞，海船贸易的港口逐渐下移，由牛庄最终移至距离海岸最近的营口。但随着营口航运的发展同样也带来了河道淤浅的问题。20世纪初期，因清代辽河中上游作为围场游牧之地得到大面积开垦，水土流失严重，加大了辽河携带泥沙的数量，河道移动加速，河床淤积加快。辽河河道中沙滩横陈，导致船只经常搁浅。辽河疏浚工程成为决定营口盛衰的重要问题。时人议论："本口实占辽河水道天然之利，由来已久，惟有失于修浚，致本埠大豆生业甚为减色，不但重载船只不能通过各处之淤浅，即轻载者亦有搁浅之虞。"

（中国第二档案馆《中华民国档案资料汇编》第三辑农商(2)，《税务处转报税务司条议振兴营口油坊生业及铁路辽河运输利益节略咨》，江苏古籍出版社1991年版，第829页）为此，经商会呼吁并出资助修，1913年，冷家口滚水堤坝建成，增加了辽河主航道水量，但因损害了当地农民利益，结果水坝被农民拆毁。1913年5月26日，李序园协同洋商团代表英人魏尼士、日系代表三宅、营口商会自治团代表岳紫阁，到盛京面见张作霖陈说冷家口水坝问题。7月，他提出辽河疏浚沟通事宜。因辽河流域为东三省商业贸易的重要通道，如果疏浚不好，营口商务地位必将旁落。11月30日，又开会讨论续筑冷家口水坝问题，保护航运。经过李序园的多方奔走游说，官方和中外商会代表最终提出了《浚修辽河海口等处工程局章程报告书》，并于1914年成立了辽河工程局，开始了辽河下游航道的系统治理。

第五章 淘金大王"韩边外"

> 西接长城东属海，柳条结边画内外，
> 不关陉塞守藩篱，更匪春筑劳民愈。
> 取之不尽山木多，植援因以限人过，
> 盛京吉林各分界，蒙古执役严谁何。
> 譬之文囿七十里，围场岂止逾倍蓰，
> 周防节制存古风，结绳示禁斯足矣。
> 我来策马循边东，高可逾越疏可通，
> 麋鹿来往外时获，其设还与不设同。
> 意存制具细何有，前人之法后人守，
> 金汤巩固万年清，讵系区区此树柳。
>
> ——（清）爱新觉罗·弘历《柳条边》

在吉林近代史上"韩边外"是一个极具传奇色彩的话题。在吉林桦甸等地经营工商矿业的山东登州府文登籍韩家祖孙四代人，由韩宪宗采金起家，经韩寿文、韩登举，至韩绣堂止，80 余年里，通过经营庞大规模的采金业和工商业，控制了方圆八百里之内的广大地域，成为一方去世，韩元毓遂把幼子庆宗托付给朋友寄养，把宪宗送到沐石河侯家岗的侯姓地主家当差，自己则出外（耪青）与人合伙种地去了。

韩宪宗在侯家帮工期间，做事勤勤恳恳，深得侯家看重，未过几年，就被东家提拔为"打头的"（工头），并得到东家小姐的青睐。道光二十二年（1842年），韩宪宗迎娶侯氏回到边外花曲柳沟生活。道光二十五年（1845年）侯氏为他生下一男孩，取名"寿文"。

韩宪宗生来喜冒险闯荡，且"性嗜赌"，少年时即参与赌钱。也正因为在边里赌钱时"自报家门"，才留下了"韩边外"这个绰号。在寿文出生后不久的一次赌博中，韩宪宗输得很惨。当时他背贴墙角，把衣服上的口袋都掏出来亮给大家看。尽管内心紧张，外表却镇定自若地说："我有钱，有金子，就在边外放着呢。今天欠下的，往后见面我一定如数奉还。"以这番话震住众赌徒们后，才得以脱身。他连夜赶回到家后，与弟弟、妻子商量，决定出外闯荡寻找发财之路。

韩宪宗先是来到省城吉林，靠在码头装卸货物做零工度日。后经投宿的大车店老板孙掌柜帮忙，他在衙门里申领了参票，到封禁山区里去采挖山参。挖参过程中，韩宪宗虽然没有收获多少，但却意外得知吉林南山地区（注：吉林城南面地区，习惯称"南山"）颇多金砂，于是在桦甸县（今吉林省桦甸市）境内的砍椽沟沙金地，韩宪宗加入违法采金者行列。经过一年多时间，他有了一些积蓄，年底，在省城吉林购买了一些年货后运回家乡，并向亲戚乡邻讲述了砍椽沟采金的情况。第二年春天，尝到甜头的韩宪宗又准备返回砍椽沟采金，不料此时朝廷前来查封金矿，采金人皆被驱散。他虽然失望但并未立即返回家乡，而是四处打听其他地方金矿的情况。在听说延吉县境内砂金丰富后，他又和不少零散淘金和挖山参的流民跑到延吉（今吉林省延吉市）。但此时延吉金场因屡遭马匪蹂躏，采金人正四散逃离。虽然没有达到预期目的，但这伙采金、挖参的流民开始聚集起来。他们原本就有少数人结拜为异姓兄弟，在延吉又进行了一次二百多人的大结拜，其中，兴京的李茂林兄弟、海城的刘希广以及李成、包志兴等人,都成了韩宪宗的义兄弟。韩宪宗等人为了不引起官府的注意,在李茂林的建议下,分散活动,先后进入图们江流域、牡丹江流域地方淘金,而当官军撤走后,他们还是重返吉林南山这块宝地,并以老金场(在今吉林省桦甸市城东南 150 里处)和夹皮沟为重要根据地。

据《桦甸县志》载:老金场"道光初年,有鲁民在此采参,在老金厂汲水于河,遽见金沙颇有所获。(老金厂原名"老营盘",因昔在此采金遂名"老金场")继采者随接踵麇集,自老金场溯流而上,沙金益富,直至夹皮沟东南至金银壁岭……于是集工开采,闻者羡之趋之若鹜,数人或数十人为一组,聚集至数千人。"(《桦甸县志》卷六,1932 年铅印本)夹皮沟,一名加级沟,在老金场东面,蕴藏着极为丰富的黄金资源,初期发现的是沙金,道光年间先后有闯关东的内地人在此淘金。道光二十五年(1845 年)夹皮沟北山又发现了岩金大矿脉,老金场的采金工和更多的移民吸引过来,并形成了若干采金小矿主的"山头"。

夹皮沟的繁荣同时也招来了一伙占地为王的匪帮。道光二十九年(1849 年),来自三座塔的梁才、孙义堂率 300 余人占据了夹皮沟金场,横行沟中,抽税盘剥,鱼肉矿工。一些遭受梁匪打骂凌辱或勒索抢劫的金工们,纷纷找到李茂林和韩宪宗诉苦求救,李、韩一面劝他们暂时忍耐,不要轻举妄动,等待时机。一面与众拜把弟兄加强联系,暗中准备火枪、大刀、板斧、长矛等武器,同时还加紧与老金厂等地的猎户炮手门秘密联系,请他们前来助战,内外夹攻,力求将匪徒一举全歼。咸丰九年(1859 年)秋天的一个深夜,在经过商议和精心准备后,金工们开始行动攻击匪帮老巢。双方激烈交战,面对短时间内难以取胜的局面,金工们采用韩宪宗的"疑兵之计",将火绳拴挂在满山的树杈上(当时使用火枪,一个火头显示有一杆火枪),点燃火绳,四面围上,满山遍野,大声呐喊。梁才不明虚实,不知人数多寡,匆匆打开大门弃寨逃遁。金工们乘胜追击,梁才仅率十几人侥幸脱险。

俗话说："人无头不走，鸟无头不飞。"除掉梁才匪帮后，金工们立即决定推选出一位"金场总会"的头领。推选过程中李茂林与韩宪宗是热门人选，但他们彼此谦让，良久不决。众人遂议定"于神座前设签"，"其名先出者，神所择也"。结果韩宪宗坐上了第一把交椅，李茂林作为副手。为了抵制官府的横征暴敛和地痞流氓的敲诈勒索，韩宪宗又与李茂林筹划组织了一个由数百采金工组成的自卫团体——夹皮沟团练会，韩宪宗担任练长，"二人同理团政，事皆咨而后行"（张相文：《南园丛稿》卷五，第1~2页）。后来，附近的老金厂、会全栈以及溜河等金工聚集之地的武装力量也逐渐由联防转为归附，把武装力量统交韩宪宗统一调度指挥。

辅佐他们的还有个科举失意、沦为金工的穷秀才程思敬。由于他遇事有主见，且能言善辩，平时颇受韩、李等人的器重。韩宪宗被推为首领后，就延请他来主管文牍、案卷、册籍，并兼应酬接待对外事务，成为韩宪宗的"军师"兼"外长"。李茂林去世后，他还曾短暂担任过副首领的职务。

咸丰六年（1856年）控制整个矿区后，韩宪宗开始对夹皮沟金矿进行有计划的矿床采掘。在他的努力下，至同治中叶，夹皮沟金矿区达到了鼎盛。同治初年，他又依靠金场团练会的力量，冒禁扩大"领地"，不断拓展金场范围，把势力延伸到两江口、大沙河、古洞河一带。"自是金工日集，产量日丰，商家日辏，加级沟（即夹皮沟）之金场随之名闻远近"（《桦甸县志》卷九）。两河流域的金砂开采便利，成色也高，有"民井子"立山线坑、西驼腰子坑、大猪圈坑、东驼腰子"民井子"矿区等。据《安图县志》记载，古洞河黄金名扬天下，曾参加过南洋赛会，被授予超等奖牌。

"韩边外"作为采金流民聚集的特区，兴起于咸丰年间，这与鸦片战争后中国被纳入世界资本主义市场，黄金生产受到强烈刺激，有着重要联系。中国历来以白银和铜钱作为货币，黄金虽然珍贵，但很少直接进

金工碾压矿石粉(来自《黄金王国的兴衰——韩边外祖孙四代纪实》,本章图片除另注明外均来自该书)

入流通领域。鸦片战争后,中国被纳入世界资本主义市场,正如光绪年间的北洋大臣王文韶所说:"自通商以来,各国皆用金钱(指金币),惟中国以银为市。近来金价日贵,约金一两可易白银三十两左右,惟从来所未有。"(台北近代史所编:《矿务档》,第7册,第2418号)清朝前期,黄金一两约值银十两。鸦片战争后,金价日贵,五十年间增长三倍,必然有力地刺激黄金的开采。据吉林将军在光绪元年(1875年)奏称,吉林各处山中的挖金流民,"聚十余万"(光绪《吉林通志》卷七十一)。韩边外的夹皮沟金矿,就是咸丰至光绪年间吉林乃至整个东北地区采金业的中心。

自光绪年间至民国初年,韩宪宗及其子韩寿文、孙韩登举经营的开采脉金和沙金矿点有百余个,采金工仅夹皮沟就有四五万人,日产金500余两,可谓"日进斗金"。同治元年(1862年)至光绪二十年(1894年),三十多年中平均年产金量10万两左右。

见于记载的除夹皮沟金厂外,还有:

二道沟八家子金厂:同治、光绪年间开采;

三道沟东沟金厂:同治、光绪年间淘沙金,宣统元年开采金矿;

苇沙河聚宝山金厂：同治、光绪年间淘沙金，宣统年间开采金矿；

苇沙河五道岔金厂：道光二十年（1840年）开采，咸丰、同治年间达到极盛；

苇沙河四道岔金厂：光绪二十三年至二十四年（1897~1898年）开采；

苇沙河大线金厂：民国元年至三年（1912~1914年）开采；

苇沙河头道岔金厂：道光二十年（1840年）发现，咸丰三年（1853年）至同治四年（1865年）间最为昌盛；

三道沟热闹沟金厂：三道沟在光绪二十五年（1899年）至民国二十年（1931年）间开采，热闹沟在同治三年（1864年）至光绪三十年（1904年）间开采；

三道沟王八脖子金厂：光绪二十六年至二十九年（1900~1903年）开采；

头道沟流域金厂、松花江小夹皮沟金厂：道光初年即已开始开采，光绪及宣统年间还在淘金；

色勒河流域金厂（包括板庙子金厂、板庙子河岸平地金厂、吴金厂金厂、苇沙河子沟口子金厂、鹿角沟和大桥沟金厂）：开采期大部都在光绪十六年至十八年（1890~1892年）；

头道溜河、二道溜河、三道溜河等诸道溜河金厂：同治初年发现河金，至光绪十八年（1892年）采尽；

金银壁河流域金厂：同治初年由上游向下游发展，宣统三年（1911年）再次开采；

金银壁口子至大小沙河口子之间诸流域金厂（包括小河金厂、海沟金厂、石人沟金厂、韩姚沟金厂、大浪柴河金厂、沙儿沟金厂、小营子沟金厂）：始于同治末年，光绪初年最为兴旺，从下游渐次向上游发展；

大沙河流域金厂：同治年间开采，光绪初年最为兴旺。

此外还有古洞河流域金厂、木箕河金厂、木箕河八道河子金厂、桦甸县柳树河子金厂、桦甸县沙河子金厂、桦甸县韩家沟金厂、蒙江县（今吉林省靖宇县）那尔轰金厂、蒙江县暖木条子沟金厂、蒙江县新开河金厂等小型金矿。

金场的开采吸引了山东、直隶等省的流民，他们迁来后建立了许多金工聚落，在古洞河流域有西北岔、东南岔、西南岔、大甸子、车厂子、古洞河热闹街等居民点，在大沙河流域有小沙河、海沟、石人沟、汉窑沟、小营子、大沙河、苇堂沟、大黄泥河子、金厂、高登等居民点。

据《北满金矿资源》记载，大沙河流域的采金业，"在光绪初年最为旺盛，因此此金矿得名热闹街之名，当时有四千至五千采矿夫云集此地"（门仓三能著，张伟民译：《北满金矿资源》，第343~361页）。不难想象当时淘金热的盛况。古洞河也因此得名"古洞河热闹街"。

韩宪宗管辖下的采金组织分两种。一种是由韩家直接派人管理的"官井子"，如十三合、下十合、四方井等地矿井，由矿井头目——会首和

十三合的斜井及竖井

关东鲁商

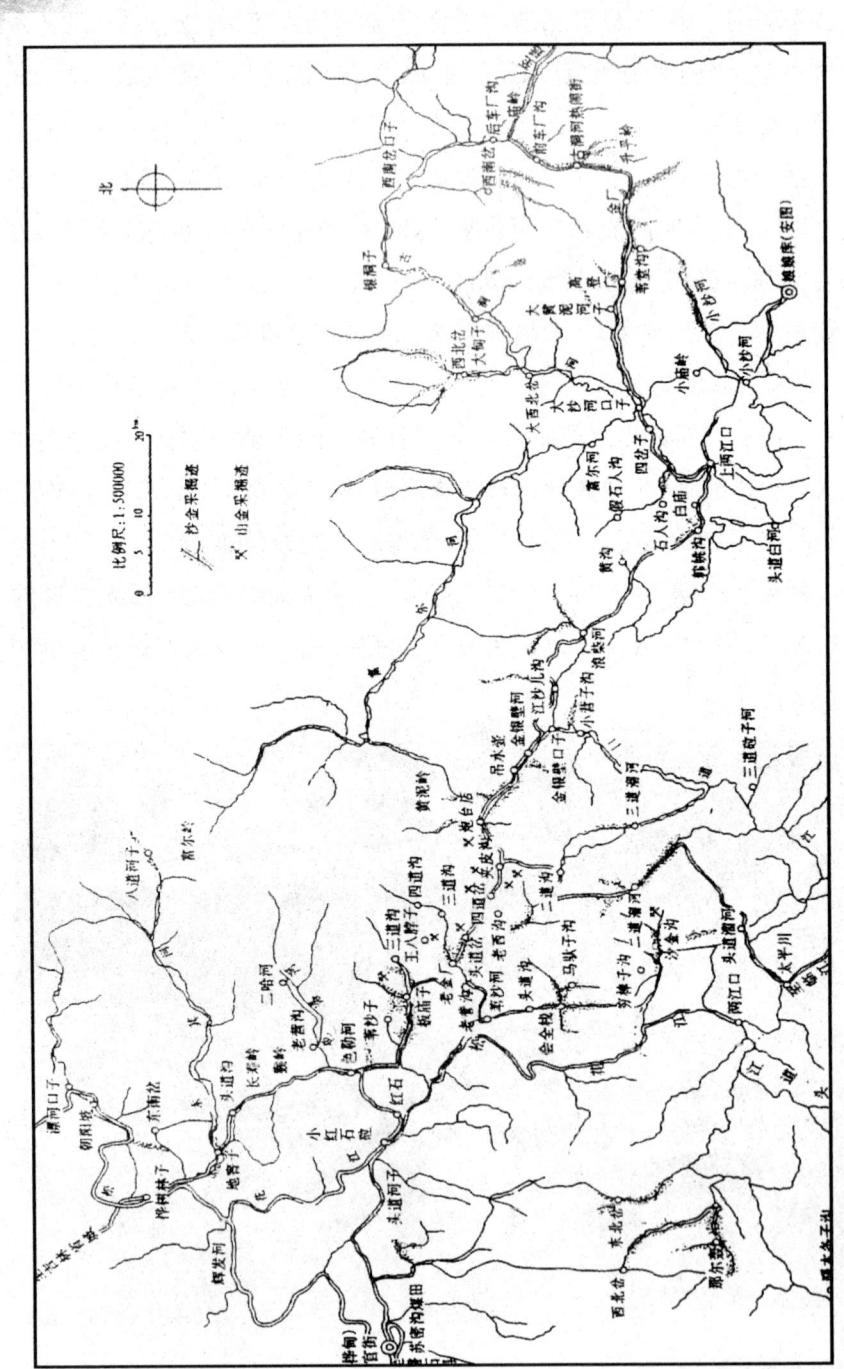

第五章 淘金大王"韩边外"

"韩边外"山金沙金分布图

采金班头目——金把头两级管理。会首负责组织采金班，每班20~50个金工的为小班，1000~1100个金工的为大班。金把头负责班务管理，小班月薪4两，大班可达120两之多。采金工每月工资2分、3分、3.5分不等，依工作轻重而定。采金工所采黄金过秤后交给会首，逐级上交。金工的住宿、吃饭费用由韩家供给，以保证金工的生活。第二种是韩家租给别人管理的"民井子"，如东驼腰子、北山东区立山线等地坑口。韩家以养兵名义收取会经（即会费），采金工一般每月缴纳金砂1厘(3.2克)，同时还要缴纳采金税，实行"抽山份"制度，产量少的缴纳十分之一，产量多的缴纳十分之二到十分之三。韩家经常派人查看采金情况，每年端午节和中秋节两次查验采金量，年收金份约15万两。由于韩家采金管理制度健全，赏罚严明，金厂采金秩序井然，使得采金业大发展。

韩宪宗半生勤苦劳动，半生创业，终成为夹皮沟一带金场总头目。在桦甸等地实际统治多年。光绪二十三年九月（1897年10月），韩宪宗因患黄疸病去世，终年79岁。

韩宪宗长子韩寿文(1845~1911年)，自幼体弱多病，读书不多，无心理事，喜欢清静。成年后，于光绪十一年（1885年）继承家业，因经营不善，损失很大，令韩宪宗异常失望。当父亲责骂他无能时，韩寿文却不以为然，振振有词地说："你父不如我父，你子不如我子，父能创，子能守。"一番荒唐论调，令年老体衰的老边外哭笑不得。他说的"子"就是他的长子韩登举。韩寿文共有三个儿子：登举、登科、

韩寿文像

登朝。光绪二十一年（1895年）在将家事交给长子韩登举执掌后，韩受文索性搬到吉林省城的韩氏豪宅养老去了，直至宣统三年（1911年）去世。

韩登举（1869~1919），字子升，从小喜欢舞枪弄棒，虽识字不多，但才力过人，深得祖父宠爱。因其父不善理事，十几岁就跟着韩宪宗学习处理家族事务，20岁开始协助祖父管理家业。韩登举老成持重，胆识过人，克勤克俭，严守家法，办事一丝不苟，颇精明能干，是韩家家业的理想继承人。韩登举承继祖业，因而人们延用对其祖的称呼也称其为"韩边外"；又因在参加抗击日本帝国主义的侵略战争中，官至"吉字军"三营统领，因而人们亦以"韩统领"称之。

韩登举像

韩登举执掌家业之时，韩家的采金事业已经开始走下坡路。当时外有沙俄、日本等侵略者对夹皮沟金矿的觊觎，内有采矿技术亟待提高的问题。为此，韩登举力图重振家业，光绪二十五年（1899年），他引进了黄色炸药，改革了脉金采矿工艺，采用人工打眼放炮采金，提高了采金效率。随着外国机械设备的传入，韩家金厂的传统工艺也随之逐步得到改革。这些机械设备一定程度上代替了汲水、凿岩等繁重的体力劳动，从而改进了生产技术，进一步提高了生产效率。同时，制金工场在采、选、碎、运、磨、洗、熔的过程中，分工很细，协作规模很大，比之前有了很大的进步，使采金业又迎来了一次小高潮。韩登举派人在管区内开展了大规模的勘探工作，并开设了几处新矿井。其中仅在县治西北七十里的栗子沟原有矿井的基础上，利用新技术探得"矿质为自然金，微含硫化金与少量硫化铜及多量硫化铁内成分尚优，平均计之，含金矿层约达三尺，面积约一方里。又有沙金产石门子一带，砂地面积约三方里"，"自清光绪二十年经韩登举开采,金苗甚旺"(《桦甸县志》卷六)。与此同时,韩登举看到先前几十年中盲目开采后留下的大量废矿石堆积如山,便组织人力进行淘选,发现仍有大量黄金夹杂其中。他又组织一定人力对这些搁置多年的资源进行二次开采。由于多方探求,终于使黄金生产跃上了一个新台阶。

第二节　努力维持"小韩国"

"韩边外"白手起家,在清廷明令封禁的区域内以丰富的黄金资源为支撑,建立起了黄金王国,"形同割据,权若政府,非官非寇,不公不私,不合乎法而未尝干法,似违禁令而卒未遭惩禁,俨然上达九重,中接官府,下辖黎庶,拥武力擅生杀,以一人之声威,任数百里之安危,以一家之势力,握数千户之生命"(《桦甸县志》卷九,《人物》),以其独特的统治方式,创造了"路不拾遗,夜不闭户"的安定环境。

一、与官府的博弈

长白山是满洲发祥之地,清廷自康熙十六年(1677 年)以来,明令封禁,视挖参、采金为非法,对淘金者冠以"金匪"之后从重惩处。但就是在封禁政策和各种重压政策下,"韩边外"横空出世。韩家武装势力和采金业的不断壮大发展,让清政府惶恐不安。自咸丰五年(1855 年)起,吉林将军曾多次派兵进山围剿。

面对官兵的围剿,众弟兄主张抵抗,而韩宪宗和盟兄李茂林则认为官兵抵抗不得,抵抗了官兵即等于自认是盗匪。于是他采用李茂林的计策,采取"官来我走,官走我来"的游击战术,即官军一来先用巨额贿赂使之退兵;贿赂不成,也不与官兵交战,就把金场主要工具和房屋全部烧毁,采金工化整为零,或在密林中装作樵夫,或在田野里扮作农民;官兵一撤走，他们又马上汇聚采金。如此几个回合的拉锯战，官军都以无的放矢草草收兵而告终。对这个不与官兵对抗的韩宪宗，地方政府无可奈何，也怕禁地"金匪"的事情闹大，"官家以养痈禁地，讳于上闻，兼以山林崎岖，挞伐匪易……以此于韩氏，既投鼠忌器，遂迁就以偷安"（《桦甸县志》卷九，《人物》），因此改剿为抚，对韩宪宗封官晋爵，承认其在夹皮沟一带的自治地位，使其变为治下的自治领。

同治三至四年（1864~1865年），李维藩（"乌痣李"、"李半疯"）、刘果发在奉天起义，威震盛京，后又挥师北上，率义军进入吉林境内，威胁官府。当时，吉林将军德英手下除鸟铳营外，已无可调之兵，经过反复计议，他决定采用以毒攻毒之计，召韩宪宗出兵助官剿匪，试图达到两败俱伤的目的。韩宪宗表面应招出兵两三百人助官剿匪，实则借机扩充势力。一边剿匪的同时，一边仍继续采金。经过同治四年（1865年）秋冬之交的激战，"马贼"被全部肃清。由于剿匪有功，韩宪宗在夹皮沟一带的威望和影响比之前更大了。

其间，德英因"丁忧"（父丧）离职，富明阿继任，继续沿袭德英的政策，对韩边外以安抚为主，同治五年（1866年）夏，吉林将军富明阿为韩宪宗改名"韩现琮"，并奏请朝廷赏其"六品军功"，查封老金场，将木箕河、桦树林子一带闲荒数百垧放给金工开垦以安插金工等。半年后，木箕河、漂河、桦皮甸子等处荒地开始放给金工开垦，按规定征收税额。光绪四年（1878年），在铭安将军任内，清中央政府对采金一事又有所闻，派大臣到吉林查办，但因铭安亦曾借重韩宪宗兵力剿匪，有意袒护，让其暂停采金工作，出外躲避风头，并支持前来吉林办案的吏部侍郎崇绮将"现琮"更名"效忠"，以蒙混朝廷。

光绪六年（1880年），清廷钦命吴大澂为帮办边务大臣来吉林查办边务。吴大澂到吉林后，即派人四处查访韩宪宗的为人和行迹。省城里尤其是西关船营一带那些与"韩边外"有着长期交往的店铺掌柜们，自然要对韩宪宗倍加赞扬。民间舆论不但给铭安吃了一粒定心丸，同时也进一步坚定了吴大澂招抚韩宪宗的信心。十月二十一日（11月23日），吴大澂改装易服，单骑入山，招抚韩宪宗。韩边外得到消息后立即于十月二十三日（11月25日）把吴钦差迎至位于木箕河的家中，殷勤款待，并以馃匣装满黄金、酒篓装满白银，送给吴大澂。吴大澂看到韩宪宗声势浩大，且较为安分，无动摇朝廷之意，因而没有追究私开金场的责任，而是趁机因势利导，采取安抚的办法，劝韩效命清廷，并亲自书写"安分务农"匾额一块，又以篆书写了"知命乐天安其田里，服畴食德宜尔子孙"对联一副赠给韩宪宗。韩宪宗当即表示愿受招抚，将匾额和对联悬挂在吉林市西关住宅大门上，并复制匾额一块悬挂在地窨子住宅（此匾现保存在桦树林子善林寺内）。有关招抚的经过，吴大澂在其自订年谱中作了如下记载："余于十月二十一日改装易服，单骑入山，令素识韩效忠之勇目牟振邦为前导。二十四日，由桦树林子直抵木箕河。韩效忠知余未带一兵，不复躲避，出迎数里，道旁叩见。是日止宿其家，示以坦白无他。细询从前金厂情形，劝其出山，为之奏明免罪，终其身为安分良民，子若孙亦永无后患。韩效忠知余开诚布公，并非诱擒之计，遂决意随余进城。"（《愙斋自订年谱》，1934年3月16日，《青鹤》杂志第二卷第9期）

十月二十八日（11月30日），吴大澂带韩宪宗出山拜见吉林将军铭安。十一月初六日（12月7日），吴大澂以"为遵旨筹办金厂事宜并招

吴大澂题"安分务农"匾额

抚韩效忠吁恳天恩准予新生,以安善良而靖地方,恭折驰陈仰祈圣鉴事"(辽宁省档案馆:《清代三姓副都统衙门满汉文档案选编》卷三七八,第406页)奏折上奏。光绪帝准奏,又把辉发河以南苏密甸子一带的闲荒发放韩宪宗开垦,委任"南山练总",并赏"五品顶戴"。铭安与吴大澂经过商定,在吉林西关迎恩门外,为韩宪宗拨地建宅营造新居。这当然是难得的礼遇,当然也有其特殊的政治意义,一言以蔽之,此举既有怀柔笼络的意图,也含有羁縻的目的。只要韩宪宗本人或其子孙们居留此宅,当局也就便于照应和驾驭。

此后,韩家势力范围扩大到磐石、敦化、蒙江、抚松、安图等县境内,东西800余里,南北500~600里。同时,通过此次对韩宪宗的招抚,清廷实际上加强了吉林边疆的防务力量。在后来东北人民抗击日本和沙俄侵略势力的斗争中,韩宪宗的孙子韩登举积极参战,成为抗击侵略的重要力量。

韩家和官府的关系始终是若即若离的。在受官府招抚时,韩宪宗也曾助官剿匪,并得到六品军功,还接受过清政府赏给的先锋官五品顶戴。同时,他也曾以馃匣子装金子、酒篓装白银送给钦差、将军。光绪三十年(1904年),韩登举送给当时吉林将军常顺的春节礼物为死虎1头、死鹿1头、活鹤1对、金1箱。不久,清廷授韩登举"花翎都司守备"。进入民国后,韩家与地方军阀保持密切关系。1912年,韩登举被吉林督军孟恩远聘为省署高级顾问。1913年,韩绣堂从吉林武备学堂毕业后即被任命为吉林军署咨议。1917年由东三省总督张作霖做媒,韩绣堂与黑龙江督军鲍贵卿的侄女鲍蕴芳订婚。其后,韩绣堂、韩锦堂一直在吉林军政署担任职务。但韩家从未停止过私采金矿,对官方仍保持戒备状态,没有交出任何权力,也不允许官方深入他们的势力范围里来,始终维持韩家独立的统治地位。官兵通过他的区域,还要派人到韩家挂号。为了及时掌握官府的一举一动,曾担任过夹皮沟团联会副首领的程思敬摇身一变,通过"捐班",换上顶翎补服当上了官,成为韩边外在官府中的重要内应。同时,韩边外还在将军衙门里贿赂堂官李占鳌,从中密通消息。除了使用快马驿传传送消息外,据说韩家早年还有个"神行太保",经常外来于吉林与南山之间。

二、辖区内的控制

韩宪宗虽无文化,但富于谋略,善于经营,为人守信义,豪爽慷慨。他凭借夹皮沟富饶的黄金资源逐渐发展自己的势力,强盛时势力范围东起今敦化县富尔河,西至今桦甸县城,南自抚松县,北达半拉窝集,接近蛟河县,即今桦甸县的桦树林子、二道甸子、红石、夹皮沟、白山等几个乡镇,几占桦甸县东部近半个县;还有安图县的海沟、古洞河、石人沟、沙兔儿沟、小营子沟、大浪柴河,以及靖宇县的那尔轰、暖木条子、新开河等地。辖区共达20万平方公里。他在辖区内拥有行政、司法、兵警、税收等管理特权,确立了以"把头制"为基础的组织系统,俨然一个"独立王国"。

当时辖区内有居民5000余户,人口约25000余人,主要是山东登

"韩边外"区域示意图

州、莱州、青州人,沂州府也有很多。居民主要以采金、掘参、捕猎为业,也有从事农耕经商的。"居民诉疾苦,安耕凿,靡不惟韩氏是赖。"(吴樵:《宽城随笔》,第33页,吉林图书馆影印本)为了管理辖区内的民户,韩家设立了类似保甲的管理制度。十五六户设一个"什长"(也叫十家长),十五六个"什长"设一个"牌头",一共有18个牌头。60里编为一村,编众为兵,分屯各营,扼险设防。

为了实现有效管理,韩家在这些地区设立了"会房",俗称"大房子",既是其军事指挥中枢,也是统一管理全境军、政、财、文、司法的全权机构。会房的首领称"会首","综观领内各邑,其地方自治之实权,大都操于各地方之会首,凡司法、行政、财政、军政,皆归一人兼任之,所以韩家之选任得宜,故刑罚虽严,而能恩威并用"。会首由韩家指定,平时也没有薪俸,"唯就所辖地之租入,加收少许以自资,亦韩家所默许也"(张相文:《南园丛稿》卷五,第13页)。如古洞河会会首为宋平西,金银壁会会首为青州人刘占春,头道柳沟会会首为登州人李义明,夹皮沟会会首为韩氏族人韩守宪,那尔轰会会首为马红牙。(张相文:《南园丛稿》卷五,第12~14页)老百姓报告匪情、交纳赋税("会经"),民刑诉讼、调解纠纷,都去大房子解决。"会房"设有拘留所、看守和刑具,随时升堂问案,严厉处置不服管束的人。韩登举时,任命孙凤五为总管,掌管辖区内居民的生杀大权。孙凤五文字功夫也很了得,后来坐镇吉林,韩家与官府往来的文牍皆出自其手。

私人武装是韩家维持统治的主要依靠力量。韩家的兵,也称"炮手"或"乡勇",多是炮手出身,枪法好,以勇敢善战闻名。经常不下四五百人,分别驻在韩家的3处住宅和金场、棒槌营等各地窝堡:桦树林子本部100多人,地窨子总部护兵200余人;夹皮沟会总办1人,帮办1人,护兵40余人;金银壁会会首1人,护兵100余人;古洞河会会首1人,护兵50余人;帽儿山会会首1人,护兵10余人;梨子沟会会首1人,护兵20余人;棒槌沟会会首1人,护兵10余人;那尔轰会会首1人,护兵

50余人。乡勇每10人编为一棚,设1名"棚头",总头目称"管带",兵房子负责人称"兰旗",派兵遣将由兰旗负责。兵勇的服装冬夏都是黑便服,夏扎黑头巾;冬戴皮帽子,脚穿皮靴鞡,扎绑腿。出门带有红色三角形联络小旗,也有号兵,腰挂乡勇腰牌,下身扎有獾子皮垫(这是大房子兵的外部特征),带有"火枪"、铅弹的"别列单"和"铁板开斯"(均为枪名)。兵勇们平时不出操,每天的任务是巡逻、查道、站岗、放哨、写金会、写山份、催地租、押运租粮、打胡匪等。兵勇皆不发饷,吃穿由韩家供给,过年给1吊压岁钱,端午节、中秋节可以分取所在柜局的"抽红"。虽然不发饷,但老百姓们常说"纱帽底下无穷汉",他们来去自由,可以公开或半公开地发放小柜子钱,二八抽红,在执行任务时还会有额外收入。韩家订立了严格的"刑规"约束居民和乡勇。凡偷摸拐骗者,轻则砍手削耳,重者处死;不准乡勇胡作非为,欺压勒索群众;调戏、奸污妇女者,不分亲疏,严惩不贷。

韩家依靠这支武装,抵制官府,镇压盗匪,统治民众。韩宪宗和韩登举,甚至连短暂执掌家政的韩寿文,都是严格维护家规的人物。韩家有个外柜到佃户家催租,看佃户女人貌美,起了歹心,正在他逼租打骂时,被韩登举遇到,当众将外柜处死。在抵抗俄军时,韩登举曾调自己统辖下的左营增援。左营驻在横道河子不但没有听调,在韩登举兵败入山以后,还全部变成了胡匪,奸淫抢掠,干了许多坏事。至韩登举与俄军议和后,左营中的一些兵将大约三五十人又回来投奔。在酒席宴前,韩统领命令中营官宋平西把他们拿下,都绑出去砍头。韩登举的堂叔在外设赌场抽取彩金,居民姜永贵在他那儿输钱后全部财产就被查封了,姜的母亲为此去跪求统领,登举立即把堂叔找来,堂叔知道不好,一进门就跪下认错。登举命其把钱如数返还姜家,并用军棍重责了堂叔。

韩家为了保护其财产不受侵犯和地区居民安宁,对于胡匪无论大小股,窃盗无论偷多少,如有在他的势力范围内作案的,捕获后立即杀掉,甚至百姓中有通盗嫌疑的(他们管这种人叫"有腥味的")也是要从严处理的。松花江西岸有个过来偷牛的,因为是初犯,把耳朵割去了事。有个偷了三次大牛的,就被绑上石头沉到江里处死。有个叫赵喜廷的曾在韩家当兵,后来当了胡匪,干了不少坏事,被统领抓住立即枪毙。因为韩宪宗和韩登举杀人不留情,匪盗都很畏惧他们。百姓都说:"韩家杀人不走文书——坐地开销。"所谓"路不拾遗,夜不闭户",就是在这种情况下出现的。对于在韩家势力范围内不抢不夺、规规矩矩的胡匪,韩家可以不去追究,甚至有的胡匪冬天在他辖区内"趴风",夏天再到别处作案,股匪也可以通过他的地带,但必须事先通知韩家借道,如果胡匪洗手改过,携械投诚,还可以留下当兵。

维持一个地方的有效统治,没有可靠的经济基础是不行的。韩家在这方面善于经营和控制。他们不但有工、农、商等产业和各种经济收入,还以其商店名义发帖子、出条子当货币通用于区内。韩家还掌握区内物价,订出行单在全区域内统一执行。这里还有独立流通的货币,称为"金砂",即用双抄纸折成长1寸、宽5分的纸包。内装金砂,在纸包上注明几分几厘。这种金砂在其境内一直流通到1918年。之后,吉林省发行的纸币和银元才开始流入。

韩家依靠金场资源,扩大武装力量,同时又广收佃户,督励耕种,提倡交易,远近商人都来自由买卖。因此夹皮沟金场一带极为繁盛,饭馆、赌局、妓馆和说书、唱戏的无所不有。据说,咸丰皇帝驾崩,全国停止演戏时,北京有名的戏班子都曾来夹皮沟演戏。光绪二十八年(1902年)时板庙子金矿采金业达到鼎盛期,当时板庙子有杂货店50家,饭馆10所,客栈3处,总数大约1000户,人口达到5000多人。每天有3000到4000名采金工云集此地,极为喧闹,实际形成了3个比较大的街市。韩家强盛时拥有住宅3处,兵丁四五百名。不但是金场总头目和大地主,还是这个"小独立王国"最高的统治者。史载:"居斯土者,且只知有韩氏,而不知有国家、有政府。"(《桦甸县志》卷五)于是"韩边外"这个名字在关内外传开了,远近商民都称之为"小韩国",当时就有民间艺人把他的经历编成故事传唱。

第三节 韩家的"黄金帝国"

韩边外凭借以夹皮沟为中心的广大地区富饶的黄金资源，一步步拓展自己的势力，将桦甸、安图、蒙江、抚松一带的土地、森林置于控制之下，在辖区内招民垦殖、养鹿、掘参、开办商号，形成了名副其实的"独立王国"。

一、经营土地和山林

南山地区皆属山林地，直至同治初年还鲜有垦荒者。同治五年（1866年）吉林将军富明阿奏准将桦皮甸子、穆奇河（木箕河）、漂河沿江未开垦荒地拨给韩宪宗领种，又准将桦皮甸子、半拉窝集等地已垦熟地800余垧交由当地流民领种。韩宪宗自此以荒地安置金工，招其垦佃。开始议定每名金工分给荒地5垧，不缴荒价，垦后3年开始收租每垧660文（1垧即1公顷合15亩，1文约今0.2元）。当时桦甸地广人稀，金工们迷恋于采金赚大钱，对土地多不重视，就垦者不足十分之一二。实际上普通老百姓领荒也只是名义，地照统一发放到韩宪宗手中，韩宪宗"以金厂之总头目兼为大地主"，设法招佃代垦，坐收地租。为了招徕更多的各地"流民"到桦皮甸子一带垦荒，他在松花江两岸挂出"与民同居"的牌子，对于来到这里的人，不论是关内人还是关外人，不管单身还是携眷，一律收容，没有吃的借给粮食；没有牲口借给耕牛；没有房子帮助盖房安家；开荒3年不纳租，过3年如果有实际困难还可以减免或拖欠。会手艺的木匠、铁匠、石匠都可以到韩家的作坊干活。另外，过路人或不想久住的，都可以在韩家吃住，来不撵，走不留，来去自由。如果有年老体弱，疾病残废无人供养、无家可归的人，韩家专设有"麻房子"予以收容，与韩家乡勇一样吃饭穿衣，冬天发棉衣，夏天发单衣。稍有劳动力者，还可以剥麻，按剥麻数量付给工钱，人死了给予棺材埋葬。至今当地有些上了年纪的人还常说："麻房子是韩家的一项最大德处。"因有这么多的优惠措施，慕名前来的流民逐渐增多，韩家的佃户也在不断增加。到光绪三年（1877年）时，耕地达到9762垧，11年间增加12倍。（光绪《吉林通志》卷三十一）光绪六年（1880年）吴大澂到桦树林子会见韩宪宗时，看到"有耕马四五十匹，耕牛一百余条"，"各山沟民户，闻有五六百家"（《清代三姓副都统衙门满汉文档案选编》卷三七八）。

韩家每年所获地租收入不菲，是除黄金外的第二大项收入。韩家是当时吉林省最大的经营地主之一，有耕地约35000垧，有佃农1000余户。（《满洲事情》第四辑，第123~124页）韩家规定地租山地8斗，平地1石，开荒头三年不收租。每年秋收时，韩家在地窖子、帽儿山、半拉窝集、荒沟等地设囤收租，每个点有1至2名管账先生，掌握佃户地数和租额，1至2名斗官，4名兵，更夫、小杠、杂工数人（这些多半是临时工，秋天来，次年三四月离去），还备有牛、马爬犁。收租人来到后，由地方牌头、什长负责通知佃户送粮。交租一般是三色粮，也可以拿钱或其他物资代替，不过要按韩家规定的价格折价。当时，韩家每年收租达1万多石。

韩家还在辖区内广泛种植烟麻，大获其利。每年在黄烟收获时，韩家召集牌头宴会，以给乡勇换衣服的名义请牌头们下大牌（分配缴纳金额）。牌头会上研究每户平均应缴钱数。每牌任务数大致确定下来后，再由牌头召集什长开会进行摊派。种植民户分一、二、三等户，由种地多少来定，一等户为拥有100多垧黄烟者，能产烟几万斤，要交30吊左右，三等户平均15吊左右。二等户介于其间。摊派的同时还收"烟份"，就是对种黄烟的课税。每架黄烟抽5至10吊，每个种烟青（合伙种烟的农民）抽5至10吊。整个烟麻抽税所得估算下来实在可观。

林木采伐是韩家的另一项收入来源。鼎盛时韩家有山林13处：苇沙河(1.5万亩)、色勒河(1万亩)、穆奇河(木箕河，0.6万亩)、漂河(0.5万亩)、溜河(1万亩)、金银壁岭(0.5万亩)、朝阳沟(0.5万亩)、鸡匡沟子(2万亩)、板庙子东沟(1万亩)、鸭鹿沟(0.5万亩)、二三四五道沟(0.5万亩)、坏河(0.3万亩)、瓮圈(0.3万亩)。（民国七年十二月韩登举上吉林省长郭呈文，原东北档案存件）这些山林以松树、柞树、桦树、曲柳木居多。在那尔轰、头道溜沟、头道沟等地有许多人专门从事伐木业，运往吉林城销售。

二、韩家的工商产业

韩家在辖区内经营采参、烧锅、木材采伐、狩猎、捕鱼等业，各种副业、手工业和商业得到了全面地发展。

人参是名贵的中药材。吉林南山地区盛产人参，韩宪宗在夹皮沟、苇沙河、色勒河、金银壁河、穆奇河、漂河、万两河，以及敦化县乌松碇子等地采掘山参，年采参300~400两。但野山参的产量毕竟有限，光绪初年，韩宪宗在穆奇河(木箕河)设立人参栽培场，进行人工种植，当时称"棒槌营"。韩登举当家时又将"棒槌营"（人工参场）扩大到20余垧，2个人参栽培场交替栽种。由于韩登举经营有方，棒槌营确实红火了几年，年产人参几千斤。鹿茸也是珍贵药材，光绪初年，韩宪宗在木箕河流域棒槌营东沟里建起了养鹿场，当时有梅花鹿20余只。经过近30年的繁殖，到光绪三十年（1904年）时，已经发展到80余只。后来随着韩家宅眷逐渐迁居桦树林子，韩登举又在桦树林子东门外兴建了养鹿场，把棒槌营的鹿群移来，另又购入130只，圈养鹿群达到200余只。连同在大青沟扩建的鹿场，韩家养鹿高峰时，共有鹿五六百只。鹿圈由专人看管，几年之中便生产了大量的鹿茸、鹿胎等名贵药材，韩家从中获取了较高的经济收益。

同治年间，韩宪宗在桦树林子开办"公顺泉"烧锅，经营烧锅作坊；在韩家大院内设立了很多小作坊，百姓可以用粮食交换油、酒、米、面、

关东鲁商

韩家养鹿圈与养鹿家丁

铁木家具等。光绪二十九年（1903年）春天，在韩登举的倡议下，韩家集资100万元，任用姜继昌为大掌柜，在桦树林子创办综合性商业机构——"义泰昌"商号，主要经营火磨、油坊、烧锅、粮油杂货铺等。从此，不仅韩家征收的矿租、地租和渔猎、木材、土副产品的税收均由义泰昌统揽，还下令管区内的各种物产必须由义泰昌统一收购，统一销售。商号鼎盛时期，油坊日加工8500斤，烧酒日用粮10000斤，粮米加工实现半机械化，年收入约5万元，除此之外，还开设了烟草、木材、杂

姜继昌像

第五章 淘金大王"韩边外"

158

货买卖,委托小商贩进山收购土副产品,然后统一销往外地。由于姜继昌经营有方,义泰昌生意越做越大,到1918年其分号已遍及长春、吉林、哈尔滨、九台、营口、大连等关东主要城市。"义泰昌"商号在红石开办了"义泰盛"烧锅,在荒沟开办了"公盛和"烧锅,在小红石砬子开办了"公盛涌"烧锅,在哈尔滨开办了"久大"油坊,在吉林车站附近开办了"义泰和"粮栈,在吉林德胜门开办了"公升当"当铺。义泰昌各分号开始只是局限于为设在桦树林子的本号转销各种土副产品;后来都各自做起倒买倒卖粮食、木材、土副产品的生意,仅倒买倒卖一项,年获利达数万元之巨。

韩家统治辖区内先后出现了张家油坊、李家粉房、郝家烧锅等百姓经营的粮油加工作坊,也有很多商铺存在,如夹皮沟很早就有商铺18家,供应日常生活用品。(日本参谋本部:《满洲地志》第十一章《矿业》)在其统治区内,韩家对商铺征税,"商铺每家二三两不等"。(《东三省政略》,《边务》篇)

韩家统治区域沿江两岸还出现了多处"水院子"(又称"冰上客栈")。"韩边外"地区地处崇山峻岭间,陆路交通颇不方便,水运也十分艰难。下行去往吉林省城顺江漂流倒还容易,而上行进山则完全是逆流而行。因而地区交通运输的黄金季节是冬季,山区的雪橇(爬犁)为代表的冰上运输充分发挥了巨大的运输功能。冰上运输业的迅猛发展,带动了集吃、住为一体的旅店服务业的兴起,从吉林至"韩边外"统治区域沿江两岸的"水院子"竟达20多处。迄至1933年东北沦陷时,吉林头道码头附近有6家客栈在江上设有"水院子"。韩宪宗发迹之前在吉林落脚的"大德店"也设有"水院子",在桦甸境内就有蚂蚁河口子、漂河口子、半拉窝集、朝阳坡、五虎石、老桦树林子、辉发河口子、骆驼砬子、苇沙河口子、老金厂等16处之多。一处客栈停泊的爬犁,最多时达到400多张。

伴随着以采金为主,扎根于农,适当发展商业和多种经营方式的战略,韩边外地区实现了综合性、全方位的开发,真可谓"广开门路,财源茂盛"。

第四节　保家卫国护金矿

"韩边外"辖域以桦甸夹皮沟为中心,方圆数百里,黄金、森林资源丰富,且在政治、民政等各方面具有一定特殊性和独立性,自光绪中期以后,一直是帝国主义列强觊觎的对象,尤其是对东北蓄谋已久、与之毗邻影响较大的日、俄两国更是垂涎三尺。面对沙俄和日本的侵略和觊觎,韩登举积极响应清政府号召,报国杀敌,在维护国家主权的同时,维系韩家基业。

光绪二十年(1894年),日本发动侵略朝鲜和中国的甲午战争。日本占领朝鲜汉城后,不断向北进发,意图长驱直下,越过鸭绿江防线,入侵中国。同年八月下旬(1894年9月下旬),黑龙江将军依克唐阿派清廷御前侍卫荣和等到吉林招募新军赴奉天对日作战。韩宪宗积极响应,"共募得猎户壮丁七千,编作步队十四营"(戚其章主编:《中国近代史资料丛刊续编·中日战争》第二册,第127页)。不久,吉林将军长顺又在南山地区招募猎户赴辽南作战。此时的韩宪宗已年逾古稀,虽有心但已无力带队出征。刚刚继承祖业、踌躇满志的韩登举主动请缨,带领五百精兵,备齐粮饷军械,以韩登举为管带,军事孙凤五、管带宋平西、粮饷委员姜继昌,共赴奉天疆场抗击日军。十一月廿一日(12月17日),韩登举所率的民团与荣和、博多罗斯所募的"敌忾军"到达辽阳。此时,辽沈门户海城已被日军占领,辽阳危急,韩边外地区的民团和猎户到达前线,激起了辽南人民抗日的爱国热忱,自是"辽阳并凤、岫、海、新交界周围七八百里,无民不团"(王彦威、王亮编:《清季外交史料·光绪朝》一〇九卷,第5页)。从而展开一幅波澜壮阔的人民群众抗击日寇侵略斗争的壮烈画卷。从十一月下旬(12月中旬)起,先后经过甘泉堡战役、海城外围战、五次收复海城会战,使日军不能突破防线,为保卫辽阳立下了汗马功劳。清人顾云在其《辽阳闻见录》中记录了一些战斗的细节："所谓东山猎户者也，善避枪，或伏埂下，或伏墓傍，伤者少。日军分截我后，登举拒却之。鏖至日昳。荣和令炮车先行，然后麾军番退，而自以骑殿将跨鞍，中枪弹坠，仍腾而上。我炮车行数里，顿而遮击。日军不能追。是役以千人战日军数千。"（顾云：《辽阳闻见录》，辽沈书社1985年版）韩登举率领的民团和由猎户组成的"敌忾军"英勇顽强，浴血杀敌，和"一触即溃"的官军形成鲜明对比，他们的英勇行为也赢得清廷的褒奖。光绪二十一年九月（1895年10月），中日战事结束后，经盛京将军依克唐阿和御前侍卫荣和保奏，韩登举出任育字军三营统领，留住奉天。"韩统领"即是从此时开始叫开的。后因荣和被劾革职，韩登举遂辞官回到吉林老家。吉林将军长顺也很欣赏他的才干，邀请他出任吉字军三营统领。

光绪二十六年（1900年）夏天，利用义和团运动和八国联军进占北京之机，沙俄分兵七路侵入中国东北。当时，驻扎在东北各地的清军，多不敢与俄军交战，纷纷溃退。吉林将军长顺启用韩登举为靖边军统领，率乡勇到吉林城北法特哈边门（今吉林省舒兰市境内）驻防。韩登举组织士兵昼夜挖战壕、修工事，准备同"老毛子"决一死战。但在俄兵真正大军压境后，长顺却在强敌面前吓破了胆，下令不许进行任何抵抗。韩登举含愤带队转移，当撤至吉林城外欢喜岭时，气势汹汹的俄军已步步紧逼上来。韩登举忍无可忍，同俄军交火。长顺拒绝派兵增援，并勒令停火，韩登举几百名乡勇难敌数倍于己的俄正规军，只好率部撤回吉林南山地区闭境自守。八月二十七日（9月22日），俄军侵占吉林省城，盘踞在吉林机器局内，将大量机器、火药、银元或弃置江中，或抢劫一空。俄国军队抓住韩登举的侄子韩绪堂为人质，又致书韩家企图取得夹皮沟金矿的开采权和经营权，韩家回书严辞拒绝。不料，俄军丧心病狂，杀死韩家信使。韩登举闻之大怒，闰八月十九日（10月12日），亲自招集壮丁和自家全部兵马埋伏于蚂蚁岭阻击俄军。数日交战，不可一世的俄军死伤惨重。后来，恼羞成怒的俄军调来重炮反攻，韩终因寡不敌众，只得带残兵及家眷败退大鹰沟南岸隔松花江与俄军相持。几经作战,韩登举败走宽街(今吉林省桦甸市市区),俄军乘势侵入木箕河及桦树林子、夹皮沟等地,到处烧杀劫掠,放火烧毁了韩家两处宅院。敌众我寡形势之下,韩登举决定不再与俄军硬拼,采取化整为零的战术,三三两两躲入深山密林之中展开游击战,专门袭击小股敌人,使外出的俄军多不能生还,一直持续至第二年春天。

光绪二十六年九月(1900年10月),清政府向八国联军求和。光绪二十七年九月(1901年10月),吉林将军长顺与俄交涉大臣先后签订《新订吉林开办金矿条约》、《续订吉林开办金矿条约》。随后,俄国矿山技师阿塞尔特等一行数人便迫不及待地来到夹皮沟,向韩登举提议订立合同经营金矿采掘事宜,被韩登举严辞拒绝。光绪二十八年(1902年),长顺召见韩登举,称中俄已有协议,准许俄国人在吉林开办金矿,令其与俄人展开谈判。韩登举被迫只身到吉林三江会馆与俄军议和,商定韩家负责返还缴获的俄军枪械,同意俄国人在夹皮沟东卡子门大鼻子营外设事务所;俄军负责赔偿烧毁宅院损失吉银1万吊,给韩登举"乡勇"腰牌印模1个,承认韩家在此的治理权。从此,俄国打开了掠夺韩边外金矿的大门。

俄国方面和韩家达成协议后,光绪二十八年九月(1902年10月),在俄军保护下,俄金矿技师进驻夹皮沟,一方面派人从事调查,一方面开设勘矿事务所进行开采。十一月(12月)在夹皮沟东卡子门外官井子矿区东侧开掘了"大鼻子井"。光绪二十九年六月(1903年8月),俄人获得在夹皮沟一带开采金矿的执照,期限一年,开始对该矿进行了野蛮开采,无论遇水遇火,昼夜不停。从当年冬开始,到1904年2月止,仅短短一年多时间,俄国人就掠夺夹皮沟黄金20万两之多。(《夹皮沟金矿史》)

光绪三十二年(1906年),日本开始制造"间岛事件",妄图把间岛问题扩展到夹皮沟。所谓"间岛"是指图们江上泥沙冲积形成的约3平方公里的江通滩（又称"夹江"、"假江"）。早在康熙五十一年（1712年），清政府与朝鲜政府曾就边界问题达成一致，划定图们江为两国国界，"间岛"属于中国。由于清朝前期在东北实行封禁政策，因此，江通滩一直是个荒岛。同治八年（1869年）前后，图们江南岸的朝鲜钟城一带连年灾荒，大批朝鲜民众成群结伙秘密渡过图们江来到江通滩上垦荒。后因垦荒者越聚越多，清政府作出让步，就地设立垦局收缴地租，安置朝鲜灾民。光绪七年（1881年），江通滩上的朝鲜移民在属于中国境内的图们江北岸私自开了一条水渠，这就为江通滩成为后来相争之地埋下了伏笔。朝鲜某些官员曾欲以此挑起纠纷，清廷为平息事端，派员与朝鲜政府商定了《边境善后章程》，其中第八条规定"假江地向准钟城韩民租种"，因为是租种，即再次明确了中国的土地所有权。光绪十一年（1885年），日人守田利远在《满洲地志》中居心叵测地将"间岛"范围肆意扩大，提出海兰河（今延边市海兰江）以南、图们江以北有块土地，宽约两三百里，长约五六百里，为"间岛"。（《东三省政略》，《边务》篇，延吉附件）此后，日本报界也推波助澜，大造舆论，妄图为侵占我国领土造势。甲午战争后，日本占领朝鲜。此时，日本政府派出斋藤季治郎等人深入图们江以北的中国领土设立宪兵分遣所，并照会清政府称"间岛"归属问题尚属悬案。光绪三十三年五月（1907年7月），东三省总督府军事参议吴禄贞受命到吉林延吉调查情况，历经73天，行程2600余里，编辑成《调查延吉边务报告书》，还绘制了五十万分之一比例的地图。吴禄贞此行得到了韩登举的大力支持。因奉天巡抚营前路统领张作霖在做胡匪时与韩登举结识，因此向吴禄贞推荐韩登举，并为之写了一封长信。吴禄贞两次到夹皮沟拜会韩登举，递上张作霖的介绍信。韩登举答应出兵支持其处理间岛问题。十月（11月），间岛问题谈判在珲春局子街进行，由于有韩登举的武装做后盾，中方压制住了日本代表斋滕的嚣张气焰，取得了谈判主动权，使日本暂时放弃了入侵计划。宣统元年七月廿日（1909年9月4日），双方在北京签订了《图们江中韩界务条约》，再次确认"以图们江为中、韩两国国界"。在这场粉碎日本帝国主义妄图侵占我国领土的斗争中，韩登举襄助吴禄贞，为谈判作了坚强后盾，写下了光辉的历史篇章。事后，清廷封韩登举为参将，官至正三品，已属清廷高级将领之列。

　　光绪末年，夹皮沟金矿天灾人祸不断，独霸一方的韩边外陷入内忧外患之中。金矿频频出水、出火，造成大量采金工人伤亡，不得不废弃了许多矿坑。光绪三十四年（1908年），清政府相继在韩边外地区设治，把韩边外大部分土地划入桦甸县，其余部分土地被周边几个县相继占去，韩家势力范围从此仅剩桦树林子、木箕河、夹皮沟等地。宣统三年（1911年），安图县划归奉天省（今辽宁省），韩家一些骨干金矿或被迫关闭、或宣告独立，黄金收入大大减少，其经营几十年的金矿沦入被瓜分蚕食的境地。1914年，中华民国政府颁布了《矿业条例》，规定矿山均归国有，原矿主必须重新申报采矿执照后才能开采。如此一来，吉林南山一带的骨干金矿虽然还在韩边外势力范围内，但韩家如果不重新申领执照，再行开采就属违法，韩家被迫停止开采活动。这时，一些早就垂涎吉林南山金矿的达官显贵、富商财阀们，趁机争相向政府申请金矿开采权。先是毕业于吉林宪政讲演所的张荣生呈请吉林省公署要求开采桦甸沙河子金矿；随后，大商人苏贵模又申报开采韩家沟金矿。为守住祖业，韩登举倚仗军事力量和广泛的交际网络，上下斡旋，多方阻止，他人的呈请方被驳回。而正当韩登举为维护矿权忙得焦头烂额时，1915年窃国大盗袁世凯同日本秘密签订"二十一条"，出卖九大矿权，韩家的夹皮沟金矿就名列其中。

　　日本帝国主义对夹皮沟金矿垂涎已久。光绪三十一年四月（1905年5月），即有日本军官率600人前往夹皮沟探路。三十二年（1906年）屡有日人前往游历，日本人山满等10余人、水谷等3人，声言俄国可以开采夹皮沟金矿，日本援例也可以开采，并用利益引诱韩登举与之签订合同。以后，日本政府曾派人说服韩登举归顺日本，都被韩登举严辞拒绝。但"二十一条"刚一签订，日本矿商谷村正友便拿着日本政府的照会和中华民国政府的批件来到夹皮沟，以主人身份理直气壮地前来踏验金苗，以向韩家年出纳地皮山份钱金票15000元为条件，逼迫韩边外出租金矿，韩登举被迫与他草签了《出租夹皮沟金矿草约》十条。面对危局，韩登举进行了积极抗争，1917年1月，他呈禀吉林省长公署，"唯思若将该厂租与日人开采，诚恐违反公法，若不租与日人，又恐藉此酿成国家交涉"，"绅以钱粮之地，自己之产，竟成无可如何之地"，"唯有仰恳省长格外分神，设法代为筹谋"。省长郭宗熙感到此事关系重大，训令吉林交涉署和实业厅："事关外人租有矿权，亟宜审慎。"民国六年正月十五日（1917年2月6日），吉林政务厅兼财政厅长高翔复审后，认为："核与现行矿业条例不符，未便照准。"三天后，省公署驳回呈请，并令韩、谷签订的草约"克日取消"。（原东北档案馆存件）

但日本人并未就此罢休，民国六年九月（1917年11月），日本人林正次郎联络江苏商人蒋嘉琛合资，申请夹皮沟开采执照，再次同韩登举展开了对夹皮沟金矿的争夺。韩登举决定不惜一切代价争夺本应属于自己的矿权。但韩家早已是今非昔比，财力捉襟见肘。于是，韩登举便四处寻觅，想找一个合适的中国人做合作伙伴。这时，曾在辽宁新民做过官的商人王奉廷携带巨款找上门来，主动寻求合作。韩登举大喜过望，因有过一面之缘，他对王颇有好感，经过几次磋商，双方于1918年8月签订了合作开采金矿协议：王奉廷每年向韩边外交纳地租山份3.5万元，一切开采事宜由王办理。有了财力雄厚的合作者，韩登举再次上报了领取夹皮沟金矿开采执照的申请。几经周折，吉林省公署为韩登举下发了金矿采掘执照。王奉廷也很遵守协议，很快便支付了第一年的租金3.5万元，从韩登举手里接过了采矿执照。韩登举一时间踌躇满志，重新开矿采金振兴祖业的雄心再次鼓荡起来。

然而，正当他满怀信心准备大干一场时，却再也找不到王奉廷的踪影。不久，从吉林省实业厅传来一个令人震惊的消息：韩家费尽千辛万

关东鲁商

苦得来的采矿执照，竟鬼使神差地落入老对手日本商人林正次郎和江苏商人蒋嘉琛手中，他们已名正言顺地报领了吉林南山两处共占地900多亩的金矿。原来王奉廷背后一直受另一个日本人丰八十一的支持，在得到采矿执照后，王奉廷和丰八十一便高价转让给了韩登举的老对手林正次郎和蒋嘉琛。此时，背信弃义的王奉廷早已带着日本人给的一笔巨额赏金逃之夭夭了。林正次郎拿着执照向吉林实业厅报领两处金矿，一处占地390亩，一处占地520亩。1918年北京段祺瑞政府以东北林、矿作抵押，签订《中日吉黑金矿森林借款合同》，大肆出卖主权。吉林实业厅屈于日本政府与北洋政府的压力，明知是场骗局，同年十月还是批准了蒋嘉琛、林正次郎的呈请，夹皮沟金矿开采权开始部分落入日本人手中。

为捍卫矿权，韩登举同俄国人、日本人斗了十几年，没料到，转来转去还是落入他人圈套，自己不惜倾家荡产苦心得到的采矿执照竟被日本人廉价骗走，足智多谋的韩登举一时痛悔不已。自老边外韩宪宗独霸吉林南山以来，韩家赖以生存的资本主要就是以夹皮沟为骨干的大大小小30多个金矿。有了黄金，韩家才得以拥兵自重，对领内居民实施独立有效的统治，不但大小胡匪不敢到领内肆意妄为，连官府也承认其独霸一方的现实，数十年来与之相安无事。如今失去了采矿权，就断了韩家的经济命脉，也就预示着祖孙三代创下的家业，将毁在自己之手。震惊之余，韩登举开始奋起反击，他一面上下奔走呼号争夺失去的矿

第五章 淘金大王"韩边外"

韩绣堂像

权,一面在夹皮沟设岗布哨,阻止他人开矿。这阵势使林正次郎和蒋嘉琛不敢贸然行动,强龙斗不过地头蛇,他们哪里还敢冒性命之忧进入吉林南山?

正在一筹莫展之时,韩登举长子韩绣堂的叔丈鲍贵卿从黑龙江转任吉林督军,韩登举大喜过望。民国八年闰七月初三(1919年8月27日),韩登举奔向吉林省城拜访鲍贵卿和吉林省长徐鼎霖,想借助他们的力量夺回刚刚丢失的金矿开采权。韩登举的弟媳吕雅芳是吉林省长徐鼎霖的表妹,为了家族的利益,她给表兄写了一封信,请他从中帮助斡旋。不料此时吉林省城正笼罩在死亡的恐惧中,一场可怕的鼠疫,已在短时间内夺去了数千人的生命,昔日繁华的大街小巷到处是棺材和尸体。尚未来得及见到鲍贵卿和徐鼎霖,韩登举在吉林西关的韩家豪宅竟一病不起。这位曾经叱咤风云的韩统领带着深深的遗憾含恨而去。

韩登举暴病突亡后,他的长子韩绣堂当上了韩家的家长。韩绣堂(1904~1948年),字文卿,韩族同辈居二,人称"二少爷"。其名声虽不及其父,但地方上对韩家当时的敬畏仍未衰退。与鲍贵卿的侄女鲍蕴芳在桦树林子韩家老宅完婚后,面对韩家举步维艰的情况,时年17岁的韩绣堂自感难以收拾残局,在叔丈鲍贵卿授意下,他很快便宣布以族兄韩锦堂为代理家长,自己则一走为快,到奉天"东三省讲武堂"读书去了。

韩锦堂是韩登举胞弟韩登科的独生子,在同辈兄弟中年岁最长,人称"大少爷"。韩锦堂12岁入吉林武备学堂,从21岁开始一直是吉林督军的军事谘议,他老

韩锦堂像

成持重，办事谨慎，善于经商理财。韩锦堂在担任代理家长后立即着手重整衰败的家业，竭尽全力维持韩家日益庞大的开销。"义泰昌"是韩氏家族成员合股开办的商业企业，生意庞大，在东北设有多处分号，是韩家除金矿以外的一个重要经济支柱。韩登举死后，因资金短缺，经营不善，"义泰昌"出现了亏损，韩家内部股东唯恐蚀本，争先恐后抽回资金，导致生意几近瘫痪。韩锦堂上任伊始，便坚决制止抽股，强令各家抽回的股本再次入股，并下令关闭了哈尔滨、大连等地的分号，减少开支，从而稳住了"义泰昌"的生意。同时，韩锦堂又把目光盯在采金上，他利用山高皇帝远的有利条件，开始组织人员偷偷开矿采金，主要是再次陶冶过去废弃的矿石，虽然规模不大，但也颇有收获。经过精打细算，惨淡经营，韩锦堂总算暂时稳住了韩边外江河日下的局势。

采金一直是韩边外的主要经济来源，金矿是韩家赖以生存的命根子。韩锦堂执掌家业后，也一直没有放弃对金矿开采权的争夺。在韩登举病逝后不久，韩家就派大管家姜继昌到北洋政府农商部重金贿赂有关官员，希望不惜一切代价从日本人林正次郎和商人蒋嘉琛手中夺回金矿开采权。可农商部官员只知中饱私囊，收取厚礼后对韩家所提之事却不管不问。姜继昌在北平上下打点周旋了半年多，耗金数万，到头来却是徒劳一场，不得不空手而归。万般无奈之际，韩锦堂以正在奉天讲武堂学习的韩绣堂的名义，再次书面呈请吉林督军鲍贵卿，请他帮忙斡旋。鲍贵卿凭借自己的关系和韩家的金钱，经过一段时间的活动，北洋政府农商部责成吉林省实业厅办理此事。民国九年十一月初六日（1920年12月15日），吉林省实业厅对早年韩登举同日本人林正次郎和商人蒋嘉琛争夺夹皮沟金矿的情况进行调查后，认为必须蒋、林二人同时到厅办理矿照交接手续才能获得开采权。经过努力，蒋嘉琛同意将金矿开采权转给韩家，但日本人林正次郎此时已经离开中国，不知去向。找不到这个日本人，一切努力都等于白费。韩家正在四处苦苦寻找林正次郎而未果之时，早就对夹皮沟金矿垂涎三尺的日本经济侵略机构"南满铁道株式会社（满铁）"开始蠢蠢欲动。他们制订了一个援助韩家开发吉林南山的计划，企图以经济渗透的形式，逐步控制和最终占有夹皮沟金矿。经日本驻吉林城总领事森田引见，韩家认识了"满铁"吉林分所所长吉原大藏。吉原以"满铁"购买韩家一批枕木为诱饵，取得了韩家的信任。有病乱投医，韩家委托其代为查找林正次郎。吉原大藏果然能量非凡，调动"满铁"设在各地的情报网，很快便在青岛找到了踏破铁鞋无觅处的林正次郎。韩家立即派姜继昌赶到青岛同林正次郎谈判，经过一个多月的反复磋商，韩家以偿付一切费用为条件同林正次郎和蒋嘉琛办理了转让手续。

民国十一年十一月二十日（1922年1月6日），韩家终于获得了北洋政府核发的采矿执照。夺回了梦寐以求的夹皮沟金矿开采权，实现了

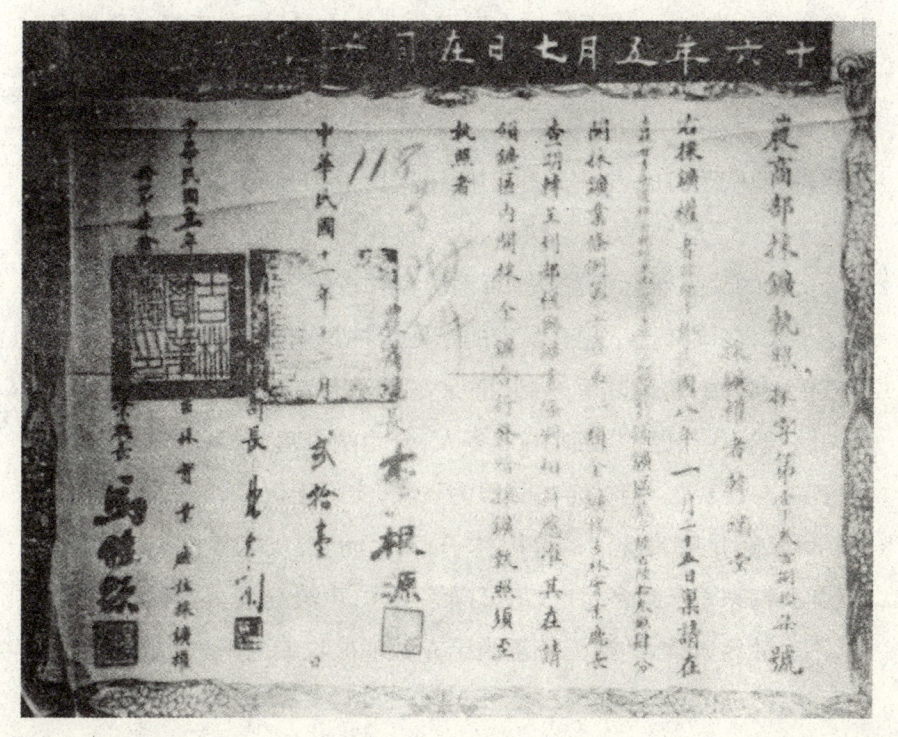

1922年农商部发给韩家的金矿执照

两代人的愿望,韩家人万分欣喜,异常感激义气可交的吉原大藏,对他充满了深深的信赖。此时,停采多年的夹皮沟金矿已经面目全非,矿坑积水,坑木朽烂,废矿石堆积如山,像过去那样单凭人力去采金已根本不可能,必须使用现代化的机械设备。财力极度拮据的韩家哪还有能力支付如此巨额的费用!只得再次向"满铁"求助,吉原大藏马上同意在资金和技术上全力支持。这位"老朋友"的异常慷慨,令韩家人感激涕零。

1921年,韩绣堂回到韩家。在讲武堂两年的学习生活,耳闻目睹军阀之间的穷兵黩武,韩绣堂眼界大开,他深深地感到军队的重要性,认为谁有军队谁就有地盘,就可以有权有势,为所欲为。韩绣堂最崇拜张作霖,他决心效仿,组建一支能征善战的军队,也做一回关东强人。韩绣堂让韩锦堂继续执掌家业,自己则一头扎进韩家军队中。

从老边外韩宪宗开始,为抵制官府、镇压匪盗、统治百姓,韩家凭借丰厚的采金收入,一直不断扩大自己的武装力量,拥有正规乡勇最多时达3000多人。在采金收入已经微乎其微、几乎入不敷出的情况下,韩边外仍有一支300多人的乡勇队伍。韩绣堂对这些乡勇重新进行训练和武装,将他们改编成省保安团,自任总队长。经过一番煞费苦心的经营,保安团统一了服装,装备了快枪,队列整齐划一。为了名正言顺,他还通过鲍贵卿的关系当上了省督军署谘议官和省长公署委员长。

不久,在同韩登举颇有私交的新任吉林督军孙烈臣支持下,韩绣堂再度扩充兵源,仿照陆军建制,把保安团改组为省属山林游击大队,自任总队长。兵员已扩展到1000多人,分为两个营,一营驻守桦树林子,一营驻守夹皮沟。山林游击队虽为省属,实际上仍为韩家的私人武装,管辖区域还是韩家统治的桦树林子、木箕河、夹皮沟等桦甸江东一带。一时间,韩家军队兵多将广,每日操练不休,声势浩大。但韩绣堂盲目扩编,不少散兵游勇、地痞无赖都滥竽充数地被收编进来。如此素质低下的军队,战斗力可想而知。

1924年9月,出没在五常、榆树、舒兰一带的土匪"仁义军同乐辈"

300多人突袭夹皮沟。驻防在此的韩家军队惊惶失措,胡乱放几枪,便一哄而散。夹皮沟所有店铺被洗劫一空,西门外的上戏台、李家麻花铺子及下戏台上的青龙石炮台、宝戏台北沟口的白虎石炮台都被焚毁,十多个人遭绑票。这次兵祸后,不堪一击的韩家军队已名存实亡,再也没有了往日的威慑力。在韩家统治的桦树林子、木箕河、夹皮沟等地区开始盗风盛行,"胡"匪猖獗,民不聊生。

1925年初,针对韩家失去保境安民作用的情况,新任桦甸知事赵汝谋呈请省公署解除韩家武装。不久,赵汝谋派警备队一个营分别进驻到韩边外统治地区。同年4月23日,赵汝谋带人会同陆军十三团的一个连,到桦树林子对韩家武装进行了改编,同时对设治后仍归韩家自治的夹皮沟、木箕河、桦树林子进行了统一规划,在桦甸县全境实现了政令和军令的统一。此时,吉林督军鲍贵卿因病离职,继任督军孙烈臣也病死,韩家已彻底失去了靠山。踌躇满志的韩绣堂,一心想复兴家业,最终眼睁睁失去了领地和兵权,彻底破灭了强人梦。

1927年初,韩家以部分地契和夹皮沟金矿采矿执照为抵押,与吉原大藏代表的"满铁"密签由朝鲜银行贷款200万元的协定。随后,韩绣堂不惜高价从日本购置了锅炉、管件等大量机械设备,并雇请日本技师开始排水。1928年,排水工程告竣,韩家连一粒金子还没有开采出来,200万元贷款却已花得一干二净。为解决资金问题,韩绣堂的目光又盯住了吉林南山丰富的森林资源。此时,吉林南山的林权大多已为他人领照经营,韩家已所剩无几,要打森林采伐的主意必须先夺回林权。他再次找到吉原大藏,又与"满铁"签订了第二次贷款协议,由"满铁"向韩家提供现金60万元,韩家在收回山林权后,向"满铁"提供一定数量的枕木作为补偿。有"满铁"做后盾,经过一番努力,年末,韩家耗费巨资相继赎回了13处林场的林权,韩家成立兴吉林业公司,大量生产枕木,陆续向"满铁"以物还债。收回了林权,金矿也即将重新开采,老辈未了的夙愿,终于在韩绣堂、韩锦堂这些少壮派手中得以实现,这对韩家来说不

关东鲁商

红石松花江上兴吉林业公司的木筏

者一件惊天动地的喜事。1928年的除夕，已经多年衰微不振的木箕河韩家大宅里，忽然红灯高照，鞭炮齐鸣，韩氏家族上百口人欢聚一堂，共庆韩家中兴。但沉醉在喜庆中的韩家人谁也不曾料到，一场精心策划的灾难正在悄悄降临。

"九·一八"事变爆发后，东三省很快陷入日本侵略者手中。静等机会的"满铁"此时才开始露出了真实面目。"满铁"指派立花良介等人组成"大同殖产株式会社"，负责解决韩家的债务问题。1933年夏，他们先是借口中止了买卖铁路枕木的合同，使韩家彻底断了还债之路。接着，"大同殖产株式会社"突然要求韩家在半年内还清所有债务，如没有现金偿还，可以以产抵债。韩家此时已是油尽灯残，采金不成，佃户走散，土地荒芜，收入锐减，负债累累，哪里还有能力偿还巨额债务？与"满铁""感情深厚"的韩绣堂一时手足无措，他无论如何也没有料到老朋友会在关键时刻落井下石。面对"满铁"咄咄逼人的架势，韩绣堂这才看清其乘人之危意欲霸占金矿的真实嘴脸。但一切都已悔之莫及，对于"满铁"的无理要求，已经山穷水尽的韩家根本无计可施，只好俯首就范，任人摆布了。

民国二十二年十一月初七日（1933年12月23日），在吉林西关韩家豪宅中，韩绣堂和立花良介签订了《合办经营契约书》，其主要内容有：（一）凡是韩家领域内的矿山、土地、森林权全部转让给大同殖产株式会社"合办"经营；（二）韩家所欠"满铁"的所有债务由大同殖产株式会社处理；（三）大同殖产株式会社交付韩家股票2万元，现金75万元；（四）大同值产株式会社保留韩家的各种经营办法。至此，夹皮沟金矿、林产及韩家所有资产、资源全部落入"满铁"手中。没几天，韩家在桦树林子的宅院中间就被砌上一道大墙，"大同殖产株式会社"的招牌堂而皇之地挂在了韩家大门上。老边外韩宪宗一手开创的家业，就这样江山易主了。得到夹皮沟金矿后，日本人立即修筑公路，架设电线，建起一座日处理300吨矿石的选矿厂，开始掠夺中国宝贵的黄金资源。

1934年，日薄西山的韩家已没有了生活来源，韩锦堂不得不卖掉了仅存的吉林西关、桦甸地窨子和桦树林子三处宅院。在一个风雪弥漫的夜晚，韩家各支几十口掌事人召开了最后一次家族会议，将所剩钱款168万元按股分配，之后就各奔他乡了……

韩边外，这个统治吉林南山80年的关东淘金王，从此曲终人散，给人们留下了一段难忘的历史传奇。

第六章　关东鲁商家族集团

> 长白雄东北，嵯峨俯塞州。
> 回临沧海曙，独峙大荒秋。
> 白雪横千嶂，青天泻二流。
> 登封如可作，应待翠华游。
>
> ——吴兆骞《长白山五言》

深受儒家伦理影响的关东鲁商具有强烈的宗族意识和家族观念。鲁商商业起步之时，往往以家族近亲为骨干，家长即是团队领导人。随着生意不断做大，鲁商也开始采取合股经营，吸收同族之人参加，组成更大的商业集团。由于主要投资人与各入股者是宗子与族众的关系，宗子是族商之首，负责调节族商之间的纠纷。这种血缘关系使得鲁商内的"合股"变得十分严密，且较之其他团体更有凝聚力、向心力。同时，家族企业往往经多年积累，在各地广设分号，经营范围广泛，而且可以共享统一的进货渠道、信息渠道、关系网络，所以在市场上有着强大的竞争力。

第一节 黄县单氏和老天合百年丝房

清末至民国年间，沈阳(当时称为"盛京"、"奉天")城内有一条胡同叫"老天合"，因有家老天合丝房坐落在此而得名。老天合丝房成立于光绪三十一年(1905年)，前身为山东黄县人单文利、单文兴兄弟创办于康熙十五年(1676年)的天合利丝作坊。

一、"老天合"成长壮大

清初，沈阳为清廷留都，是关东与关内联系的中枢，驻有大量官署机构，由此带动了官僚经济的兴起。关内的丝织品和刺绣制品，在此需求量极大。但当时关东尚无制作丝织品的作坊，丝线完全依靠商人由山东等地采运而来。山东黄县人单文利和单文兴兄弟两人就是制作绣花丝线的手工业者兼贩运商人，康熙十五年(1676年)前后，他们由山东来到沈阳，在四平街(今中街)路南租房数间，创办了"天合利"手工业丝作

老天合大楼俯视图(来自 http://www.syclub.cn)

坊，从行商转为坐贾。

创业伊始，天合利作坊规模较小，雇用了几个徒工在作坊里捻丝线，每天生产绣花所用的丝绒线20多斤。所产丝线除在店铺销售外，其余全靠雇用人力，不分寒暑、肩挑手提走村串户到沈阳的几个邻县，如法库、新民、辽中、铁岭等地兜售。当时虽然只是售卖单一的丝线和绒线，却为后来"老天合"在这些地区的杂货业批发零售打下了重要基础。因地方对丝线需用量颇大，获利丰厚，生意很快就发展起来。几年之后，兄弟俩决定分家，单文利开始独资经营"天合利"，并改名为"天合利丝房"；单文兴则在奉天大北门里另开了"兴顺利"丝作坊。康熙二十年（1681年），单文利又在四平街上买地建房，扩大门面。营业兴旺时期，天合利有伙计20多人。除财东单文利外，另有8人得到身份股，到结账时和单文利一样按股分红，其余的伙计则是按工龄和工作能力发给工资。

嘉庆元年（1796年），单文利的后人单于干担任财东时，又在四平街路南巷内（现址为市农业生产资料总公司）购置地皮，修建门市房，开设了以商业经营为主的"天合利丝房"。他长年派人到苏杭一带采购绸缎，附带经营布匹百货，由此逐渐转型成为以商业为主的百货商店。由于创业日久，根基深厚，天合利很快占有了一定的市场份额，在百货行业中声名鹊起。咸丰元年（1851年），单念兹担任财东时，又在钟楼北路东（现朝阳街一段市供销社）开设了"天合东丝房"（后迁至小北关路南）。

关东市场的不断形成和壮大，也带动了天合利的飞速发展。到日俄战争前，"天合利"除在沈阳开设总店外，还在吉林、法库、铁岭、辽阳、营口等地开设分号20余处。这些分号都归"天合利"总号统一管理，每至年终，各地分号负责人齐聚总号汇报一年来的经营情况，总号也会定期派人到各地分号视察。

日俄战争后，关东南部沦为战场，光绪三十一年二月（1905年3月），日寇侵入沈阳前夕，天合利总店门市惨遭焚烧，柜中货物被抢劫一空，店内伙计惊惧之下纷纷离散，总号被迫停业，只留下几个亲近伙计看门。

直到战乱结束，工作人员才陆续返店。单家财东又拿出一部分资金，在各地分号协力支持下，重整"天合利"门面。为区分总店和分店，"天合利丝房"重新开业后改名为"老天合丝房"，即"天合"老店的意思。

二、"老天合"鼎盛辉煌

从1912年民国建立到1931年"九·一八"事变止的20年时间里，"老天合"迎来了全盛期，历年营业额均在180万元左右。总号上下柜伙共有240多人，在关东各重要城市设有分号20余处，成为驰誉关东南部的大型百货商店。老天合的辉煌得益于善于抓住机遇建立有效的销售网络。

民国初年，英美烟草公司在上海设厂生产香烟。因为关东开发较晚，属新兴市场，潜力巨大，所以该公司急欲进入关东市场。为此，该公司特派吕任国（又名吕辅臣）驻营口负责烟草推销事宜。因吕是山东蓬莱县（今山东蓬莱市）人，其堂孙吕春业又在"老天合"学生意，经他们中间牵线，"老天合"获得了英美烟草公司在关东推销新出品的九种纸烟的代理权。最初经销条件为在英美烟草公司出品的10种品牌的香烟中，由"老天合"任选几种，若能打开销路，即给予5年到10年的总包销权利，"老天合"可从中提取1%的佣金。1913年老天合开始为之经销，代理英美烟草公司推销香烟期间，"老天合"商号分出大部分伙计办理香烟业务，赴各地推销香烟，寻找代理店。到1915年后改为总包销。包

老刀牌香烟广告（来自http://www.memoryofchina.org）

销的香烟有粉刀王（大红锡包）、老刀牌（强盗牌）、红扇面和双十字 4 种。包销期间，双方具体条件是"老天合"以 20 万元不动产作为包销的信用保证，以"老天合"营口分号"天合锦"作为商保。双方每月要分期分批供货和提货。上海英美烟草公司一面按期发给"老天合"提货单，一面将产品从上海经营口运到沈阳交货。"老天合"收到并提出货物后，在 40 天内要将货款汇到上海英美烟草公司，每期少者亦在 10 万元左右。

后来，英美烟草公司见新出各种香烟在关东畅销，便在沈阳北市场建厂就地造烟。此时，吕任国已由营口转到沈阳，升为英美烟草公司大买办。自此，"老天合"包销的纸烟就直接由沈阳烟厂提货。沈阳英美草烟公司生产的牌子，除"老天合"包销的 4 种之外，其他品牌的香烟则由该公司直接向外推销。1915 年前后，这 4 种香烟每年的销售额可达 200 万元左右。1918 年到 1920 年是包销最盛时期，当时关东三省有几百个小代理店，都经由"老天合"办理代销和提货手续，最高年份销售额曾达到 700 万元，"老天合"提取的佣金也达 7 万多元，获利丰厚。

到 1923 年，英美烟草公司见公司香烟已在关东各地打开市场，不愿再与"老天合"分享优厚的利润，于是便借口直奉战争，提出新条件，要求"老天合"必须将各地 20 余处分号的全部不动产作为抵押，并需在当地官署登记存票，以防战争影响而拖欠烟款。此时的"老天合"已经积累了雄厚的资金，而且也拥有了一定的社会资源，得到了吴俊升、达尔罕王和李友兰等官僚政客的支持。因此，"老天合"便拒绝了英美烟草公司的苛刻条件，包销合同遂告终止。香烟包销合同撤销之后，"老天合"便开始转向新的营业方向。

民国初年，沈阳对周边地区辐射作用日益增强，经营百货的利润不断提高。但当时沈阳尚未有一家大型百货商店。"老天合"经理杨子修认识到这一情况后，便决心开展革新。他先后到天津、北京、上海、广州等地作实地考察，又到哈尔滨新开业的"同记商场"参观取经，归来后经与单家财东商议，花费奉票 20 万元，把后院"天合利"老房子改建成为新式楼房。1924年春季兴修,当年秋季竣工,10月14日正式营业。它是沈阳第一家新型的百货商店,内部货架和拦柜全部改成了新式设备,吸引了大批顾客光顾。1929年3月,单家财东代表单少卿又投资在老天合胡同口西角新建一幢楼房(今辽宁丝绸商店),设立"天合辅丝房",同时又在老天合东院办起"老天合源记",专门经营杂货。

  这一期间"老天合"的主要进货地是上海和日本大阪。"老天合"在当地长期驻有采购人员。此外,还经常派人到天津、广州、香港等地采购新上市的商品。从上海进货,外国的呢绒或苏杭的绸缎,均以银两计价;一般手工业制品和上海地方出产的工业品,则以银元计价。上海进货额每年在100万元以上。从日本购进的商品,多数是纺织品,如花布、白布、人造绢、线毯、洋线、袜子以及各种日用品和化妆品等,常年进货额二三十万日元。"老天合"经销的各种货物,平均能获利25%,但因货物品种不同,也有高低大小差异,如一般粗蓝大布和日常生活用品等类获利就少些,甚至无利可图;衣服料子、呢绒绸缎平均利润都在30%左右;而一些进口的贵重商品或市场较为稀缺的东西,则可获得50%左右的利润。至于特种名贵新颖的商品,并无固定的价额,只要顾客看中,商号会故意抬高价格,有的超过原价一倍,即获得100%的利润,屡见不鲜。

  1926年前后,为了在市场竞争中占据优势,沈阳城内各大百货商

当年的老天合胡同(来自 http://epaper.syd.com.cn)

第六章 关东鲁商家族集团

店争相展开促销活动,如"大减价30天"、"一律95折"或赠送"彩票"等等进行激烈竞争。1927年"老天合"也曾出过三个月的彩票,对购物达5元(奉票)以上的顾客,赠送彩票一张,并以5元为基数,多买者多赠,"彩彩不空"。彩票分十等,头彩可得俄国毛毯一条或上等毛料子一套,小彩可得牙粉一包或香皂一块不等。但头、二、三、四等彩票,并不放在票箱之内,均掌握在掌柜的袖筒里边,一旦看见在社会上有声望、有代表性或有宣传号召力的顾客到来时,则主动奉迎,在顾客拆阅彩票时,暗中换上大彩,并高声喊道:"某某先生(或女士)得头彩啦!"于是贴出海报,扩大宣传,用以吸引更多的顾客前来购物。

在军阀张作霖统治期间,关东地方尚算稳定,城乡经济也曾一度出现繁荣景象。当时的军阀、封建王府、城乡的富绅地主阶层生活豪奢,而且购买力极大。他们的存在为老天合提供了重要的社会资源和发展空间。

"老天合"和官僚政客交往有着较长的历史渊源。"老天合"历代财东和经理人深知交往大官僚的重要性,所以每代都以交往军政官僚作为发展营业的重要手段。早在清朝同治年间,"老天合"就和奉天将军、湘军名将曾国荃有过交往;与后来的甲午之战名将左宝贵也有过长期往来;在"九·一八"事变以前,与李友兰、蒙古达尔罕王、吴俊升、赵欣伯、胡毓坤等人更是过从甚密。

李友兰,字香斋,辽宁法库县人,在沈阳读书时,即是"老天合"的主顾。在李友兰当上奉天省议会议长后,"老天合"对他特殊照顾。当时柜上曾指定一名掌柜魏荆山专门负责为他提供私人业务服务。后来连李友兰在法库的一些地租,也都交由"老天合"代为收存。"老天合"借助李友兰获得诸多利益,也解决了许多问题。1928年,李友兰担任东三省官银号总办。当时奉票日益贬值,各商号如在上海进货,必须以奉票兑换上海"规元"(当时为解决地区差异而采取的一种汇兑方式。奉票兑现时,在票面上印有"汇作上海规元银"的字样)。但官价兑换和私价相差很大。按当时规定，官银号每天挂出汇兑的牌价。只要有从上海来货的原始凭证，任何商号都可以持奉票按牌价请求汇兑上海银两，但在手续上必须经稽核处审核批准，这也是最难过的一道坎。当时任官银号稽核处处长的杨子平是李友兰的亲信，与"老天合"也是深交。在李友兰关照下，杨子平每日晚间常到"老天合"走动，同经理们会面，在他走后经理便指定专人，于次日早晨到官银号去排队领号。虽然从表面上看和其他商号一样汇款，但实际上在杨子平的帮助下，"老天合"总可以比其他商号向上海多汇一些银两。通过这种套汇办法，"老天合"在商业经营上获得了很大的利润（因为所出售的货物，除获得一般商品的利润外，还多获得一部分汇价的利润，等于获得了超额利润）。同时，借助李友兰的关系，"老天合"又结识了许多议员，他们中很多人后来都当上了县长和税捐局长，在扩大"老天合"顾客群方面发挥了重要作用。

清光绪年间，16世蒙古达尔罕王就已开始和"老天合"（当时称"天合利"）交往。1918年到1919年间，张作霖与达尔罕王结亲。因此，1921年达尔罕王府由蒙古哲里木盟达尔罕旗（今辽宁省通辽市）迁到沈阳，设府于小河沿。"老天合"设有专人负责办理王府的日常供货事宜。除供应王爷、福晋（王爷的妻子）的各项需用外，王府机关以及王爷侍从的各种用品，也都由"老天合"供给。王府的一切采买权力都掌握在福晋手里，当时"老天合"由掌柜唐汉臣专门接待王爷和福晋，承办王府的主要供应事项。福晋族里的人都较为守旧，不信任银行，所以他们的私人款项，都长期存在"老天合"内。对于王府的人员，上至师爷、参赞、幕宾，下至王府的侍从人员，"老天合"年底都要打点送礼。因此，王府上下也均与"老天合"打成一片。可以说，当时的"老天合"已变成了达尔罕王府的御用采办机构了。

吴俊升，山东历城人，其父于咸丰年间闯关东在奉天昌图厅（今辽宁省昌图县）落户。吴俊升年轻时曾做过商号伙计、伙夫、马夫，1916年，成为张作霖的得力干将，升任29师师长。经太清宫主持葛月潭介绍,"老天合"与吴俊升开始来往。因为吴俊升也是山东人,曾被推为山东同乡会的名誉会长,而"老天合"单家也是同乡会董事之一。借着同乡关系,"老天合"和吴进一步拉近了距离。1924年"老天合"兴建新大楼建成百货商店后,由于设备新潮,货物齐全,服务周到,吴俊升的太太们常亲自来购货。因此,"老天合"也设有专人跑吴公馆,负责办理他们日常供应的事项。交往久了,吴太太们也都变成"老天合"的"存钱户"了。

赵欣伯在张作霖统治时期担任过大帅府顾问,和"老天合"交往甚密。张学良掌权时期,赵不得志,只在一个法学研究会充任会长,但他奢华生活依旧,仍常到"老天合"走动。"老天合"也依旧殷勤招待,逢年过节都照样给赵公馆送礼,允许买东西时记账赊欠,三年结账时还不上也不登门催讨。"老天合"对他的工夫没有白下,伪满期间赵欣伯当上了司法大臣。"老天合"派柜伙于福来专门跑赵公馆,后来"老天合"因经营困难,不得已到长春发展时曾得到了赵的大力支持。

胡毓坤也是"老天合"的一大主顾。1919年,胡毓坤奉命率军开赴满洲里。出发前,派军需处长将他的贵重物品装满10只大皮箱,存在"老天合"的密室之中,直到"九·一八"事变之后,他才派人秘密提出运往天津。

"老天合"交结大官僚、大公馆的太太小姐们的手法非常严密。凡与"老天合"交往深厚的官员们,均可在"老天合"私存款物,对外绝对保密,存款人不用真名,使用别号或"堂名",存放珍贵物品也是同样办理,而且更加保险。"老天合"后院地下室设有大型保险柜,吃"大份子"的掌柜于聚五专门负责地下室保管工作,设有专柜,不在柜上会计之内,每日的出入数目极大。存款人存奉票取奉票,存银元取银元,不进行兑换。1929年,这种存款已达现银10万余元。这些存户也有一个特点:只向"老天合"存款,从来不向"老天合"借款。直到"九·一八"事变日本侵占东三省时,他们才先后把存款提走。

"老天合"的另一营利基础是沈阳临近几县的地主豪绅。每当秋收入冬之后,地租收齐,地主豪绅即开始来沈阳售粮,添置服装,筹备年货,并购置来年的备耕农具等等。所有这些货物,"老天合"一应俱全。仅就年货来说,以香蜡纸张、鞭炮糖果等祭祀用品和消费品销量最大。仅所谓"神纸"(天地、皇君、门神、佛表等)一项即能销货 1000 多元;用帆船从山东运来的鞭炮,以分量计常在五六万斤以上;地主宅门定制"带堂名"的金字对蜡(2 斤重到 4 斤重的)常有五六百对之多。在消费品方面,面粉要销售 3 火车(5000~6000 袋),红糖七八万斤,白糖达 300 多包 4.5 万多斤,红白粘果 1 万余斤。在东院"老天合源记",每年营业额达 28 万元之巨,也以冬季和年节销货量最大。"老天合"对长期交往的地主,不仅允许采取赊欠、三年结账的办法购货,个别的还可替他们代收地租粮款,并代为保管。遇有大户人家婚丧嫁娶,"老天合"也多有馈赠。

三、老天合的经营管理

一般而言,家族企业初创时,因为规模较小,一切皆由商号老板管理,亲力亲为,店伙皆由家人或亲属、亲戚担任,在管理上带有浓厚的宗法制色彩。随着企业规模的不断壮大,竞争加剧,单靠家族之人已经无法适应形势发展。为了企业长远发展,符合企业需要的有经营能力、管理能力的职业经理人开始被纳入管理层,并进而操控企业的日常经营管理。此时的家族集团开始作为财东转到幕后。"天合利"和"老天合"在长期的发展过程中,也走过了这样一条路。

在"老天合"商号中,财东方面称为"东方",掌柜方面称为"西方"。作为历时 200 多年的老商号,"老天合"在财东方面子承父业,代代相传。随着家族繁衍,单家子孙在商号里分立的户头也成倍增长。后因户头过多,家族不得不规定以 1921 年大结算时账上已有户头的财东 50 多人为准,以后不再增加。从此,无论哪支财东死去或其儿子分家,"老天合"都不再为其更名立户。所以到 20 世纪 30 年代全部计算起来,实际的财东有 100 多家。为了协商方便,财东方面也制定了一些制度。规定由财东方面选出 2 名代表，称作"管业财东"，为"东方"的全权代表。"管业财东"每届任期 3 年，可以常住柜上，掌握大权。每人年支车马费银元 700 元，外有"管业份子"5 厘。"西方"掌柜通常任期十几年，最多可达到 30 多年。"西方"人只有吃 8 厘"大份子"的才有被选做经理的资格。无论能力有多大，若吃不上 8 厘"大份子"，就没有被选做经理的机会。所以大部分当上掌柜的人都已是 50 岁以上的年纪了。

"老天合"对店员雇用一直坚持两条标准：第一，从不录用曾在其他商号学过或做过生意的人；第二，新录用的人员必须是山东黄县或蓬莱县人（即所谓蓬黄帮），其余外地人概不录用。所有到"老天合"学生意的，都是 18 岁以下的男青年或刚刚踏入社会的男学生，经人介绍进入商号。入柜时，必须选择一个良辰吉日，由承保人亲自送来，晚间由有关人士指点到后院的"财神府"给"财神爷"磕头后，再由专人引导去见各位掌柜，才算正式上班。新上班的学徒，头三年营业时间不准坐下，每日工作就是装烟倒茶、扫地送货，并限时在柜台上学算盘。四年期满，成绩优秀者方准回家探亲一次，回来之后，才正式分配工作，如学会计、跑外柜、站柜台或管理货物等。"老天合"的工作人员分为不同等级：掌柜、劳金（雇工）和学徒（没有工资）。员工一般都由学徒做起，逐步由"小劳金"到"大劳金"。经过努力工作出众的可以吃到"小份子"，即开始可以参与红利分配，再经过几年有可能吃到"大份子"，这才算称得上有地位的掌柜。能吃上"大份子"非常难，不经过二三十年的艰苦努力或对商店有特殊贡献是绝难办到的。在"老天合"干一辈子还吃不上"大份子"的人所在多有。一般店员的劳金，每年在年终时由掌柜拨给，拨多少算多少。工作不好者，到年底就要被开除，叫做"核算"，通知承保人领回。一般柜伙每天早晨太阳一出来就开门，直到夜间 10 点钟才可以回店休息；除了年节例假以外，平常没有休息日；一般柜伙，每 3 年准许回乡探亲一次（学徒需 4 年以后），限期 100 天，不扣工资；吃"劳金"的每 2 年回家一次，也是 100 天；吃"小份子"的每年可回家一次，期限两个月。上层掌柜较为随便,愿走就走,愿回就回,不受限制。吃"大份子"以下的柜伙,有病时医药自理,遇有死亡,当即结账,丧葬不管。但上层掌柜若死亡,要保留"份子"6年或9年,身份股的红利像生前一样,按结账期照旧发给。

"老天合"三年一结账,对在账期三年内所获得的利润,除提出一部分作为东、西双方的基本存款外,其余全部按东、西双方"份子"分配,即"东方"得总数的55%,西方得45%。鼎盛时期,"西方"人员大份子最多分过银元2万元,当时上下共有柜伙248人,其中吃大份子的掌柜共有40人(上层不到10人,其余都是吃1到8厘),外有吃"小份子"的10余人。吃"小份子"的掌柜是分不到红利的,仅能由东西双方红利之中,提出一部分作为奖赏,每个账期最多每人只能得奖金300~400元而已。其他人员则只能"吃劳金",即拿固定工资。

四、"老天和"的衰落

"九·一八"事变以后,由于日本帝国主义侵占了中国东北三省,"老天合"所依靠的军阀、官僚、政客先后逃到天津和北京,并提走了他们在"老天合"的存款。加之,由于日伪的摧残和掠夺,东北农村经济日趋凋敝,地主富绅购买力也相应下降。所以失去了稳定客源的老天合从顶峰跌落下来,营业收入骤降,每日营业额比事变前减少一半,商号陷于举步维艰、勉力维持的局面。

"老天合"想尽办法维持生意。如1933年秋天,辽中县达牛堡大地主张云华办寿时,"老天合"曾专派代表到他家祝寿,送去一些寿礼,并借给张云华许多物品。这次经张云华介绍,"老天合"也结识了一些新顾客。

随着"老天合"营业的衰落,在生意如何继续维持方面,东、西双方产生了分歧。1938年大结账期间,有十几户小股财东便以急需用钱为名欲清退股本,管业财东虽然不同意,但他说话已经发挥不了多大作用了。东西双方为此争吵了半年之久,最后这些小财东把股本兑给大股东，但大股东也无足够现款收购，只得仍由柜上先为垫付。东方人员风波平息以后，西方柜伙又掀起风波，有七八名吃"大份子"的掌柜申请辞职，并要求将他们积存的红利和当届应得红利加以清算，结果被他们拿走了很多。就这样，经过两次退股分利，东西双方共提走了现款10多万元。从此，"老天合"一蹶不振，门市上虽然有些存货，但流动资金却枯竭了。同时，在"九·一八"事变以前，"老天合"在上海可以随时向当地银号办理信用贷款。"九·一八"事变之后，"老天合"祸不单行，在上海也遭到挤兑。由于东北沦陷，上海各银号已不再信任东北商号，驻上海的采购员曾一日数次来电催款；派驻日本大阪的采购员也撤了回来。在内外交困的情况下，"老天合"濒于难以为继的局面。

伪满初期，"老天合"的营业情况越来越坏，东、西双方多次开会研究维持办法。管业财东主张紧缩营业规模裁减人员，但西方掌柜认为"老天合"是200多年的买卖，柜中吃"大份子"的人都在三四十年以上，吃"小份子"的也都有二三十年的历史，一般柜伙也都在柜上效劳多年，不主张轻易裁减。最后双方经协商，决定指派经常与伪满司法大臣赵欣伯交往的掌柜于福来到长春找赵欣伯寻求支持。1933年春，在赵欣伯的支持下，"老天合"在长春大马路租下一座楼房，除由沈阳总店调去40人外，并打破惯例在长春招录非蓬黄帮的关内店员30余人，又在长春天合鸿、天合庆、天合北、天合栈等老天合分号借用30人。随后，沈阳总店的大部分存货运到长春分号，并在当年的4月宣告开业。但开业之后，由于"老天合分号"并没有多少引领潮流吸引顾客的商品，加之长春的大百货商店全是直隶、山东帮控制，老天合卖项逐日减少。分号借赵欣伯的关系，虽也结交了一部分伪满高级官吏，但是此时经济命脉被日本关东军控制，伪满的大官僚们的财势和购买力与军阀张作霖统治东北时期已不可同日而语，所以在营业上也只是勉强维持而已。

自商号主要部分搬到长春后，沈阳总号内部空虚，营业愈益衰落，以致人心渐趋涣散，柜伙各谋生路，人手越来越少，只剩120余人。1938

年,经理许攸绩告退,"老天合"内部管理更加陷于混乱,接连换了三个经理人。这时"老天合"企业的大势已去。太平洋战争爆发后,日本帝国主义为了加强对东北物资的控制和掠夺,在民国三十年六月二十一日(1941年7月15日)发布了"物价停止令",把各种商品分成"公、停、标、协、自"等各种价格,一律不得涨价。所谓"公",即主要物资由日伪公定价格;"停",是普通用品停止涨价;"标",是标定货量和价额的物品;"协",是由各地出售商户协议定价之后不准再行变动;"自",是自产的一些不太重要的小商品,自报价额不许再涨。"物价停止令"一出,东北陷入恐慌之中。当时"老天合"所存的货物,完全属于"停止价格"的商品,必须将所存商品全部清点向日伪地方经济警察部门登记。"老天合"也和其他百货商店一样,形成抢购的局面,所存商品中,畅销品均被抢购一空,只剩下一些呆滞的商品不能出手。而且当时限价令规定只能出售,不能进货。老天合很快就陷于歇业倒闭的境地。到1942年"老天合"后院大楼的"天合利"即告关闭,只剩下"老天合辅记"勉强支持。1945年日本投降之时,西方掌柜店伙都已全部走光,房产也被分批分段卖出。最后,后院大楼和正面瓦房"财神府"也被卖给了慈善堂。从此,在清代民国时期显赫一时的"老天合",在日伪摧残之下,就此烟消云散了。

第二节 莱州吕氏和"顺"字号家族集团

清末,山东掖县吕氏家族渡海来到关东,以做小买卖起家,在营口和辽阳先后建立了一系列"顺"字号联号,联号间相互支持,共同投资,吕家遂成为关东地区有名的大商业家族。因掖县属莱州府辖地,因此吕家俗称"莱州吕氏"。

清咸丰年间,山东掖县朱桥镇吕家村(原名乌盆吕家)吕士适一家兄弟五人,因人多地少,在家务农难以维持生计,当耳闻目睹本村很多

关东鲁商

人闯关东后不仅解决了自己的衣食问题，还能接济家人，他就和兄弟们商量，决定到关东闯一闯。约在咸丰九年（1859年），兄弟五人先后漂泊过海，来到营口，在后河沿安身。

当时的后河沿，还是一片泥塘地，四周芦苇丛生，十分荒凉。但营口濒海，渔业发达，海产品除本地自足外，还部分销往关内和海外。吕士适敏锐地看到做水产行是条生财之道，于是兄弟们就从卖卤虾酱的小本经营做起，每天走街串巷，早出晚归，勤恳经营。经过几年努力，生活已能自给自足，且已有少量积蓄。他们把省吃俭用的钱拿出来，在后河沿原老爷庙与西大庙之间，买了几块当时并不值钱的荒地滩涂，搭起棚子，开起了卤虾酱店铺，以便招徕顾客，兄弟们也总算有了安身之所。

同治三年（1864年），营口正式被开辟为商埠，上海、宁波、温州等地的南方货轮络绎不绝来到营口贸易，牛庄的商业贸易中心地位开始渐渐转移到营口，营口成了南北物资的集散地。诸仁安在其《营口杂记》写道："没沟营系奉天府海城县之海口，在长城山海关外八百余里。向通

营口老爷阁前街市（来自 http://www.memoryofchina.org）

江南沙船、浙江宁船、天津卫船,今则各国通商,变沙漠而繁盛矣。"(诸仁安:《营口杂记》,《小方壶斋丛钞》第一帙)后河沿一带也跟着营口的开埠而水涨船高,由荒凉滩变成了兴旺宝地,提供代理服务的货栈、批发站(又叫大屋子)等商号也在此应运而生,土地价格不断上涨。吕士适凭借拥有土地资源的有利条件,抓住机会,在后河沿先后开设了公顺东、宏顺东、合顺东、合兴东、源兴成、仁记号等货栈,经营代理业务,同时吕家还做起批发生意,买进南方各地来的南货如竹子、茶叶、丝绸、布匹、棉纱、纸张、桐油等;卖出关东出产的大豆、高粱、豆油、豆饼等。买卖做得顺风顺水,资本也愈积愈多,到同治末年时,吕士适已成了营口有名的富商巨贾。

吕士适生意兴旺起来以后,家乡的一些族人和亲友先后投奔而来。随着吕氏家族势力的不断壮大,其投资的产业也在不断扩展。除原有的货栈外,吕氏家族在营口又创办了海昌轮船公司,拥有海昌号、东宁号两艘货轮,航运于营口、上海、宁波、龙口之间。另外,光绪四年(1878年)后,吕氏家族又到辽阳大量投资,陆续开设了"顺"字七家联号——裕顺成、德顺成、大顺成、合顺成、东顺成、顺记西栈、永顺成,开创了吕氏家族的黄金时代。

一、辽阳顺字联号

辽阳"南通营海,北达奉天,交通便利,商贾辐辏,形势颇占优胜",且其"西部广野百里,势渐洼下,为农产最富之区"(民国《辽阳县志》卷一《形势》)。因此吸引了吕家在此大量投资,开设顺字联号。顺字联号资本金来自于营口老号投资和到辽阳的族人在老字号所拥有的钱股和身份股,在经营上几家联号虽然是独立经营、自负盈亏,但同为一根之苗,在业务上都互有串联,相互之间、上下之间一直休戚与共、命运相连。

在七家联号中,"合顺成"以经营呢绒绸缎、布匹百货为主,"顺记西栈"以经营粮谷、榨油为主,德顺成则已无从考证,三个商号都已湮没在

关东鲁商

19世纪末的辽阳城内一隅（来自 http://www.memoryofchina.org）

历史的尘埃中。这里我们只能从大顺成、东顺成、永顺成、裕顺成看一下联号的发展路线图。

大顺成

大顺成是辽阳"顺字号"中最大的商号，光绪四年（1878年）2月，由吕家最富有的股东吕贤臣、吕徵轩投资16000元，在辽阳东大街路南开办。大顺成鼎盛时期柜伙多达86人，约于1944年倒闭。

大顺成商号三进院落，七间门市房后面与东西各五间厢房相连成凹字形，账房设在东厢南头。临街门市建有玻璃大橱窗，每个窗口上分别塑有"呢绒布匹"、"绫罗绸缎"、"西洋杂货"及各种嫁妆等经营项目的牌匾，中间嵌有"大顺成"三个大字，门面堂皇，吸引着从东城门进城的众多乡间顾客。门市房东邻有沿街青砖房五间，后面有仓库、宿舍五间，另外在旗仓胡同北路东，租用房子十三间，作为贮存大宗货物的仓库。

大顺成以经营国内外棉布、棉纱、呢绒绸缎、日用百货等为主，花色品种繁多，紧跟时尚。大顺成货源充足，从外地成批进购的货物，除在自有门市零售外，还为城西布贩们提供短期赊销批发，使这些货物远销到吉林、黑龙江一带。为了了解市场行情，大顺成还在营口、大连、丹东等地派有常驻人员称"老客"，收集各地市场行情和经营动态，做到耳目明、消息灵，在经营决策中发挥重要的参谋作用。大顺成还特别注意与朝鲜银行的贷款员搞好关系。因为充裕的资金对商店来说至关重要，而结交好贷款员就能又好又快地办好贷款。每逢贷款员到店里来，都被视为座上宾，尽情款待，每逢年节还要专程登门拜访，以表酬谢。

大顺成吕家财东（俗称"东家"）不兼掌柜，把一切经营权全部委托给聘任的掌柜，财东不随意干涉店务和一般活动，但东家总揽全局，握有任免掌柜、处理分红、增长柜伙身份股的权力。商号掌柜中有的是同族亲戚或故友关系，也有经亲友推荐的。开业时的掌柜为张星三，其后相继任掌柜的为吕尊三（吕氏同族）、宫新一、吕振洲（吕氏同族），最后一任掌柜为陈惠圃。历任掌柜在经营管理过程中，都是勤勉持重，长于治事，有能力，有才干，只要没有大的失误或身体没有大的疾病，掌柜的任期是实行终身制的，直至告老还家。确有功绩的掌柜在离店后，还能再延续一账期（即延到下一个结账年，一般是三年）才离任。前柜门市设中层掌柜（掌柜头）一人，负责门市一切店务。

在店务上，大顺成以货真价实、童叟无欺、礼貌迎送、和气生财作为商号的信条，上下共同遵守。大顺成对柜伙的要求颇高，内部订有严明的人事制度和不成文的店员工作纪律。凡入店者，必须有可靠的铺保（商号保证人）；柜伙要勤奋工作，忠于职守，对步入商店的顾客，必须殷勤接待，彬彬有礼，和颜悦色。如对待顾客态度不端，交易不善，都属于未能尽职之例，不用掌柜教训，其本人也会感到惭愧。如果掌柜们有公事商量或有客人到访，全店柜伙都要各就本位等待，有时会等到深夜才可休息。

大顺成在几十年的经营中盈利可观。但在 1939 年后，因受到伪满统制政策的影响，物价受限，货源枯竭，生意发展无望，营业规模逐步缩小，柜伙陆续离号，直到 1944 年最终倒闭。

东顺成

东顺成建于光绪十四年（1888 年）2 月，由大顺成、慎德堂（吕绳法一支的堂号）、育德堂（吕绳德一支的堂号）、积德堂（吕海琳一支的堂号）共同出资 14000 元大洋开办。

东顺成设在辽阳城大南街路西，以经营粮油业为主，占地面积 18000 平方米，房屋 99 间。门市房沿街而设，对外售货，账房设在北边，后院正房三间是客屋，专供掌柜议事、接待客人和掌柜起居；西厢平房的南头是榨油间，设榨油设备 25 盘；中间是锅炉房，是供榨油的动力（当时使用蒸汽压豆粕、蒸豆粕、油草。出产的豆油、豆饼除供本市外，还外运营口、丹东、大连等地）；北边是磨米房，可以加工大米、小米、粳米等。除榨油、买卖粮谷、制面粉外，东顺成同时也经营乌豆、沟子米等。

辽阳粮油业商号众多，竞争也比较激烈。东顺成为赢得市场，除在辽阳大量收购粮谷外，还派常驻老客（推销人员）坐镇大连、开原、铁岭、四平、长春、通化等地，及时传递各地行情。为了加快信息传递，做好保密工作，商号内还专门编制了使用日文片假名的电报密码；同时在邮局设有专用信箱，每天早晨派账房伙计前去开箱取回各地驻在人员和关系户的信件，从中了解外地行情决定买卖事宜。

东顺成的组织结构层次分明。大掌柜主持商号一切经营活动；二老板主管外地采购和了解行情；三老板管理门市业务；四老板负责质量管理、粮谷油饼的进出和上市买粮，俗称"管院子"的。账房是重要部门，主管会计专司财务工作和外地往来信件的处理及拟稿，下有管账、记账、出纳 4 人。对外有老客（驻外地采购员）数名，还有到大车店、粮市（后来有粮食交易所）等场所负责了解行情、采购粮谷和对外"会货"的"外柜"数人。

1939年,伪满实行粮谷统制,所有大米由"满洲粮谷株式会社"委托各地大米加工业或粮商代为收购,普通百姓平日不许吃大米,否则以经济犯论处。因之,粮油业逐渐萧条下来。东顺成也因此经营状况每况愈下。1941年伪满发布"7·25"价格停止令后,东顺成也随之歇业了。

永顺成

1932年4月,吕家顺字联号大顺成、合顺成为保证"顺"字联号布匹印染和各种纸制品的正常供给,避免因从其他作坊、商店进货,受制于人,进而影响"顺字号"商店的正常经营和信誉,共同投资7500元(银元)创办了永顺成。开业时掌柜为周宣三,其后继任者依次为高秀山、高宴林、林青圃,柜伙最多时达50余人。

永顺成坐落在辽阳大什街东路北面,有三间门市房,前后院有作坊、宿舍、厨房、货库26间。永顺成兼具染房和纸码房,以印染各种布匹,制造印刷账本、色纸、窝纸(糊纸棚用)、冥衣、神纸、包袱(纸)、码子等为主。当时辽阳尚无大型造纸企业,只有八家小型作坊手工生产黄钱纸、包头纸等粗糙纸张。因此,永顺成制造各种纸制品所用的纸张,多来自沈阳天德信(包销东京、大阪、丹东等地日商造纸厂的纸张)和营口(经销南方生产的纸张,如大黄纸、学生写仿影用的川联纸、可引火的表辛纸、瓦甲纸、宁波产的海尖纸、白有光纸、色有光纸等)提供。永顺成后柜作坊,设有技术精湛、忠实可靠的"掌作"一人,负责把关产品制作、操作规程、产品质量等。永顺成在选料上认真不苟,制作上精工细作,商品力求花色品种多样,上货及时,掌握销售时机,开业不久,即成为同行业中的佼佼者。商品除了供联号使用以外,还制作销售农村年节用品,如门神、灶神、天地码、窝纸等,这些产品都是用自制木版印刷,色纸还供给城乡市镇的"画铺"扎制丧事的车马人等纸活。"货好客自来"。永顺成的顾客,遍布辽阳的大小城镇,生意颇为兴隆。

永顺成由于是作坊性商号,风险不大,生意平稳,遇有困难时,有众多联号帮助,因此多年中虽未获厚利,但也年年有盈余。

1948年2月，辽阳解放，提倡破除迷信，永顺成受到很大影响，不能再继续经营祭祀用品。经东、西方商量，永顺成将剩余的货物、纸张、木刻印版以及商号的固定生产资料按股份分归个人所有，从此永顺成结业。

裕顺成

裕顺成由吕士适五弟的孙子吕海珺于1922年开办，地址在辽阳市东大街路南，距大顺成不远。1935年，因吕海珺在开原买卖期货亏损，赔掉了银元83万元，导致裕顺成倒闭。消息传到营口，营口老号为之震动。这笔巨款在当时确实是个惊人的数字，但是对"顺字号"联号来说，还能够应付，因为在营口的吕氏老号中，吕士适兄弟五人都有股份，为了维护"顺字号"的信誉，裕顺成的亏损由吕氏老号名下的东记银号出面偿还，但把这笔账记在五支(吕士适兄弟五人，吕士适的嫡系后代称为大支，其他几兄弟后代分别称为二、三、四、五支。因吕海珺祖父排行第五，所以称"五支")名下，并计算利息。三年后本利已滚到102万元。后来五支家族不满这种算法，决定抽出五支在老号中的股份，经清算，除了还清102万元外，还余出18万元。从此，吕海珺家族与营口老号脱离了经济关系。

二、东记银号

自清咸丰年间以后，炉银一直是营口市场上的主要金融形式。吕氏家族以货栈发家，因未有银炉，从事货物买卖时，金融周转仰给于他人，一直引以为憾。

1924年，公顺东(执事吕献臣)、宏顺东(执事吕俊卿)、合顺东(执事吕玉山)三号出资将原为棉布洋货批发商号的东记改为银炉，称为"东记银号"。东记银号开业后，打破其他银炉故步自封的陈规，广泛参与营口市场上的经济活动，因此盈利很多，为当时各银炉之冠。到1929年结账时，获利达到200余万两，每份分红12万两，创下营口有史以来商家

东记银号大楼（来自 http://news.ykwin.com）

获利分红的新纪录。其发展形势也正如于胥梦在《营口炉银史》中所说的："由是根深蒂固之莱帮，如猛虎附翼；无声无息之东记，如天马行空。蜚声营市，驰名遐迩矣。"（《营口文史资料》第一辑，第35页）

  但好景不长，1929年，东记银号在上海做面粉期货交易之时，正遇美国经济萧条，农产品过剩，大量面粉倾销中国，充斥市场，导致国内面粉价格暴跌，每袋面粉由2元4角降至1元9角。东记银号因此亏损160万元，导致元气大伤，濒临破产边缘。当时东记银号对外已发出大量银票，若出现集中兑现情况，引起的连锁反应将会危及营口很多商号。为了维护市面稳定和各自利益，营口一些知名商号共推肇兴轮船股份有限公司总经理李子初为经理，组成实业公司，接管吕家在营口的财产和辽阳的11处房产，即东咸春堂（东大街路南）、西咸春堂（大什街西路南）、万盛增（大什街北路东）、永顺东（北大街六道街口）、泰顺成（北大街）、大顺成、东顺成、合顺成、永顺成、顺记栈、裕顺成。该公司代为处理东记银号的债权债务，东记银号从此销声匿迹，吕氏家族在营口和辽阳的部分产业也就此易手他人了。

第三节　昌邑姜氏及其金融家族

伪满统治时期，吉林有一家由山东昌邑县姜姓家族创建的私人金融银行——功成银行，它是我国家族银行的典型。在该行发行的 100 万股股票中，姜姓占 84%，外姓占 16%；在股东总数中，姜姓股东 128 户，外姓股东 76 户。而这些所谓的外姓也多系姜家的亲友，真正的外人很难厕身其中，股东和管理层也完全是一副"家天下"的阵容。

吉林城地处关东腹地、松花江畔，三面临水，四周环山，康熙十二年（1673 年）建城，为边外重镇。因顺治时曾在此造船守边，因此又称"船厂"。凭借便利的水陆交通条件，康熙中期，吉林城逐步发展成为沈阳以

吉林市西大街（来自 http://www.memoryofchina.org）

北、吉黑地区最大的商品交换中心。到康熙二十八年（1689年）时，吉林"西关百货凑集，旗亭戏馆，无一不有，亦边外一都会也"（杨宾：《柳边纪略》卷二）。乾隆、嘉庆年间，山东、直隶（今河北）等地的杂货商开始肩挑背扛，进入吉林流动经营。嘉庆八年五月（1803年6月）清政府准许关内民人持地方官府发放的执照进入关东地区贸易，许多民人便开始在此设店铺开商号，制油造酒，带动了吉林地区私营工商业的快速发展。

道光年间，因家乡遭遇灾荒，山东昌邑县柳疃镇姜家泊人姜潍清"闯关东"来到吉林。最初，姜潍清从绸缎庄购买布匹，做成腿带，肩挑背扛，走街串巷叫卖。生意虽小，但销路颇畅。几年后，逐渐积攒起一些钱，他经亲友介绍到吉林邻近的榆树县城发展，租用一家商号门面前的小块地方，设立杂货摊兜售杂货。榆树县，土名孤榆树，"松花江经县境西南，拉林河环带东北，平原朊朊，无雄关巨岭以为险塞。然横午交贯，邮驿旁通，称衢路焉"（魏声和：《吉林地志》，第15页）。榆树县是山东昌邑流民的重要聚居区，有多个以昌邑屯命名的村镇。由于大家都属老乡，加之他待人热情，价格公平，童叟无欺，姜潍清逐渐赢得了顾客的欢迎和信任。后来他在榆树县城购置房屋两间，才真正安顿下来，并开设了功成德百货店。由于市场稳定，经营用心，店铺生意蒸蒸日上。以后他又相继开设了功成当、聚成发烧锅、聚成德烧锅，逐渐成为榆树县有名的生意人。

在市场贸易中，金融机构是重要的货币交换媒介。当铺作为中国传统的金融机构，以其经营灵活，与各商号和百姓关系密切，在城乡间起着重要的资本周转功能。姜潍清在经商中认识到当地市场对金融机构的需求，于是道光二十二年（1842年），他在榆树县城开设了"功成"当铺，以抵押衣物等流动资产为保证进行放款活动，这是榆树县最早的金融机构。由于功成当经营好、信誉高、影响很大，对榆树县的生产发展和人民生活起了一定推动作用。除伪满洲国成立前夕因荒乱歇业一段时间外，功成当一直经营到1945年春。

光绪初年，姜潍清的长子姜德信开始继承父业，踏足商界，由于商贸关系，他经常来往于榆树和吉林之间。此时，在吉林城中，钱庄是重要的金融机构。乾隆三年（1738年），吉林出现了钱庄、银号——裕泰店，其后陆续有钱庄诞生。姜德信通过考察商情，认准钱庄业有利可图，便果断出击，在光绪十五年（1889年）八月花费16500两白银，购买宋氏在吉林财神庙胡同开设的敦成号钱庄，并改名"功成玉"银号（取"功到自然成"之意），从此跨入吉林金融界。

功成玉开业之初，掌柜仍由原敦成银号业主宋担任，营业情况依然低迷。宋自感年迈，力不从心，便力邀吉林天锡公银号的祖郁周来功成玉担任主事掌柜。不久，祖郁周开始主持功成玉银号，营业情况大有起色。宋鉴于此，便主动告老还乡了。

祖郁周是直隶沃宁县人，接管银号后，坚持稳扎稳打，走谨慎路线，初期阶段只经营汇兑业务，以后逐渐增加办理货币兑换、代理买卖货币、存款、放款、贴现、储蓄以及代理保险等业务。随着业务范围不断扩大，清末民初，功成玉在吉林城相继增设东关、西关两个分号，1917年在长春、1920年在哈尔滨又开设分号。总号和分号的柜伙达到200多人。在民国初期，功成玉银号股本及公积金达到30万两吉银，常年放款约25万两，汇兑年约100万两，一时间成为吉林金融界的巨擘。"九·一八"事变前，功成玉银号进入了鼎盛期，吉林城75%的烧锅、当铺、粮栈、杂货铺以及手工业商号都与功成玉银号有业务往来。

民国初期，吉林城钱庄银号曾多达三四十家，或由于经营不善，或因受时局动荡的影响，许多钱庄先后倒闭。而功成玉却由小到大，始终稳步发展，信誉日增，这与功成玉的经营管理有很大关系。

功成玉在经营管理方面的主要特色有：

稳妥经营。功成玉的存款业务有定期、活期两种，定期分3个月、半年、一年3种。其贷款种类较多，但与一般钱庄不同的是信用贷款的数额较小，从这一点也可看出功成玉营业所坚持的谨慎态度。

"九·一八"事变前,吉林货币庞杂,有官帖、银元、银洋、宝银、奉票、吉大洋、哈大洋等,还有日本的金票、俄国的羌帖。这些货币异地不能使用,须互相兑换。当时吉林市面上流通的主要是永衡官帖。汇款人将官帖拿到功成玉银号,按官帖与银洋的比价换成银洋后汇出。当时,闯关东的流民是重要的汇款客源。流民多数前往深山密林里开荒、伐木、挖参,赚到的钱无处存放,便弄个大葫芦,挖个眼,每赚一点就放进去,藏在隐蔽的地方,积攒几年,临回家乡之前来到功成玉银号,将钱葫芦交给柜伙,说出钱数,柜伙帮助当面点清,遇有钱数多出时,柜伙会如实相告。办完手续,柜伙亲自帮助把汇票缝在衣服里面,防止丢失。功成玉银号设于各地的分号、办事处在付款时,都会当面向收款人反复敲击听声辨明真假,当证明是货真价实的银洋后,才付给存者。日军侵占济南时,社会秩序混乱,功成玉济南办事处一时无款,就派人到天津冒着危险把钱背回济南,在地窖里按户付款。"九·一八"事变前,功成玉每年汇款额达200多万元。到伪满统治时,老百姓更加信任功成玉银行,汇款人业

吉林市主要街道(来自 http://www.memoryofchina.org)

务繁忙时，一天竟有上千人。

各种货币币值随金融市场的变化起伏涨落，这就给钱庄从事货币投机提供了机会。多数钱庄都从事货币投机活动，既有因此获取暴利的，也有因此倾家荡产的。如山西巨商牛子厚在吉林开设的源升庆钱庄，资本雄厚，但因买进大量羌帖，到俄国十月革命时，羌帖一夜之间变得一文不值，源升庆因此便一蹶不振，以致倒闭。功成玉银号买卖货币，纯属为客户服务，只从中收取手续费，如纺织厂商多从营口买进棉纱，需用银大洋。功成玉银号就用官帖、永大洋兑买银大洋帮助付营口贷款。总之，商户需用什么钱，功成玉银号就兑换什么钱，并及时付出，不在手中停留，规避了许多风险。

灵活经营。功成玉银号为方便群众，以义为利。当时功成玉银号的汇票颇有信用，在关内山东、直隶等省的城镇广泛流通。值得称道的是，功成玉规定：凡丢失、被烧、被盗的汇票，都可以采用挂失取款的办法获得赔偿，这就大大方便了用户，也增加了业务量。当时吉林的小商户和小手工业，几乎都和功成玉银号有交往。功成玉给他们存款，不付给利息，而是转手放给各商号和小工业者，只收少量利息，扶持他们营业。功成玉银号有一项业务是放抵押贷款（也称"押货款"），即有的厂家商号积压了原料，或因季节不适导致商品滞销积压，可将货物送到功成玉银号按原价6折抵押，放给定期贷款。期内如能卖出，可随时提货，可提全部也可提取一部分，贷款按日期计息。为存放抵押货物，功成玉专门设立

功成银行汇票（正面）
（来自 http://www.chcoin.com）

一个仓库，派专人管理，以保证存押货物不变质霉坏。除货物外，不动产也可以抵押。还有囤押贷款（指秋后新粮上市，有些粮栈无力买足可供一年销售的粮食，可先用贷款买粮，装囤作为抵押）和透支贷款等。

特色经营。相较于其他银号，功成玉有着诸多优势：第一，当时汇兑都是以银元为本位，通用的银元有大清、站人、北洋、袁世凯头像洋、孙中山立像洋等。其他家写的是通用大洋，功成玉银号票面上写的是上牌面大洋（银元中质量最好的）。第二，功成玉银号的汇票是见票，即不用等见到票根就可付款。而其他银号都等汇出银号填写的票根收到后才可付款。第三，汇票有用保和不用保的区别，功成玉采取不用保，即汇款人可以随身携带汇票，到达汇地后就可以直接到当地银号分庄取款，减少了许多麻烦；而其他钱庄则需汇款人到达汇地后寻找保人取款，没有保人就不能及时取款。第四，各地钱法不同，关内来吉林谋生的人，都必须把吉林官帖换成银洋，方可汇出。而汇款人把官帖拿到功成玉银号，就可作价换成银元汇出，到时取款也方便。因之来关东谋生的关内人，多数通过功成玉银号汇款。加之功成玉汇率稳定，公平交易，方便群众，于是颇受群众欢迎。功成玉银号还有一家附属金店，买卖和加工金银。经常开炉炼制纯金。店内化金能手侯仲言能把一两黄金捶成一亩地大小的极薄的金叶子，而且质地极好，含金 9.8，没有砂眼。当时做金银首饰的银楼，争相前来购买，用来制作包金首饰、牌匾、艺术品等。

市场眼光。功成玉银号注意积累经验，掌握金融市场动态，做到"知

功成银行汇票（背面）
（来自 http://www.chcoin.com）

己知彼。银号有"外柜"数人,主要任务有二:一是跑货币交易所掌握行情,二是出入各商号厂家之间,名为招揽生意,实为调查其营业虚实,作为贷款依据。每天营业后,主管财务的掌柜先看账,接着大掌柜看,然后依次看,看完坐到一起听外柜汇报一天的工作,共同讨论一天的柜事,遇事大家研究决定。一般都要到夜里11点左右才休息。

人才战略。功成玉银号能够取得成功,也离不开内部经理的精明和努力。祖郁周身为大掌柜,精通金融业务,善于掌握市场情况。在他的潜心经营管理下,功成玉银号营业范围不断扩大,利润逐年增加,社会信誉越来越高。祖郁周还带出了一批经营骨干,如赵声远善于审时度势,伪满时期曾担任银号经理;时化五长于外交,走遍大半个中国,建立了遍布关内外的汇兑网,也曾担任过功成银行经理;郭锡九是看家掌柜,把营业管理得井井有条。当时商号中的刘中孚很有经营管理能力。经多

功成银行长春分行旧址

年考察后，姜家拿出资金让他开油房、烧锅，收益显著。1939年刘中孚曾担任功成银行董事长。功成玉银号每三年结算一次，钱股（也称"东方"）和身股（也称"西方"）都分红利。极盛时期，钱股每股三年可分红利2.5万两。财东钱股17个，可分得40万两。其后又规定出钱股方增加护本银，劳方增加护身银，在结账时扣存在柜上。东方27万两，西方7万两。财东每三年结账时可以到柜，其他时间不参与日常柜事。

"九·一八"事变后，日本帝国主义在东北策划成立伪满洲国。1932年，伪满整顿东北各地金融市场，统一改用伪满货币，原有纸币一律废止。过去的钱庄、银号都是以兑换钱币从中谋利。伪币统一流通后，银号变得利润极小。翌年（1933年）日伪又以整顿金融市场为名，颁布《私人银行法》，限制排挤民营银行。当时功成玉银号面临两种选择，一是把惨淡经营了40多年的银号就此结业，从总号到分号以及各办事处全部解体，商号人员各奔他乡；再就是依照日伪规定，拿出50万元伪币作为资本金，改独资经营为股份有限公司，改旧式钱庄为新式银行。功成玉不甘于就此消失，姜家以在榆树开设的功成德、功成当、聚成发烧锅商号以及姜家数人的名义为股东，投资50万元改为功成银行继续营业。功成银行内部设董事会，由7人组成，姜德信任董事长，董事有姜成信、姜绍信、姜宝信、祖赞庭（祖郁周）等，外设监察2人（都是股东），常务董事1人，由原长春功成玉银号经理惠子厚担任，管理银行全部业务。银行人员都改为工薪制，最高定为160元。银行改组后的三四年中营业情况还比较好。银行每年结算1次，定为6月或12月末。股息按六厘计算，剩余纯利用于银行员工分红，每年分发2次。为畅通汇兑，功成银行又在沈阳、大连、四平、公主岭、齐齐哈尔、绥化、双城、宁安、磐石、洮南、敦化、营口、榆树和关内的北京、上海、天津、青岛、烟台、龙口、太原、山海关、济南、乐亭、昌黎、太谷、潍县、留守营等地设立办事处或代理处，接付票款，形成了遍布大半个中国的汇兑网。

1938年12月，伪满再次公布新《银行法》，指令银行资本不足100

万元者立即停业。经过多次协商，姜德信把私有的吉林、长春、哈尔滨三处房屋作价 25 万元，纳入资金额内，尚缺的 25 万元由银行高级职员凑集，凑足资金后始获准继续营业。借助民众信任民营银行的先天优势，改组后功成银行的存贷款额有增无减，在吉林市各银行对关内的汇兑业务中始终领先。当时，功成银行一般都放款给小工商业者，以月息一分三厘计算；以实物为抵押的放款，货物要直接送到银行仓库。银行允许贷方分批还款领取货物。比如抵押十箱花布，可以分批还款分批取货，这样对贷款一方是有利的。对粮米行业，粮商要用火车向大连运销大豆豆饼等货物，都要到"满铁"办理成车托运手续，经"满铁"检验，核完等级，发给一张"裁纸"托运单，粮商便可拿这份"裁纸"到银行办理押汇手续，以七天为限，利息极小。拿到押款再买入粮豆装运，对粮商极为方便，故广为利用。

同时，功成银行又增加了代理日本扶桑火灾保险株式会社收集保险金和办理按存款金额，购买伪满公债的业务。这种保险只保个人不动产或商店货物。当时保险商对被保险者在火灾赔偿上不够公正，如果通过银行帮忙代收代办，遇事银行可以监督，维持公平合理，受灾者可以多得赔偿，从中受益，银行也可从中捞取好处。功成银行还办理过一段吸烟储蓄存款，这是古往今来罕见的存款种类。这种存款就是规定吸烟吸毒者到银行办理储蓄存款手续，银行可发给储蓄证件，用者便可拿这个储蓄证件到各町会（即街道办事处）办理烟证，用烟证就可以领取到供应的纸烟或大烟泡，也可高价出售。

1945 年 8 月 15 日，日本投降，伪满倒台，市面金融完全处于混乱状态，功成银行手里的伪币变成一堆废纸。国民党军队占领吉林期间，物价飞涨，无人再到银行存款，银行更是无款可贷。到吉林解放前夕，功成银行已是奄奄一息，名存实亡了。

第七章　关东鲁商的团体组织

郁郁连朝雪，萧萧九日晴。
异乡谁送酒，令节但存名。
目断天无极，风高沙自惊。
莫嫌人迹远，雁迹罢南征。

——方拱乾《九日》

　　清代民国时期，山东有大批民众来到关东从事工商活动，他们主要出自山东沿海的登州、青州、莱州三府，另外，鲁中的章丘等地也是鲁商的集中迁出地。这些鲁商由于外出时往往是呼朋引伴、亲友相携闯关东，因此在关东经商时，也特别重视乡情地谊，对来自同一个地域的老乡特别关照，并进而凭借血缘和地缘关系结成商业团体，沟通商业信息、传授商业经验，共同应对商业竞争，以至垄断经营，构建起遍布关东大地的鲁商经营网络。他们或合股，或合作，或互相支持，一家致富带动几十家上百家共同致富。同时，为联络方便，他们还在关东的众多城镇集资建立了同乡会和同乡活动场所——山东会馆，既为行商提供了方便，为鲁商沟通信息联络感情提供了媒介，同时也在城市公益事业中发

挥着重要作用。清末民初,关东各地商会在政府有关政策激励下纷纷成立,鲁商在这些商会中也发挥着重要的领导和参与作用,并以此为阵地拓展经营活动。

第一节 关东鲁商商帮团体

由于鲁商在关东地区有着较长的经营历史,横跨不同地域、不同行业,因此,到清末时,鲁商在关东各大城镇中形成了集聚之势,在某些地区市场中的某些行业中还出现了垄断局面。其中尤以沈阳的黄县帮和大连的福山帮、蓬莱帮引人注目。

一、黄县丝房

康熙初年,盛京(今沈阳)市场上对丝绸制品需求量极大,但当地不产丝线,全靠商贩从内地采运。自那时起,成群结帮的黄县人抓住采运贸易的商机,从山东肩挑背担丝线前来售卖,后又在当地建立商铺作为据点,并扩大经营发展为百货业。凭着不怕苦、不怕累的"闯关东"精神,这针头线脑的小生意竟让"黄县帮"一做就做了三百多年。据《奉天通志》记载,在清末民国时,黄县人在沈阳城各街以"天、吉、兴、洪、裕"五字为商号字头,共开设主、分号16处,此外还有谦字号,以及在大西关开设的广泰德、中顺恒、中顺昌、恒茂昌等大百货商店,占到当时丝房类商号总数的80%,市场份额更是达到了九成以上。

"天"字号丝房是沈阳丝房界的老大哥。康熙初年,制作丝线的黄县商贩单文利、单文兴兄弟身背丝线来到沈阳落脚。康熙十五年(1676年),单氏兄弟在四平街(中街)开设天合利丝作坊。几年后,弟弟单文兴独立出来单独开设"兴顺利"丝作坊。"天合利"初建时规模不大,但随着市场需求增长,作坊规模逐年扩大,到乾隆年间已发展成为大型手工业丝作坊。到嘉庆年间，单于干主持商号时，开始兼营布匹、杂货等商品，将原来的作坊扩展成以商业为主的天合利丝房。咸丰元年（1851年），单念兹主持商号时开设了"天合东丝房"。光绪三十一年（1905年），日俄战争后，天合利改为"老天合丝房"。1929年，又新建"天合辅丝房"，同时在老天合东院办起"老天合源记"，专门经营杂货。这些丝房统称为"天"字号。"兴"字号也是单家的产业，有"兴顺利"、"兴顺义"、"兴顺西"、"兴顺"4家丝房。康熙中期，单文兴在大北门里悦来馆胡同开设"兴顺利"丝作坊。到光绪三十一年（1905年），单兴顺主持商号时，在小东门里路北办起"兴顺义丝房"。宣统三年（1911年），单佐周主持商号时，又在中街路北开设"兴顺西丝房"，此后在中街东头路北拐角处办起"兴顺丝房"。

"吉"字号有"吉顺昌"、"吉顺洪"、"吉顺通"（吉顺）、"吉顺隆"4家丝房。光绪二十七年（1901年）黄县人林慎德在中街路北（现址为沈阳纺织品批发公司中街纺织品商店）创办"吉顺昌"、"吉顺洪"两家丝房。两

吉顺洪丝房（来自 http://www.ln.xinhuanet.com）

个商号同在一幢楼上，由张子飏担任经理。1914年林慎德又投资在中街路北（现址为第二百货商店）盖起二层小楼，开办"吉顺通丝房"，由王敬三、王辑文先后任经理。1927年，又翻建成五层楼，更号为"吉顺丝房"。不久，又在"吉顺昌"西邻开设"吉顺隆丝房"。

"洪"字号有"洪顺盛"、"洪顺茂"2家丝房。2个丝房都位于中街西头路南，财东为黄县人王子佩、张仪堂，经理由姜荫昌担任。丝房早期经营小杂货，1925年以后，发展很快，除经营国货外，还批发从日本大阪购进的洋货。1929年，林慎德又在中街路北开设"泰和商店"。

"裕"字号有"裕泰东"、"裕泰盛"2家丝房。"裕泰盛丝房"于光绪二十六年（1900年）由黄县人马瑞丰开设于中街西头路北，1925年建成楼房。"裕泰东丝房"于1923年在中街路南开办，后来迁至中街东头路北。

"谦"字号有"谦祥恒"、"谦祥泰"2家丝房。光绪二十七年（1901年），郑铁珊在中街路北（现址为中华体育乐器商店）开设"谦祥恒丝房"。第二年郑铁珊又在中街路南（现址为沈阳纺织品批发公司中街纺织品商店）开设了"谦祥泰丝房"。

除"天"、"兴"、"吉"、"洪"、"裕"、"谦"6大字号丝房外，在中街的黄县丝房尚有：位于小东门里路南的"阜丰东"，光绪二十八年（1902年）由黄县承荫堂开办；位于小东门里路北的"天增福"，光绪二十六年（1900年）由郭小山等4人合资开办；位于钟楼南大街路西（今朝阳街二段朝阳五金交电商店）的"福成泰牲记"，1931年由孙文藻开办；位于今朝阳街二段老久华印染厂的"英利源"，1927年开办；位于鼓楼西路北的"同兴源"，1921年由"同增利"等3家合资开办。

在这些大型丝房中，规模最大、宣传最广的首推吉顺丝房。吉顺丝房主要以官僚、财阀的家眷和一些富绅为顾客群，货物齐全，生意兴旺，获利甚丰。1925年，丝房将二层砖楼改建为五层西式大楼，室内设有电梯和接收中日两国话局的电话。改建后商品范围进一步扩大，有绸缎呢绒、布匹、日用杂货、干菜海味、香蜡纸张等。丝房从上海和大阪进货，同

吉顺丝房侧面（来自 http://www.memoryofchina.org）

时还在大阪和东京大搞宣传活动，使许多日本人都知道中国沈阳有个大名鼎鼎的吉顺丝房。至伪满初期，丝房又在五楼楼顶增设西餐部，提高服务层次，吸引了众多顾客前来购物。

沈阳城有八门八关，其中大西关交通便利，在20世纪20年代以后，商业辐辏，街面繁荣。当时，在西关百货行业中，分为两派——"关里帮"（俗称老高帮）和"山东帮"（具体为黄县帮）。黄县帮在大西关开设的百货商店有四家：广泰德、中顺恒、中顺昌、恒茂昌。"广泰德"开设最早，有店伙七八十人之多，后于1935年因营业不利，撤销门市部改为批发商店，并将店址迁到大西城门外营业。"中顺恒"开始营业状况不错，设有分号"中顺公"批发商店。"恒茂昌"商店是中街"洪顺盛"上层掌柜集资开办的。"中顺昌"百货商店位于小西城门里，由吴仙舫开办，由于经营得法，商号不断壮大，可与中街上的6个大字号相媲美，为大西关黄

关东鲁商

吉顺丝房制作的丝织绣品（来自 http://bbs.sssc.cn）

县帮的代表。

这些由清代手工业丝作坊发展而成的丝房业，在经营方式、业务管理、经济分配、酬劳待遇、店内规章、从业身份（财东、经理、副经理、大份子掌柜、小份子掌柜、大劳金、小劳金、学徒、勤杂等）诸方面大体相同。各大丝房经营项目齐全，有绫罗绸缎、呢绒纱绢、裘皮毛料、各色布匹、婚丧用品、化妆品、山珍海味、年节杂货、日用百货等，应有尽有。丝房各号在关内外部分地区设驻在（采购员），沟通信息，采购外地货物和洋货。丝房经销采取零售兼批发方式，批发主要针对城外中小型店铺、服装店和外地商户。零售有两种形式：一是在柜台上等买卖；一是送货上门。各公馆、豪门大户来电话点货，由店内大小劳金和学徒送货上门，由劳金报货名记账，货款每年三节（即春节、五月节、八月节）前结算。如果大户直接到店内购买时，由掌柜或大劳金接待，学徒敬烟献茶殷勤侍候，所要货物由接待人从各柜台取来供挑选，挑好的货物，由大劳金点货名、报单价、计数量、唱金额。然后开好货单，包装好后将顾客恭敬送出店门。对于经常批发的客户，由销货外柜负责，学徒送货，收货人在送货簿上签字盖章。外柜把发货单交给收货人，当时不立即收款，而是于

第七章 关东鲁商的团体组织

每月初一、十五两次结账。

在黄县帮的丝房里,财东和店内人员不仅仅是雇主和雇员的关系,而且还是师傅和徒弟、长辈和晚辈、邻里之间、亲戚之间的同乡关系。丝房在用人上都有自己的规矩,雇员多是老柜伙们从黄县老家和邻近的蓬莱等地接领而来的亲属、乡邻,地域的天然联系将他们紧密联系在一起,使得商号更易于管理。丝房规定学徒每三年回山东探家一次,假期一个月;大小劳金三年两次,每次假期一个月。"黄县帮"客居沈阳,作为异乡人本能有种自卫意识,练就一身和气圆滑、巧于周旋的本领,个个谦和面善、能说会道。当时沈阳就流行一句"黄县嘴子,蓬莱腿子"的俗语。

二、旅顺大连的福山帮和蓬莱帮

旅顺大连的工商业经营者来自四面八方,按地域主要分为山东帮、本地帮、直隶乐亭帮和南方各省联合帮。在这四大商帮中,山东帮(主要是福山帮和蓬莱帮)占有重要地位。在光绪三十年(1904年)商人的自治团体公议会30名会员中,鲁商占了16人。从沙俄控制时期的洼口公议会(大连商会前身)到日伪控制时期的大连公议会、大连华商公议会,福山帮的刘肇亿、李子明、刘仙洲先后任会长、副会长职务。而从20世纪30年代初期起,蓬莱帮的迟子祥、徐宪斋先后出任大连山东同乡会会长、大连市商会副会长、会长职务,二人更在抗战胜利初期的非常时期先后出任大连市市长,可以说在当时大连的政商两界有着全方位的影响。

刘肇亿(1851~1936年),字子衡,又名恒源、兆伊。出生于福山县(今烟台市福山区)小商人家庭。因其父早亡,家庭贫困,被迫少年辍学,到烟台习商。同治末年后他出资开设了东兴杂货店,因经营有方,店铺生意十分兴旺,其经营才能也得到烟台工商界认可,光绪四年(1878年),被选为芝罘(烟台)市商会议董。光绪二十四年(1898年),沙俄侵占旅顺大连(简称旅大)地区后,大力开发建设市区,城市工商业逐渐繁荣。刘肇亿看到无限商机,遂渡海来到旅大开拓商业新战场。

在旅大地区,刘肇亿迈出的重要的一步是结识纪凤台。纪凤台出生于黄县,自幼随父定居海参崴。其父是当地华商中的佼佼者,声望甚高。纪凤台曾就读于海参崴商务专科学校,后"在伯利开立和成利字号,交结俄官最密,各处俄人无不知有纪凤台者"(曹廷杰:《西伯利东偏纪要》),被聘为通译官(翻译)。沙俄强占旅大时,纪凤台随俄军来到旅顺口,任驻旅顺俄军首席通译官。任职期间,利用职务之便,并在其父支持下,从俄国及关东北部到辽东、胶东之间从事货物贩运,牟取厚利,在短短时间内积累了大笔财富,成为亦官亦商的官僚买办资本家。通过纪凤台的关系和有力支持,刘肇亿在旅顺合资开设了瑞祥木行,把兴安岭的廉价木材运到旅顺,由瑞祥木行定价销售,获取暴利。刘长于交际,通过纪凤台牵线,与沙俄殖民当局的实权人物也搭上了关系,得以承包铁路修筑工程项目。为此,他在大连创办了当时红极一时的承包铁路筑路工程业务的"顺发栈"。此外,还包揽大连海港的建港工程和大连城市建设工程。当时,在今胜利桥以北广大地区的大部分楼房以及东清铁路中段的大部分筑路工程,都由顺发栈独家承包。在他手下工作的劳工总数达1万人以上。刘肇亿很快便成为旅大工商界中名望极高,资力雄厚的实力派人物,得到商界认可。光绪二十六年(1900年)前后,大连最

刘肇亿像(来自 http://www.dl-library.net.cn)

早的民间商会性质的组织"洼口公议会"成立,他被选为公议会协理(副会长)主持日常事务。光绪三十一年(1905年)日本侵占旅大后,洼口公议会改组为大连公议会,刘肇亿又被选为首任总理(会长)。1914年大连公议会改选时,刘肇亿因年事已高,辞去总理职务,继任者为刘一手培养的原协理郭精义(字学纯,本地帮代表),而福山帮的李子明则出任协理,刘的产业交由侄子刘仙洲全权代理。

李子明像

李子明(1878~1927年),出生于福山县富商家庭。8岁入私塾学习,成绩优秀。但他志在经商,17岁时,在其父支持下,进入烟台顺泰洋行学习商务和外语。光绪二十五年(1899年),他又到海参崴俄国商务速成学馆学习,学习期间还实地考察了俄人经商情况,光绪三十年(1904年),李子明学成回国后在烟台顺泰洋行工作。不久,升任该行协理,调任顺泰洋行大连分行任行长。由于年轻有为,经营有方,他很快就在大连华人工商业者中脱颖而出。1913年,李子明离开顺泰洋行,出任沈阳裕恒德杂货代理店总经理任职二年,使裕恒德业务蒸蒸日上。在此期间,大连顺泰洋行分行由于李子明的离去,经营发生巨额亏损,他得知后,立即辞去裕恒德总经理职务,回到大连,对顺泰洋行进行整顿,并将其改名为源成泰杂货代理店,独资经营面粉、砂糖、麻袋等商品,很快就扭亏为盈,不到一年,赢利翻倍。1918年,李子明被英美烟草公司聘为公司董事兼驻大连全权代理商,几年时间里,就使其"三炮台"和"老刀"牌香烟在大连和辽南市场的销量猛增。1921年,日本商人田中末雄在大连创办"龙口银行"时,他又被特聘为总办(总经理)主持银行经营业务,使其奠定了大连银行业中大户的地位。李子明在大连声望日隆,经营才能得到商界广泛认可,早在1914年,李子明就被推选为大连公议会协理,1923年,又被推选为华商公议会总理和大连市议会议员。由于为人正直,民族自尊心极强,与日本殖民统治者交往中不肯屈膝奉承,因此李子明遭到日本人的刁难和报复,连带其经营的产业亦处于逆境。公私两困情况下,他抑郁成疾,于1927年饮恨长逝。

继承刘肇亿产业的刘仙洲除了继续经营顺发栈外,还开办了具有钱庄性质的"储蓄公司",并涉足油坊等业。由于经营得法,资产不断膨胀。到20年代时已成为当时新八大家的首富(其余七人为郭学纯、张本政、庞睦堂、邵慎亭、周子扬、许亿年、安承生),并在大连华商公议会中担任协理职务。

迟子祥(1884~1951年)原名振麟,蓬莱县人。光绪二十九年(1903年),迟子祥渡海来到大连,在一家杂货店当店员。第二年,他在大连监部通(今中山区长江路邮电局后)独资开设益泰祥杂货店。光绪三十一年(1905年),日本强占大连,宣布大连为自由港,并施行一系列经济刺激政策,力图将其建成控制关东经济命脉的立足点。此后大连中外客商云集,代理店业务开始勃兴。迟子祥抓住时机将店铺改组扩大,更名为益泰祥杂货代理店,后又独资创办了一家钱庄,经济实力不断增长,在大连工商界中崭露头角。取得商业上的初步成功后,迟子祥开始与"山东帮"中的工商界头面人物刘肇亿、刘仙洲、李子明、黄信之等交往频繁,并把精力放在山东同乡会的工作上,问贫访苦,为广大同乡排忧解难,为山东来大连的有工作能力和一技之长的无业人员,介绍就业机会,并大做公益事业,因而博得在大连山东同乡的好感。1940年他被选为大连山东同乡会会长。

20世纪30年代初,大连市商会换届选举,亲日派企业家、"本地帮"主要人物张本政、邵慎亭为了霸占商会正、副会长职务,主动地拉拢迟子祥,希望通过他在山东帮中多拉些选票。迟子祥为了得到政治上的庇护和经济上的资助,借以提高自己的身价,开始与张、邵两人同流合污。之后,他便与张本政经营的政记轮船公司和邵慎亭开设的天兴福各企业紧密合作。在张、邵的介绍与担保下,他又与日本大垄断财团三菱、三井等洋行签订代理经销面粉、砂糖等合同。在迟子祥开设"荣大株式会社"时,张本政、邵慎亭为拉拢和利用迟子祥,投入大量资金给予支持,迟子祥因此对张、邵感恩戴德。抗日战争爆发后,迟子祥积极向日军捐献"国防献金"和"资财",获得了日军的各种"奖状"和"感谢状"。

1945年8月15日日本投降后,迟子祥与张本政、邵慎亭等人为继续把持地方政权,作为迎接国民党接收旅大的政治资本,组织"中国人会"(后改名"大连地方治安维持会")和大连地方自卫会,并担任副会长。苏军进入旅大后,根据中苏两国签订的条约和关于苏军进入中国地区后有关旅大地区的协定,召开了大连市社会各界人士会议,协商推举大连市政府的领导。经苏联驻军司令官高兹洛夫提议:"在苏联军管期间应由中国人出任大连市长……迟子祥居连数十年,他担任大连市山东同乡会会长,又是治安维持会的副会长,市面情况比较熟悉,适宜担任大连市长……"与会者一致同意,通过了迟子祥的市长任命。一时之间,他成为旅大地区的风云人物。1947年4月,关东公署成立后,迟子祥担任主席,市长一职由时任大连市总商会会长的徐宪斋接任。1949年4月,迟子祥辞去关东公署主席职务。

徐宪斋(1886~1972年),蓬莱县人。7岁入私塾学习,聪明过人。因家境原因,16岁时辍学,经人介绍渡海来到营口一家杂货店做学徒。光绪三十一年(1905年),他自办"东华泰"杂货号并自任经理。三年后,他和英国最大的煤油商亚细亚煤油公司搭上关系,被特聘为该公司在关东地区的全权代理商。他看准时机,既经销煤油,又经销洋蜡,不久一跃成为百万富商。民国元年,亚细亚公司又聘他为奉天省总经销商。此后,他迁住大连,以高级买办身份跻身于大连工商界,当时年仅26岁。

徐宪斋关心政治,热心公益。1913年,大连《泰东日报》(刘肇亿创办)编辑迟少田联系工商界爱国人士和其他进步人士在大连筹建国民党大连市党部,徐宪斋被选为国民党市党部委员,分管宣传工作。他积极推动市党部工作,在东大连(今中山区)、小岗子(今西岗区)、西大连(今沙河口区)组建分部,广设市民阅报处,张贴上海、北京等地报纸;并组织市民庆祝"双十节",由此被视为进步商人。1915年,袁世凯统治下的北洋政府勾结大连殖民当局将国民党大连市党部解散,徐宪斋被迫暂停政治活动,改为参与服务山东同乡的公益活动。20年代初,大连各界山东同乡成立"同乡会",徐宪斋以其社会影响被推选为会长。在广大同乡的支持下,加上原有的知名度,他很快成为大连知名的社会活动家。

1928年,世界煤油销路下滑。徐宪斋及时调整经营方向,在小岗子大龙街独资开设"徐利兴"杂货代理店,专营面粉、砂糖、麻袋、纸张等各种洋货。仅经营3年时间,其赢利额已居全市华商之首,属大连华商16小家之一(资产200万元以上者有8大家,资产在100万元至200万元之间者有16家)。30年代初,徐宪斋被选为西岗商会副会长。40年代初,日本因太平洋战争需要,对东三省实行严酷的经济统制政策,徐宪斋对此进行消极抵制,将资金秘密抽调至关内在天津办厂,但因无利可图,后结束企业返连,在市郊购买山田,创建果园。1945年8月大连解放后,市内各商会进行合并,组成统一的大连市总商会,徐宪斋当选为首任会长。1947年,大连市行政区进行调整,大连市长迟子祥任关东公署主席,他则当选为大连解放后的第二任市长,直至1949年夏因病辞去市长职务。

第二节 关东鲁商的同乡会与同乡会馆

据《辞海》所载,会馆是"同籍贯或同行业的人在京城及各大城市所设立的机构,建有馆所,供同乡同行集会、寄寓之用"。会馆产生于明初,至清而达极盛,不但林立于京师街区,而且其他通都大邑,甚至府、县、乡镇也在在有之。吕作燮先生将明清会馆分为三种类型:"一是北京的大多数会馆,它们是为了给同乡的官僚、士绅和科举之士居停之用。二是北京的少数会馆和苏州、汉口、上海等工商业城市的大多数会馆,它们是工商业者的同乡行帮会馆。三是四川这样的移民会馆。"(吕作燮:《明清时期的会馆并非工商业行会》,《中国史研究》1982年第2期)其中第二类即由商人建立的同乡行帮会馆是重要的组成部分。

明清时期,商品经济空前发展,各区域市场的经济联系日益频繁,为商人提供了广阔的活跃舞台。在市场的驱动下,大批人弃农弃儒经商,不惮万里跋涉,离乡背井。身处陌生的环境,面对与出生地迥异的语言、风俗,桑梓乡情的纽带把外出的商人们联结在一起,凝聚为一个整体,由地缘关系组建的会馆因此产生。在同乡行帮会馆中,同乡工商业者们经常通过集会、议事、宴饮,除互相联络感情,解决商人们存放货物、招待行旅的现实困难外,协调工商业务、应付市场竞争也成为会馆的基本功能之一。工商会馆的经费主要来自本籍商人的会费或会员捐助,经费除维持会馆日常开销外,若有结余,往往购置义庄,设立学校,并参与所在地的救灾、发放寒衣、办粥厂等社会公益事业。

鲁商在关东建立山东会馆的时间最早可追溯到清代康熙年间。建于康熙年间的宁古塔山东会馆是目前已知的在关东建立时间最早的山东会馆。宁古塔"清顺治十年设副都统于古城,在今城西北五十里,康熙五年筑新城,后改为宁古塔将军,十五年将军移驻吉林城,仍置副都统于此"(郭熙楞:《吉林汇征》),管辖今黑龙江和吉林的部分地区,是清朝前期政府在关东北部的统治中心。宁古塔人烟渐多,特别是顺治年间和康熙初年颇多关内民众或因灾荒、或因犯罪、或因家庭遭难,被迫来到宁古塔放山(采山参)、淘金、打鱼、开荒。在这些人中尤以山东人为最多。处于陌生之地的同乡们为了互相联系,互相照应,于是就成立了同乡会,会址就是著名的山东会馆。在宁古塔新城东北处(即今吉林省宁安市渤海镇兴隆寺院内)的山东会馆,至今保留着一个宣统三年(1911年)铸造的铁鼎。巨大铁鼎上的铭文,记录着其铸造的过程。据载,鼎成时山东会馆已有200多年的历史,推算起来山东会馆应创设于康熙年间;据铁鼎铭文所载,当时山东会馆内"乃建殿宇,兼营厢房,共商会议,朝夕游息,衣冠荟萃,于斯为盛"。足见当时山东会馆规模之大,往来人员之多。为了维持会馆的开支,鲁商纷纷捐款,仅铁鼎铭文中就记录着捐助铸鼎和施与热心帮助的天合顺、永昌德、天兴泰、同泰祥、义和永等商号货栈几十家。会馆利用这些资金购买了许多土地:乾隆三年(1738年)三月在宁古塔城西北骚达子沟岭南买下镶蓝旗吞达牛录下达三河荒地60垧;道光二年(1822年)、道光四年(1824年)分别买下了镶红旗清山佐领下穆尔抗阿的土地30垧和达尔苏荒地40垧,这两块地分别位于宁古塔城东北,成为会馆的所在地。而乾隆三年(1738年)所买的荒地,被用作公共墓地,安葬山东流民,后来由于墓地不敷使用,又购买荒地用作义地(墓地)。山东会馆周围也埋葬着许多山东流民,有的流民死后,还将尸骨暂厝于山东会馆内,有机会再送回山东老家安葬。有了山东会馆,许多初到此地的山东同乡,因一时无生活来源,可先到山东会馆中寄宿,由会馆提供食宿并帮助安置,所以山东会馆就成了山东移民在宁古塔的临时家园。

道光年间以前,位于大清河入海处的盖县西河口(旧称"连云岛",今西海农场西河口村),是关东地区与关内通航贸易的重要港口。清朝中期,盖州已成为重要的地区贸易港口。"轮蹄丛集,舟帆交并","执三省商业之牛耳"。商业的发达,带来了城市的繁荣兴旺,盖州城内市街整然、店铺林立。鲁商因地利方便最早渡海来此经商贸易,为了有个聚会之所方便联络,他们在乾隆三十五年九月(1770年10月)建立了山东会馆(亦称"北会馆",在今县毛纺厂址)。山东会馆除作为鲁商集会之处外,也为穿梭于辽鲁两地的行商提供住宿之便。同时,会馆每年还用鲁商捐助的钱物举办一些公益、慈善事业。会馆内建有工艺高超的大戏楼，供节日和祭神时演戏之用。每年的元宵、中秋二节俱演夜戏，《盖平县志》载其盛况：正月十五日，山东会馆与三江会馆同时演戏，"灯月交辉，歌声嘹亮，几同不夜之城，一时游观者填塞街巷，甚盛事也"。四月二十三（农历）为海神庙会，山东会馆与三江会馆、福建会馆同时演戏，引逗观众，穿梭街巷。山东会馆还利用善款出资建立学校，开设了寄厝灵柩的义庄。直到咸丰八年（1858年），由于西河口淤浅，港口贸易转移至营口，盖州商运渐趋萧条，各会馆的会务活动也随之移至营口。清末民初山东会馆被辟为私立文化小学。

吉林山东同乡会馆始建于清朝道光年间。当时山东人闯关东进山采伐和私挖人参者颇多，为了祈求神灵保佑出行安全不出事故，他们集资在迎恩街（今西安路）修建山神庙一所。后在鲁商代表和时任抚松县长由作霖的号召下，在山神庙基础上增建办公场所四间，正式建成了山东会馆。为了病逝于吉林的山东同乡能有个灵柩停放和埋葬的地方，会馆利用会员捐献的经费在西关八百垄（今电力学院）北侧购置土地设立义园，该园东西宽30余丈，南北长40余丈，建停放灵柩板棚500余间，可停柩2000余口。

金州也是辽东南的重要海口之一。清康熙末年，鲁商来此经商者渐多，逐渐发展成为关东与山东、江浙等地贸易的商品集散地之一。为了方便山东客商在金州落脚和集散商品，乾隆五年（1740年），山东船商集资在金州城内修建"天后宫"，成立"山东会馆"。20世纪初，日本占领金州、大连后，山东会馆便成为金州山东客商聚会之所，称"山东同乡会"。同乡会地缘观念极强，为在金州的山东人做了很多事情，提供了诸多方便。

营口是一座移民城市，自嘉庆后期成为辽河沿岸贸易口岸以后，各地商民纷至沓来，陆续在此建造福建、粤东、直隶、三江、山东等会馆。山东会馆原名"保安堂"（今营口市第十中学），于咸丰元年（1851年）经会董等商议创办。经鲁商集资，会馆还在五台子村南置有义冢地200余亩,解决了很多移民的身后事。后保安堂停办,至光绪三十年(1904年)时馆址已坍塌不堪。1921年,旅居营口的鲁商李序园、宋华甫等发起重建山东同乡会馆的倡议,1926年,经山东同乡会商议,选定营口西部阜有门内山东义庄(山东寄骨寺)旧址,该地地方开阔,可以修筑大规模的会馆设施。1928年春,在同乡会董王季梁、李序园等推动下重新修建山东会馆,王、李二人被推举为创办人主持工作,号召埠内鲁商捐款资助。会馆利用原有地基,四周筑石座砖墙,高丈余,东西置门,各门上部形如弯月状,书写"山东会馆"字样。院内东北处建堂7间,东西配有厢房各5间,院内还有庙宇三楹,供奉地藏菩萨;院南有水塘一处;院后附建尖顶乌瓦房10余间,在内临时制造水泥、瓦壁及地沟水管等。因会馆属募款建造,随募随建,规模颇大,占地面积2万余平方米,为埠内各会馆之首。山东同乡会对于倡办社会慈善事业不落人后。每年冬季开设粥场接济贫民。粥场在会馆院内西墙边,清晨喝粥者自带碗筷准时到此,有的贫民还是步行数里而来。同时,会馆内还附设施医诊疗所,并施舍棺木,

山东会馆旧貌(来自http://www.Harbinnews.com)

寄留在营口的山东贫民颇为受惠。此外山东会馆还不定期搭设临时戏台，遇有外地戏剧名角来营口演出时，也请到会馆献艺，民众可到馆观看。

19世纪中期哈尔滨建埠以来，土著居民较少，移民大多来自山东、直隶等省，尤以山东移民最多。为加强同乡情谊，互济有无，宣统三年（1911年），山东同乡发起成立山东同乡会，并在傅家甸北四道街设立山东同乡会事务所。1915年，哈尔滨山东同乡会迁到傅家甸太古街新址。

同年，滨江阜城房产股份有限公司董事长傅巨川联合聚居在傅家甸的山东同乡在道外正式建立山东会馆，馆址设于太古十道街（今惠民小学校所在地），傅巨川被选为首任会长。山东会馆占地2527平方米，为中国传统建筑，沿街为青砖瓦房，馆内建筑为古典式样，黄色的琉璃瓦在阳光下闪闪发光，大红柱脚挺拔庄严。会馆建成后，不仅成为同乡集聚之所，也是山东同乡兴办慈善事业的基地。为解决贫困移民的子女就学问题，山东会馆兴办了1所惠民小学，每年拨款2800元，充作办学经费，学生免费入学。会馆内还设有

发掘出土的山东会馆首任会长傅巨川功德碑，该功德碑长2米、宽1米。（来自http://www.Harbinnews.com）

诊所，为贫苦同乡免费治疗疾病。遇有同乡婚丧嫁娶或失业时，会馆都给予资助。山东会馆的资金来源，开始时依靠各商号集资，意增信、意增福、同巨祥、源聚祥、天兴等商号的捐助。后来，同乡会馆越办越兴旺，有房产数处，升平四道街和十道街都有楼房对外出租，所有房产租金收入已足够同乡会支出。1940年，傅巨川去世，山东同乡们为表彰其创建之功和辟路之德，特意立碑纪念。

凌源城地处辽西南要冲，是长城内外物资贸易的集散地。清代中期以后，市肆会聚，店铺栉比。商贾及居民多来自山东、直隶、山西一带，各依乡籍建立同乡会馆。山东会馆建在粮食街西头路北，在诸会馆中规模最大。

辽阳山东会馆位于今辽阳市中华大街207号，原为始建于清康熙三十三年(1694年)的观音寺。清末民初的几年中，为山东会馆所在地。

第三节 关东鲁商的同业团体与商会

晚清民国以后，关东各地掀起了建立商会的潮流。在关东的鲁商纷纷参与商会的建立并在其中发挥了积极和重要的作用，为鲁商在关东市场立足提供了重要保障。同时，鲁商在关东经商过程中，为了加强联系，壮大力量，相同行业的商号还团结在一起建立了同业组织，形成一批产业集群。通过组织他们可以互通有无，沟通市场信息，并为同乡就业提供了重要的服务平台。

光绪二十七年(1901年)，内忧外困中的慈禧太后和清政府为安抚民心，取悦列强，开始调整政策，实行所谓"新政"。"新政"的一个重要内容就是发展工商业。1903年，清政府设商部，专司工商事宜，"以保商为己任"(朱寿朋：《光绪朝东华录》，中华书局1984年版，第5253页)。翌年，清政府又核准颁行《商会简明章程》二十六条，规定"凡属商务繁富之区,不论系会垣,系城埠,宜设立商务总会,而于商务稍次之地,设立分会,仍旧省份隶属于商务总会";并命令"凡各省各埠如前经各行众商公立有商业公会及商务分会等名目者,应即遵照现定部章,一律改为商会,以规划一"(据光绪二十九年商部:《劝办商会酌拟简明章程折》,原件藏天津市档案馆,转见徐鼎新、钱小明《上海总商会史》,上海社会科学院出版社1991年版,第38页)。

一、关东鲁商商会组织

关东地区的商业行会咸丰年间即已在沈阳出现,当时称"商业公所",属民间自发的商业组织。清政府颁发《商会简明章程》后,关东各地商会如雨后春笋般纷纷成立。截至宣统三年(1911年),奉天省有奉天商务总会、营口总商会等商会58个;吉林省有吉林总商会、长春总商会等商会30个;黑龙江省有黑龙江省商务总会、呼兰县商务总会等商会

哈尔滨总商会(来自 http://www.memoryofchina.org)

18个。同鲁商在关东地区的商业地位相对应,鲁商在这些商会中也发挥着重要的作用。例如在光绪二十九年(1903年)成立的奉天商务总会中,鲁商天合东丝房经理田子超担任总理,宝和堂中药店经理甘益棠担任协理,而天合东与宝和堂皆为鲁商开办的商号。宣统元年(1909年)改选时,二人再次当选为总理、协理。在长春商会中,裕昌源经理、黄县人王荆山,自1928年到1934年,一直担任商会会长。1934年他开始担任"新京"头道沟商工会会长,1937年,又开始担任新成立的"新京特别市商工公会"副会长,直到1945年"八·一五"光复。自光绪三十三年(1907年)营口商务总会成立起,西义顺商号老板、黄县人李序园就开始担任商务总会协理,并连任两届。1912年,李序园又当选为商务总会总理,直至1919年因病辞职。

下面选取大连商会和金州商会两个典型一睹鲁商在所在地商会中的情况。

大连青泥洼桥旧景(来自 http://www.memoryofchina.org)

旅大地区最初的政治经贸中心为旅顺,大连最早称为"青泥洼",人烟稀少,直至19世纪中期还是一个荒凉渔村。随着东北市场的不断扩大,旅顺大连的开埠,特别是沙俄侵占大连后,大力开发建设大连市区。大连工商贸易也逐渐繁荣。到19世纪末,全市商店已达500余家,粮食、杂货、绸布及服务行业一应俱全。光绪二十六年(1900年)前后,义和团运动波及大连。由于沙俄驻军开赴京津加入八国联军侵华行列,旅大地区防务空虚。大连华商巨富为保护商民利益,筹建了商民自治自卫的群众组织——"洼口公议会",这是大连最早的民间商会性质的组织。福山人刘肇亿被选为公议会协理(副会长)主持日常事务。当时公议会名义上是民间商会组织,实际上还担负社会民政、维持治安等事务。刘肇亿尽心竭力维护商民利益,在公议会成立公议处,组织千人左右的治安巡逻队,维持社会治安,为华人介绍就业,还为华人子弟办理就学、医疗等事宜以及开设慈善机构等,深得全市商民的称赞和拥护。至光绪二十八年(1902年),公议会已经成为沙俄殖民统治机构的组成部分,刘肇亿也成为华商中的风云人物。

光绪三十一年(1905年),日本侵占旅大后,洼口公议会改组为"大连公议会",主管东大连(今大连市中山区)区域内的商户注册、工商户建厂招领、店面地皮手续办理、商户纠纷调解等事务。刘肇亿被选为首任总理(会长)。但日本殖民当局因刘肇亿在沙俄统治大连期间与沙俄地方当局交往密切,所以试图阻止刘肇亿担任总理,并以"通俄罪"逮捕刘肇亿。事件引起了全市工商界的抗议,经全市商民一致请愿,刘肇亿终被保释出狱。

刘肇亿出狱后继续担任公议会总理职务。他积极为商民谋福利,光绪三十三年(1907年),为筹集商民的医疗和福利费用,他仿照上海"世界大舞台"的办法创办了宏济彩票局,在大连发行彩票,积累了一大笔资金。他用这笔钱创办了大连最大的慈善机构"宏济善堂"(堂址在今西岗区宏济街附近)和宏济医院(今人民剧场前身),常年免费为劳苦大众治病给药，发放棉衣和施粥。他还曾向殖民当局书面恳请改订工商税率，主动承办大连红十字会，施行了一系列恤寡抚孤、育婴养老、购地义葬、扶贫济困和帮烟民戒鸦片烟等一系列善举。在他的主持下修建了西岗天后宫、松山寺和华人学堂，并集资创办了中文版《泰东日报》。1914年大连公议会改选时，刘肇亿因年事已高，辞去总理职务，返回山东福山老家养老。

1914年大连公议会改组，改称"大连华商公议会"。原大连公议会协理郭学纯当选为总理，源成泰经理李子明、政记轮船公司经理张本政当选为协理。1919年，华商公议会换届，郭学纯、李子明、张本政连任总理、协理职务。1923年郭学纯病逝，李子明开始担任总理。

李子明同样是福山县人，经营有源成泰杂货代理店。他民族观念极强，就是在他的提议下大连公议会改称"大连华商公议会"，以表明公议会是代表华商利益的团体组织，也因此开始引起日本殖民当局的嫉恨。1921年，日本殖民当局为掠夺华人手中的银元，悍然下令实行所谓"金建制"。李子明等华商及时识破殖民统治者的阴谋，组织商民举行部分

大连华商公议会会址（来自 http://www.dl-library.net.cn）

罢市,号召商民在取引所(交易所)中与日商展开不买不卖的休场抗争,使得取引所一时处于瘫痪状态。不久,日本殖民当局放弃"金建制"决定,华商反"金建制"斗争获得最后胜利。为此,李子明再次招致日本殖民当局的憎恶和迫害,被强行驱逐出境。在广大华商掩护下,李子明逃到营口避难。1923年华商公议会总理郭学纯因病去世,会务主持人和大连全市华商联名作保请愿,又经日本商人田中末雄出面说情,李子明才得以重回大连,当选华商公议会总理和大连市议会议员。上任后,他不辜负广大华商的信任与委托,着手改革会务,积极为商民办事,对日本殖民当局不合理的做法,一如既往地进行抵制。如代表商民请求减低货物征收税率等,受到广大商民称赞。1925年,上海发生"五卅"惨案,李子明积极支持大连各界爱国人士组成"沪案后援会"举行游行示威和捐款支援。翌年,大连福岛纱厂工人举行大罢工,他积极支持工人的罢工斗争。为此,日本殖民当局对他十分仇恨,此后,有关商会和工商界之事均避开他,让华商会第一副会长、亲日分子张本政全权处理,并唆使张本政公开声明不与李子明合作,致使李子明的会长职务徒有虚名。由于他不肯与殖民统治者屈膝奉承,因此遭到刁难和报复,于民国十六年七月(1927年8月)饮恨长逝。

李子明去世后,出生在旅顺的本地帮代表、与山东帮有历史渊源的文登人张本政开始出任商会总理,继承刘肇亿产业的刘仙洲(刘肇亿的侄子)则担任协理职务。1931年,大连华商公议会改称大连市商会。到1945年大连解放前夕,商会共换届三次,张本政一直连任会长,刘仙洲连任副会长。

金州最早的商会组织是1900年前后成立的商民自治自卫的群众组

李鸿禄像(来自大连金州区档案馆)

织——金州公议会。光绪三十一年（1905年）日本侵占金州后，改组为华商会，蓬莱县人李鸿禄、张宇中先后出任会长。

李鸿禄（1854~1935年），光绪年间来到辽东经商，先后在金州广增盛商号做学徒、店员，26岁时升为该店副执事（副经理）。他一生经商，为人豪爽，在商界和社会上享有盛望，在经商过程中和担任会长期间，为商民百姓分忧解难。为减轻城乡居民负担，他将独家经营的金州市场改为公议会经营，盈利用于公用事业。他又组织民众利用城墙周围空闲地，种植葡萄、苹果，利用护城河种莲子，四五年后年获益4000余元（现大洋），用于公共事业，减轻居民负担，深得人心。1918年秋，他鼎力援建金州图书馆，并率众捐书若干。李鸿禄每闻群众有难，无不尽力相助。日寇占领期间的一年夏天，大连油坊26名复县籍工人乘船回家探亲，路过金州西海口，被日军当成逃匪逮捕后又不经审讯就要被处以死刑。李鸿禄闻知后以身家性命相保，使其免遭无辜杀戮。复县曲绍田和盖平公聚信商号店员一行4人途经金州时险遭日军杀害，皆经李鸿禄力保获释。诸如此类义举甚多，受惠群众深感其德，馈赠"急公好义"、"见义勇为"、"德望兼隆"等匾额表彰他的功德。

李鸿禄自华商会成立担任会长职务时起，在努力推动金州商业发展的同时，还努力提携后进，后任会长张宇中就是他一手提携培养的。张宇中（1890~1949年），出生在金州。青年时在大连经商，积累了丰富的经验和资金后，返回金州开设"聚增长"杂货商号，以"人无我有，人有我精"的经营方略获取厚利，成为金州商界的后起之秀。1941年金州商务会改组，更名为金州商会，张宇中在众望所归中被推举为会长。太平洋战争期间，日本强迫商民购买"报国公债"，强制捐献飞机大炮款项，他都采取拖延等办法应对，将商民的损失减至最小。

各地除设立总商会外，许多行业还分别设立了同业公会，共同应对行业发展问题，协调内部竞争。以哈尔滨火磨公会为例，1918年，哈尔滨有火磨26家，除供应本地外，还出口到俄国境内。因苏俄成立后一面禁止中国面粉进口,一面大量购进小麦原料,使哈尔滨火磨业受到很大影响。更有投机分子假借外人资本设立火磨,展开不正当竞争。为了应对不利局势,东亚火磨经理王魏卿与成发祥火磨经理张省三出面聚集同业双合盛、义昌泰等数家计议,决定设立火磨同业公会,公订行规,共同遵守。至第二年农历七月,哈尔滨面粉火磨同业公会正式成立,哈尔滨20余家火磨全部加入火磨公会。公会内

哈尔滨面粉火磨同业公会会址(来自陈绍南主编《哈尔滨经济资料文集》)

部设总董1人,副董1人,总理会内一切事务。董事10人,协助总董办理一切。其主要职能有四条:(1)提倡国产面粉;(2)平抑面粉价格;(3)研求对外贸易之发展;(4)研究制造方法之改良及关于火磨前途一切幸福。成立之初,以王魏卿和张省三为创会元勋,所以第一任总董即由王魏卿担任,张省三任副董,王华岭、张廷阁等任董事。第二任总董张廷阁,副董王华岭。以后三、四届总副董都由张廷阁、王华岭轮流担任。(《哈尔滨经济资料文集(1896~1946)》第三辑,第117~118页)

在这些同业公会中鲁商也同样占据着重要的地位。以哈尔滨为例,1931年时,滨江市(今哈尔滨滨江区)拥有同业公会50个,其中有据可查的鲁商任主席的同业公会就有11个:布业同业公会为蓬莱人许尧庭(仁和永商号);五金业同业公会为招远人赵汝贤(义成永商号);面粉业同业公会为蓬莱人高升臣(双合义商号);棉织业同业公会为掖县人孙白云(裕生工厂);鲜货业同业公会为掖县人王捷三(春元永商号);蜡业

同业公会为黄县人丁虞南(丰顺公司);卷烟商同业公会为掖县人盛顺南(源盛兴商号);屠业同业公会为掖县人朱馨山(兴合永商号);饭店业同业公会为福山人朱安东(新世界饭店);颜料同业公会为招远人侯元德(福星成商号);洋铁同业公会为莱阳人史占一(义聚成商号)。(《哈尔滨经济资料文集(1896~1946)》第一辑,第146~147页)

二、章丘铁匠

章丘境内山地丘陵密布,耕地资源稀缺。为了谋生,章丘人各寻出路。土地瘠薄的山区和丘陵地带,如垛庄、胡山、文祖、埠村、山后寨(今圣井)、枣园以及相公、青集的东北部,除个别大户经商外,绝大多数人家都是靠打铁谋生。章丘人还有走出家门打铁谋生的传统,在山东境内各主要市镇都有他们的身影。在"闯关东"的热潮下,章丘铁匠也大批进入关东,道光《济南府志》记载,去关东等省的章丘铁匠"常数千人"。他们牢牢占据了制铁市场,并在当地立足扎根。章丘铁匠闯关东时往往结队而行,形成聚居群落。如1930年时,章丘北风村马凤吉等32名铁匠到辽宁凌源县打工。30年代时,黑龙江北安县共有15家铁匠炉,其中14家是由章丘人开办的。处在北大荒地区的海伦、拜泉、绥棱、绥化、青钢、兰西、明水、肇州(今大庆)、肇东、克山、克东等县市,章丘铁匠占到90%以上。当时规模较大、声望高的铁匠炉有海伦的大成炉、北安的王家炉、绥棱的万发炉、通北的高家炉4家。其

章丘县山水图(来自道光《章丘县志》)

中王家炉最发达兴旺。这四家铁匠炉包括掌柜和伙计都是章丘人。

章丘铁匠铺在解决自己生活的同时，还为当地百姓创造了一个个服务品牌。

洮南地区的三发铁匠炉由章丘县王家坞村人王庆祥开设。他少时家贫，十几岁时来到关外学徒打铁，因心灵手巧，忠厚勤快，不到几年时间就艺满出徒，自己领炉开业，炉名"三发炉"。洮南一带，居民多系蒙族，语言、风俗、习惯与汉族不同，王庆祥因久居内蒙，逐渐学会了蒙语，并能适应当地习俗，与当地群众相处融洽，上至王公贵族，下到黎民百姓，他都有业务往来。蒙古人以畜牧业为主，家家都有牛羊骡马，在此做铁匠生意的主要业务就是挂马掌和打制屠宰用的各种刀具，王庆祥擅长挂马掌，因此在此地得以发挥专长。

郑茂盛8岁时跟舅舅闯关东来到长春，在铁器铺学徒。1923年，郑茂盛自开铁匠炉，起名"郑发炉"，主要打制菜刀。经他打制的菜刀钢口好，背厚、堂薄、锋利，用起来得心应手，有"削铁如泥"的美誉，是长春的名牌产品。

1922年，康业福与同乡王纯道、康业修在哈尔滨道外太古南十五道街合开铁匠铺"三盛炉"，生产的"三盛炉"菜刀在本埠和附近地区用户中赢得了信誉，成为哈尔滨市最早的名牌产品。各地用户慕名而来，登门订货，产品供不应求。

20世纪20年代，李福烈、李方田兄弟在黑龙江通北县"三道沟子"组建了义和铁匠炉，雇用十几人打制铁器，生意兴隆。

章丘明水人王元泰因在老家开染坊亏本倒闭，变卖家产后全家人闯关东，最后落脚北安县（今黑龙江北安市），依附章丘铁匠老乡生活。王元泰为人精明强干，深谙世故，善于交际，不久，就笼络了一帮来北安谋生的章丘铁匠，自己开办铁匠炉，炉名"王家炉"。他本人不会打铁，但颇通铁业经营。当时，富饶的东北正处于日伪控制之下，工厂矿山全被日本人把持，打铁需用的钢铁材料十分紧缺。王元泰通过私人关系买到

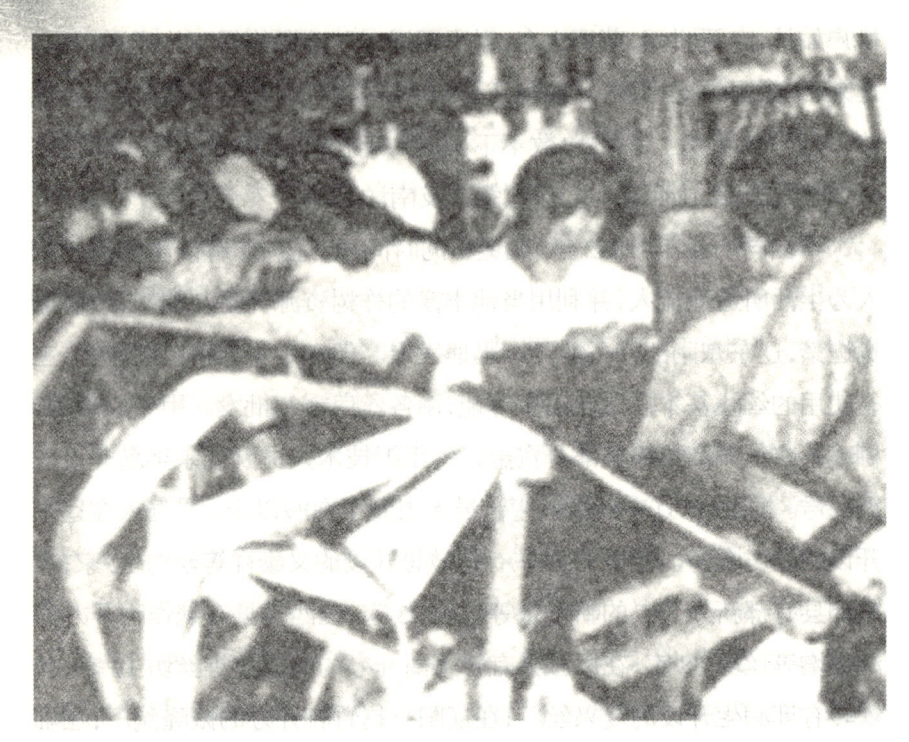

义泰祥的车间一角（来自 http://www.dd-guide.com）

到各种附属设备全是机械操作，厂内配备伸幅机 1 台，织出的绸缎就地可实现整边、喷雾、熨烫、烘干、平整等几道工序流水作业。义泰祥每年生产各种丝绸约 5 万余匹，成为安东地区工商界颇有名气的八大家之一。1940 年，昌邑县夏店乡三教堂村人胡纪堂在安东开办的东记号丝绸厂倒闭后，义泰祥又租赁了其全部厂房和机器设备，并抽调技术人员接收该厂，改组为东义泰祥，又称"东厂"，企业规模不断壮大。（《昌邑文史资料》第四辑）

四、鲁商金融业同业团体

钱庄、当铺、银号是关东早期常见的金融机构，到 20 世纪二三十年代，在市场竞争中，这些金融商号逐步改革，转为现代银行。鲁商在关东从事金融业者虽不如晋商强大，但其实力也不容小觑，尤其在个别城市更是占据主导地位。哈尔滨金融业中的鲁商同业团体即是最好的例证。

1912年4月，天和兴钱庄由烟台史家开设，为烟台分庄，专办哈埠至山东的汇兑业务，这也是哈埠第一家鲁商钱庄商号。1938年天和兴钱庄改称"天和银行"，在长春设立分行，并在大连、营口、沈阳、安东、吉林、辽阳、抚顺、珲春、敦化、山城镇（今属吉林省梅河口市）、延吉等地设立办事处。1942年并入大成银行。

1914年，烟台福顺德银号委派梁子薰来哈尔滨创立福顺德银号分号。由于福顺德银号设立之际正值哈尔滨民族工商业和国内贸易急剧发展之时，银号获得了迅速发展。1934年依照伪满《银行法》规定，福顺德银号脱离烟台总号，改名为"福顺德银行"，以资本金伪币20万元独立经营，行址设在道里新城大街与中国十四道街的拐弯处（即今尚志大街第二轻工业局）。福顺德银行是当时哈尔滨较为著名的民营银行，生意发展较快，"业务殷繁，根基素固，营业范围近而东北重要城市，远而山东、河北各大埠"。该行在长春、沈阳、安东、营口、吉林、开原、珲春、一面坡、富裕、绥芬河、富锦等11个城市设有分行，并在道外设有办事处。1934年，该行吸收定期存款、往来存款、特别往来存款和杂项存款44.79万元，收入汇款51万元，发放定期放款和往来透支放款59.42万元，全年纯益金1.2万元。其后几年又有较大发展，1937~1939年的3年中，存款年平均额124.2万元，放款年平均额105.7万元，纯利年平均8.7万元。1938年伪满又公布《新银行法》，加强对私营银行的金融统制，福顺德银行此时改名为"福德银行"，业务受到一定影响。1942年伪满实施《金融机关稀密调整纲要》时，福顺德与中泰、天泰3个民营银行被迫合并为德泰银行。

1920年6月，肖星三代表烟台恒聚钱庄在十三道街开设恒聚钱庄分号，起初设于道里恒顺昌杂货店内，办理哈尔滨和山东之间的汇兑，业务壮大后开始逐步办理存放款业务。1930年6月，经烟台总号同意，在道外（今哈尔滨道外区）组织哈尔滨"恒聚栈"，资本金1万元，并在佳木斯设办事处，在大连、烟台设代理处。1934年后改为恒聚银行。1942年，又并入大成银行。

1920年，徐中一与丰泰亿商号合资4万元在新城大街开设丰泰银号，并在道外建有分号，经营货币业务兼营杂货。银号每年增资一次，到1929年资本金已增至30万元。1932年丰泰亿商号倒闭，资本金退出，徐又寻找其他合伙人，于1934年组建中泰银行，有资本金14万元、公积金13.8万元，各种存款92.3万元，各种放款112.7万元，纯益14万元。其后略有发展，在长春、大连、天津、龙口、上海、黄县等地设有办事处。1937年到1939年年均存款192.5万元，平均放款181.1万元。1938年获纯利15万元。1942年，伪满实施《金融机关稀密调整纲要》时被并入德泰银行。

位于南头道街的瑞增祥银行设立于1930年11月，为山东孟氏瑞增祥银号的分号，初始资本金2万元。1934年12月，依据伪《银行法》重新登记，以资本10万元独立经营，经理孟公恕。第二年9月再次改组，更名为瑞祥银行，经理张亦权，资本30万元。随着日伪统制的加剧，瑞祥银行日渐衰落，1942年被并入大成银行。

位于道里十一道街的公和隆银号为烟台公和隆银号的分号，1934年，依据伪满《银行法》，与烟台总号脱离关系，改称公和隆银行，成为一家独立的小银行。该行在长春、吉林、营口、安东、黑河、佳木斯设有办事处，1936年停业。

1938年12月，天玉银行和福泰银行合并而成天泰银行，经理徐松山。行址设在道里新城大街，道外设有支行。初始资本金50万元（实到25万元），到1940年资本金增加到100万元（实收37.5万元）。1938和1939两年，年均存款130.1万元，年均放款93.7万元，年均盈余13.9万元。其后由于伪政府加强对私营银行的统制，业务量逐渐减少，1942年7月被并入德泰银行。

经过伪满"整顿",到伪满后期,几家银行先合并为德泰、大成两家银行。1944年,德泰、大成两家又合并组成哈尔滨银行。鉴于山东移民在关东各界的重要地位,该行仍以山东帮为标榜。该行在关东主要城市设28处分行,职员达780多人。该行股东和经理大部分都是山东人,开办对山东的邮寄和电汇业务,除办理存、放、汇款业务外,还办理储蓄及推销有价债券等业务,营业甚为兴旺。

此外,西义顺银号、功成玉钱庄、烟台商业银行等相继在哈尔滨设立分号。功成玉钱庄1920年在哈尔滨设立分号,1934年后依《银行法》的规定改组为股份制,哈尔滨分庄改称功成玉银行哈尔滨分行,1938年又改称功成银行哈尔滨分行,鼎盛时资本金达到500万元,分支机构19处,职员达到600人。(《哈尔滨市志·金融志》,黑龙江人民出版社1995年版;《哈尔滨文史资料》第九辑)

第八章　鲁商经营特色

> 俗亦厌贫贱，不复重冠裳。
> 贩鬻皆程郑，生涯半彦方。
> 参貂口外得，牛马谷中量。
> 翻怪中原弱，穷愁遍八荒。
>
> ——杨宾《宁古塔杂诗》十七

第一节　忠诚仁义：忠厚做人与诚信经商

发轫于齐鲁大地的儒家学派是齐鲁文化的主体和核心。山东人的商业观念、商业心理乃至商业风格无不打上儒家思想的烙印。在关东经商过程中，鲁商切身实践着儒家积极入世的思想，以仁义道德为安身立命之本，会通儒术与贾事，讲诚信，重义气，讲礼仪，求和谐，积极投身公益事业，舍小利谋大利，创造良好的经商环境，体现着鲁商特有的经营方式和经营文化，并在关东开辟了一片新天地。

一、恪守信誉，一诺千金

哈尔滨老字号三盛炉创立于1922年，创立者为章丘县康家庄人康业福。康业福20岁离乡背井闯关东，来到今黑龙江南部地区，先后在阿城、双城、木兰等地的铁匠炉中做工。40岁时，有了多年工作经验的他又来到哈尔滨闯荡。当时，在哈尔滨傅家甸一带仅有三家规模不大的铁匠炉，通过走访，他看到了商机，遂与同乡知己王纯道、康业修合伙在太古南十五道街路南359号（今哈尔滨市回民中医院门诊部址）租了三间门市房，经营起"三盛炉"铁器铺。

万事开头难，为了打开三盛炉的市场，康业福认准一个硬道理，即先要有好产品，顾客才会光顾。所以三盛炉认真挑选钢材，抓好制作流程。打刀坯全部用软铁（含碳量低），刀刃选用英国产双鹿牌竹节钢。各种刀坯所用钢和铁下料打制前，必须逐块进行锻打，淬火实验，凡是刀坯用铁发现"浸火"（造成刃部钢铁不清）和"不吃火"现象（脱碳）一律不准使用。三盛炉生产的刀，刀刃钢条重量大。如厨刀，一般铁匠炉只用7钱(35克)重，三盛炉用一两半(75克)，还规定刀坯坯口夹钢必须置于中间，深度占刀体的1/3，保证刀刃钢不偏斜；刀坯热火打制时，掌钳的大师傅要亲自掌握火候，防止烧制过度而产生重皮、断刃现象。冷做枪刀刃钢，刀刃两面要显露出一片韭菜叶宽的钢花，淬火温度需掌握在850度，用清水冷却淬火后再适当回火，使刀刃硬度适中，保证不崩钢、不卷刃，经久耐用。在刀坯打制过程中，都由老师傅把关。康业福非常重视刀刃水磨上的功夫，他规定磨刀工人每人每天只能磨10把刀，磨出的刀刃要平直、齐口、不见白刃，锋利且手感好。当时同行业所用刀把皆为杨木制作，而三盛炉却采用红梨木刀把，木旋加工时用纱布磨光打蜡，使刀柄手感光滑。康业福对每天打制出的各种成品刀都要进行检验，并盖上"三盛炉康记"钢印，如发现瑕疵和缺陷，立即返工修理，从不马虎懈怠。

"好酒也怕巷子深"。大家对优质产品的了解是需要一段时间和过程的。但有志者事竟成,为了扩大三盛炉的市场,康业福背着印有"山东章丘康记"的褡裢,内装各种刀具,主动到市内各大饭庄、餐馆、肉铺上门销售。销售中仅褡裢就磨坏了3个,从山东老家捎来的鞋也穿坏了十几双。为了让主顾放心,康业福每到一处都会说:刀好使你就留下,过几天我来取钱;要是不好使,你就扔掉,分文不要再给你换新刀。初时,用户们半信半疑,但也抱着试试看的态度留下刀。用过几天后,大家都称赞三盛炉的刀刃锋利,得心应手,纷纷主动上门送钱订货,并帮忙介绍新客户。康业福生意越做越兴旺,但他不仅仅满足于现状,又增加铺店,整修门面,增加工人,扩大经营,将3间门市房做了调整,房东侧前面设摆放各种刀具的橱窗,后屋做账房和工人宿舍,又雇佣工人和学徒9人,安装电话,聘请了记账先生和厨师。由于康业福苦心经营,"三盛炉"菜刀在本埠和附近县市创出了牌子,各地用户纷纷慕名前来订货,商品供不应求。

创业难守业更难。有了好的信誉,还要能守得住。从"三盛炉"创业的第一天起,康业福就与伙计们订立规矩:凡是卖出的刀要保修保换,让主顾满意。刀刃退火(冷却不足,硬度降低)、卷刃要免费修理,发现重皮、断刃可以旧换新。

讲究信誉是中华民族的优良传统。从三盛炉的起步发展,可以得出一个结论:一个企业商号要想发展壮大,必须要以良好的商业信誉作为起步的资本,依靠信誉,建立良好的口碑和顾客群,才有兴财之源。

广生堂是沈阳一所历史悠久享有盛誉的中药铺,创建于明朝天启五年(1625年),曾有"先有广生堂,后有沈阳城"之说。乾隆四年(1739年),山东巨野县商人卜涿如以1.8万两白银购入广生堂,在以后200年的兴衰变迁中,卜家将其发扬光大,在关东各地开设分号数十家,成为当时名噪一时的中药字号。广生堂能长时间立于不败之地,不仅仅因为字号老,更主要的是信誉好。广生堂对中药营销每一个环节的质量都"斤斤计较"。首先**把好原料关**。药材是药店立足的根本,广生堂经销川、广、云、贵的地道药材,每次到药品集散地选购上等原料的任务,都由能够区分药材性能优劣和真伪的行家里手承担。有些药材则常年在几家信誉卓著的老字号购买。如东北参茸,一定要从营口大屋子奎记号、天福堂、公集久等处购进,其他家的药材一律不进,从而保证药材纯正,严防以假充真。其次**把好加工关**。广生堂购进的药材,整货要按传统要求精心炮制,摆上柜台出售的饮片必须净选,剔出杂质,切除非药用部分。许多中草药都要经过人工逐根仔细甄选,凡配制出售的饮片一律实行单味分包,并且在每剂药里都装有方单以便顾客能够识别。加工成药必须使用经过长期验证的古方、验方、秘方,并在严格的操作工序下进行,做到配料齐全、和料均匀、分量准确,顾客买回后,能直接给病人熬制服用治病。再次**把好员工关**。广生堂用店规督导经营形为。广生堂的字号取意广济众生,"养生济人之术,莫过医药为最"。店主对店内的柜伙,每每要以此训来激励其敬业爱店。学徒初进店时,都必须接受中草药业务知识培训,由店内经理、老药工以及"坐堂医师"们言传身教。平时柜上伙计都要会背诵"汤头歌诀"、"十八反",还要反复念读"脉经"等有关中医中药的基础知识。同时,广生堂店规要求柜上同仁做生意一定要讲诚信、童叟无欺,服务必须一丝不苟。长期以来,广生堂给顾客留下了极好的印象,名声不胫而走。

从20世纪20~60年代,在鸭绿江、浑江流域、渤黄两海沿岸城乡,安东仙露芳的糕点脍炙人口,家喻户晓。虽然其糕点售价高于别家30%~50%,但仍广受欢迎,销售量最多。仙露芳的经理山东烟台人王莲洲1922年渡海来到安东,开设仙露芳糕点店。王莲洲坚守"名誉比黄金宝贵,信用比生命重要"的经商信条,经商过程中做到"货真价实,童叟无欺"。仙露芳初开业时,因糕点投放原料多,价格比同类店铺要高出很多。很多顾客喜欢货比三家,所以买货之前先进店问明:"方糕多少钱一盒?"店里回答后。顾客就会说："哪有这么贵的？"因为价格上处于劣势，失掉了许多顾客。有的顾客打电话来订货，送上门去，因为价钱比别家商号贵，又把货退了回来。面对这种不利局面，就有伙计提意见："做买卖不能那么死心眼儿，要想卖钱就得随大流……"王莲洲执意不肯，他坚持一个信念：货好就会招客来。他始终按标准投料，绝不因原料价钱涨落而增减。原料种类不全，宁肯不做，也绝不粗制滥造。时间一长，顾客自有公论："仙露芳的蛋糕久搁不硬"；"仙露芳的芙蓉糕不粘不散"……在顾客的赞誉声中，仙露芳的生意不断发展起来。30年代初，仙露芳在财神庙街开设了支店（后又迁到广济街闹市），糕点生意几乎独占安东市场。仙露芳开业时，就已制定"铺规"、"章程"，对"前屋"（营业室）和"后屋"（作坊），都有具体规定，违犯铺规，立即"下工"（开除）。例如，与产品质量息息相关的后屋的章程规定，生产糕点力求真实、味美、洁净。例如原料鸡蛋，不但发臭的不能用，就连"贴皮蛋"，也要剔出来送到厨房另作炒菜用；核桃仁里，不许有一点皮壳；山楂、红枣须严格剔除"虫包"。一切必须按"京八件"（老北京传统糕点，因每套中有八种馅料而得名）的质量要求，不准省工减料。王莲洲经常深入作坊，对投料比重、精选用料和搅蛋、调面、擦掐等操作进行检查。一边看一边谆谆叮嘱：糕点关系到买主的健康，如果不干不净，会使人吃了受病，那是"伤天害理"、"缺德"的事，一定要做到"无愧于心……"如果发现生虫的红枣、山楂，他便会大发雷霆追查责任人，不论亲疏都要严肃处理。他的族侄王洪涛精明强干，曾担任副经理，就因触犯铺规而被辞退，全店为之震惊。因王莲洲的重视，仙露芳上下都能严格按照章程规定从事投料和操作，保持较高的质量标准。

无独有偶，掖县人张子玺在铁岭开设的德盛号也把商号信誉作为经商的法宝。德盛号的商品以货真价实招徕顾客，绝不用假货坑蒙拐骗，如当时最流行的蓝色平纹布料——晴雨牌阴丹士林布，色彩鲜艳，质地细腻、结实，而且用德国颜料染制，不掉色，最适合女青年作长衫和中年妇女作上衣单衫之用，虽销量极好，但不久市场上却出现了冒牌产品。从表面看和真的一样，但一下水就掉色，有的水洗不掉色，却禁不住日晒。德胜号则坚决不卖这种假货。在价格方面，德盛号以明码实价而著称，一反老式商号那种漫天要价、就地还价的习俗，有的商店看见德盛号生意兴隆，便从旁议论说德盛号店大压客，"一口价"太不讲情面，甚至有的商店给德盛号起了一个外号叫"德成狠"。德盛号觉察到这种有意中伤后，除了坚持一贯的服务标准外，还及时向顾客说明货物的质地，坚持自己既定的"不要谎"、"不还价"的老规矩，真正做到了货真价实。日久天长，德盛号不欺不瞒的态度、实事求是的店风，受到广大顾客的称赞。

双合盛集团总经理张廷阁认准"没有好鸡下不了大蛋"的老话，认为只有先进的生产机械设备，才能生产出优质产品，因此他特别重视机器设备的选用，不惜重金从国外购置先进设备。他对德国的机器十分信服，制粉厂、皮革厂和后来的硬化油设备都是千里迢迢从德国购置。这些机械后来经历了火灾和水淹，但维修后仍能照常运转，有些机器直至20世纪80年代还在使用。但他也从不盲目迷信德国产品，当看到瑞士生产的制粉机更优时，他就选用瑞士产品。因此，双合盛制粉厂的新机器中一半是德国产品，一半是瑞士产品，"择其善者而从之"可以说是他在使用机器上的信条。张廷阁在经营管理中重视产品质量。从他接办的第一个工厂开工伊始，就从提高产品质量上入手整修设备，制定管理制度。对在其眼皮底下的双合盛制粉厂，他更是从不放松产品质量检查。张廷阁有个习惯，每天早上都提前来到办公室，各厂负责人依次向他汇报生产情况，库存原料还有多少，生产方面有什么问题，产品销售有什么反映等等。接着制粉厂端上早晨刚打出来的面样让他检查。他照例叮嘱要看好"流"，按规定数字生产各号面。这些事情做完后，他就饶有兴趣地拿起账本一页页地翻看。他还经常深入车间检查面粉质量，发现问题立刻召开质量分析会，找出原因及时改进，使面粉质量不断提高。对于皮革，从选料到投料一直到产出成品，他都严格要求，工艺上精益求精，每道工序都要遵守操作规程，而且他还经常进入车间检查生产，发现问题立即让责任者查找原因，提出解决办法。在原料选购上，毛皮一定选购京津、山东、蒙古等地出产的原皮，因为这些地方的毛皮皮张大、韧性强、光滑、无虫蛀洞。原皮进厂后，立即分等入库，按规定保管和生产。由于张廷阁重视质量问题，亲手抓产品质量，几十年中，双合盛的五星牌啤酒、红雄鸡牌面粉、皮革一直是同行业中的佼佼者，在用户心中树立了不倒的招牌。

　　质量就是效益，就是生命。沈阳广生堂、安东仙露芳和铁岭德盛号都重视商品和服务质量，维护保障顾客的权益。在经商过程中，鲁商严守质量观念，不销售假冒伪劣产品，不为眼前利益掺假坑害顾客，有时甚至不惜自己蒙受损失而将伪劣产品销毁。商品价格取决于商品质量，鲁商在经营中也坚持一分钱一分货，严格保证产品质量，绝不为了短期效益而放弃长期坚守的从商标准。

　　吉林裕华织染工厂是吉林市最大的织染企业，由平度县昭凤庄人许华利、许有盛父子于民国初年创立。许家父子对工厂要求严格。裕华工厂的产品曾销往磐石、永吉周围的布庄。许有盛为了方便顾主，开展了赊销分期还款的业务，专派收款人员在某一时间到各地收款，并征求各商号的意见，以便改进质量及规格。各相熟商号还可以用信件方式订货，裕华的货物严格保证质量，承诺如有不合格者无条件退还并包赔运费。

　　像裕华一样，大多数鲁商重承诺，守信用，凡借贷银钱，收取存款，为他人办事，或答应过别人的事情，都会做到守信不渝，时时处处反映出他们良好的商业道德。正因如此，才使得鲁商在激烈的市场竞争中左右逢源。鲁商通过守信建立起良好的商业信誉后，往往十分珍惜，极力维护这种信誉，看得比金钱还宝贵。

二、讲求仁义、看重商谊

君子爱财,取之有道

五常县聚兴永商号是一家集粮栈、米面加工店和下杂业商店(指杂货铺)为一体的商号,总经理蓬莱县人李锡祺经常给商号掌柜和劳金们灌输商号的经营理念:做买卖是为了赚钱,但必须是将本求利,生财有道,绝不能谋取非法暴利。我们不主张买卖要狠,而主张谋利要稳,讲求货真价实,童叟无欺,不能以劣品、次品冒充真品、正品。下杂业(指杂货铺)主要经营米面油盐,要卖给千家万户,这生意唯一离不开的就是斗和秤。我们要做到人心平,就要秤平斗满,不缺斤短两,做到公平交易。1936年,五常县农业歉收,城内粮栈纷纷提高粮食价格,掌柜们请示李锡祺:咱们怎么办,涨多少?李锡祺摇摇头坚决地说:米价不能涨,我们粮谷商人不能乘天灾发这笔不义之财,更不能囤积居奇,高利盘剥,我们虽然薄利,但却能多销。聚兴永商号不涨价的行动收到了意想不到的效果,第二天聚兴永店门打开后,居民来店买粮的络绎不绝,其他粮栈则冷冷清清,无人问津。

义利之辩是中国古代思想史上的一个重要话题。孔子曰:"君子喻于义,小人喻于利。"孟子曰:"亦有仁义而已矣","何必曰利"。赚钱求利本就是商人从事商业经营活动的目的,无可厚非,但有一些商人信奉"无奸不商",在竞争中采用卑劣手段,坑蒙拐骗,产品量短质差、加码涨价,以从中捞取不义之财,则违背了基本的道德规范。深受儒家"义利观"影响的鲁商在激烈的市场竞争面前,高举"以义为利"的市场营销大旗,博得了广大生产者和消费者的欢迎和支持,在生意场中左右逢源,处处受益。聚兴永商号讲究商道,薄利多销,不乘人之危,不取不义之财的举动是一个很好的例证。

重视交情和商谊

1920年,牟平县关东镇人王魏卿在哈尔滨泰安镇开设东亚火磨,由其内弟牟平县西潭泊人刘尊山担任经理。由于东亚火磨资金雄厚，刘尊山为人正直，仗义疏财，在其他工商业者需要帮助时往往肯雪中送炭，因而在地方上有着重要的影响力。一次，镇上洪兴隆和天泰昌两家百货商店遭遇火灾，导致财产损失并对外欠款达3万多元，贷主们皆不放心，怕他们还不上贷款并趁机逃跑，便纷纷前来催债。两家商号的经理吴启元和唐化民情急之下想到了刘尊山，希望他能施以援手帮助他们化解燃眉之急。在听到他们陈述的情况后，刘尊山决定帮忙化解两家暂时的危机，他出面约见众债主商谈，明确表示愿意帮助同行解决困难。他对债主们说："如果大家不放心，可以马上在东亚火磨的账面上支付。"由于刘尊山开口，债主们疑心尽释，纷纷离去，并陆续供应货物，洪兴隆和天泰昌两个百货商店得以复兴。

牡丹江鸿茂长商店是一家零售兼批发各种干鲜水果、鱼虾、烟、酒、食品等的商铺，商店经理是山东人谷逢春。他广交各地客商，经常从哈尔滨、沈阳等地直接进货。进货一般按规矩订立合同，而相熟朋友之间也可直接口头订货，但不管有无合同，都能坚守信用，说到做到。有一次，鸿茂长从沈阳订购了一批鱼，到货时发现部分鱼质量不好，按合同规定，鸿茂长可以退货并要求补偿部分损失。商店的会计杨勇熟悉法律，通过起诉也可解决此问题。但谷逢春认为诉诸法律会伤害双方和气，即便打赢了，别的商家知道你爱打官司，以后再也不敢跟你

20世纪20年代的哈尔滨粮食交易所（来自《哈尔滨经济资料文集》）

合作，因此对商店弊多利少。最后，谷逢春向对方说明了情况，货款照付。对方为此很受感动，以后不但为鸿茂长快捷地提供优质货物，而且帮助鸿茂长购进其他货物，彼此关系更近了一步。鸿茂长也因从大局出发为对方着想的处理事务的方式提高了信誉，增加了生意，买卖越做越活。

为保证粮食来源，双合盛一直参与买卖期粮，于各粮栈买入期粮合同。1927年春季，粮价大跌，双合盛在此之前已多支付了一大笔钱买入期粮合同。但等到交粮时，各粮栈却因粮户不愿低价出卖而收不够合同要求的麦子，如果双合盛按合同收粮，哈尔滨的粮栈就要因违约赔付大量钱款，因此20余家粮栈面临倒闭危险。此时，各粮栈纷纷托人找张廷阁说情，商会也出面调解，张廷阁一挥手说："算了吧！麦子不要了。"就没有再追究，只是收回押金钱了事。这件事在哈尔滨传为佳话，大家都说张廷阁通情达理，不赚坑人钱。

交情和义气是行商生财的根本。鲁商之间以仁相待，讲义气，顾大局，先义后利，互相提携，互相支持，谋求共同发展，不仅促进了鲁商商帮内部的团结与凝聚，进而也提高了商帮整体的市场竞争力。鲁商在选择商号合作时，极为谨慎。在摸清对方的根基和信誉后，才会决定是否与其往来。一旦合作，就会真诚相待，宽容相处。遇到合作商号出现经营问题甚而亏欠倒闭之时，也会竭力相助，宽免债务，而不是落井下石。在鲁商经营理念里崇尚与人做情义交易，把生意做到被人广泛信任时，就换来了实实在在的交易。

广施义举

长岛县网沟村人孙荣明于光绪三十年（1904年）随乡亲渡海来到辽宁沙河子（今安东县）后聚宝街福隆祥商号学生意。由于他为人忠厚老实，殷勤能干，逐步得到提拔重用，到1921年时，33岁的孙荣明已成为副经理级吃"身份股"的人物。1924年他当选为安东总商会常务董事，

20 世纪 40 年代的安东街景（来自 http://bbs.feel0415.com）

此后短短几年内实现三级跳，1926 年当选副会长，1928 年当选会长，一直连选连任到 1936 年被日本侵略军杀害为止。孙荣明出身贫苦，对饥寒生活深有体验，因而成功后慷慨好义，热衷于济危扶困。他曾担任安东同善社、(贫民)施医院领导职务，在每次水灾后救灾施粥等慈善事业中都积极发挥重要作用。他对周围人员的帮助抚恤也是有口皆碑的。据工商界人士崔全昶回忆，其父在广丰裕货栈做事时，和孙荣明有过一段业务往来，染急病身故后，孙荣明慷慨解囊，资助银元 2000 余元，解决其身后事。

威海个山乡南虎口村人徐敬之，民国元年(1912 年)渡海来到大连，在三大利油坊(日商三井物产株式会社投资开设)内学习经商。1926 年，他创设东和长油坊，开始独立经营。由于其善于把握机遇，经商有道，东和长油坊逐渐发展成为大连首屈一指的油坊之一。成功后的徐敬之热心社会慈善事业，先后参加"红十字会"等慈善团体，并在其中担当领导职务。30 年代中期陕西境内发生大旱灾，徐敬之代表大连红十字会送去大批粮食救济灾民。返回大连后，他把灾民食用的树皮草根带回家中要家人共尝，以此教育子女。在得知大连道德会开办识字夜校解决市民教育问题时，他主动加入道德会，并捐助大量资金作为会资。他还在大连创办戒烟所，引导烟民脱离苦海；开办缝纫厂，解决部分贫民就业和生活困难。另外，他还集资创办大连育婴堂，自任堂长，解决社会弃婴的收养、上学、就业等一系列问题。1953年，大连市工商联集资创办新华初级中学，他也慷慨解囊捐款5000元，并按月捐款补贴学校开支。

长春裕昌源制粉公司董事长王荆山，1915年出资在今长春市东大桥附近创办了私立自强小学校，这是长春第一家私立学校。3年后，学校迁入长春城北热闹街南侧（今第七中学所在地），校舍有30多间。同年，王荆山聘用教育界名流杨世祯为校长。杨世祯为人清正，办学有方，学校发展日新月异。1922年，学校设立了中学部和职业教育部，由开始的两个班发展到十几个班，由开始的租房到建起二层教学楼。自强学校多次受到民国政府嘉奖，在东三省名震一方。20年代，学校前面的热闹街因学校名声远播而改名为"自强街"，沿用至今。1936年，王荆山又在今东五马路48号投资建设了"国泰电影院"对外营业。1939年，著名京剧演员李少春在长春的演出就安排在国泰电影院举行，溥仪也曾来此听戏。

掖县人潘修海少年辍学后曾在父亲的商铺学习经商。日俄战争后，他抓住旅顺工商业迅速发展的机遇，扩建原有店堂门面，获利丰厚。至20世纪20年代时，他又先后在鲛鱼町开设西洪顺木材厂，在旅顺旧市街开设西洪顺精米行。1923年时，他的资产总值已居旅顺首位，成为工商界中的重要人物。1924年，旅顺公议会（商会）改选，他深孚众望，被选为副会长。由于会长宋居春年老多病，公议会日常事务均由潘修海负责处理。他工作也始终尽职尽责，将会务办得井井有条。1929年公议会换届选举，他被选为会长，之后又连任两届会长。在他担任副会长、会长的20多年中，为商界和社会做了大量有益工作：为开拓旅顺新市区募集专款，修建商业街道；为减轻商民负担，一再向殖民当局请求改订税率；每年冬季为贫苦市民发放衣食，免费治病送药；为受灾地区赈济粮款衣物等。特别是太平洋战争爆发后，日本为了加强经济统治，各种摊派和强迫"储蓄"铺天盖地，商民不堪负担。身为会长的潘修海对殖民当局的倒行逆施进行抵制，多次不顾个人安危，为民请愿与殖民当局据理力争。

海阳县吉村人王贵臣，性情豁达，乐于助人。他曾参加中日甲午战争，屡立战功。光绪二十三年（1897年）请假归里，在旅顺承办建筑行，开始了从商之路。第二年，沙俄强占旅大后，王贵臣承包从瓦房店、普兰店至金州之间的铁路桥梁工程，后又到普兰店定居，将积存的资金投资经营商业，在普兰店火车站附近开设金台客栈和金台杂货店等。光绪三十年（1904年）日俄战争期间，王贵臣为日军收购军粮，获得日方信任，战后又与日本商人小出英利合资创办实业公司。清末时，普兰店新市街只不过是一个荒凉小村落，宣统二年（1910年）更遭受水灾。金州政府决定建设普兰店，任命王贵臣为普街总办。他首先提倡建房屋，立集市。由于灾情严重，他依靠银行借款，从长春购粮至普兰店平价转卖，不求利润，以济民难。普兰店濒海临河，经常发生水患，人们难以安居，他为此向官署申请修筑堤坝，改变了普兰店街市低洼不利商贸的局面。他还创办电灯会社，组建家畜市场，提倡

1932年哈尔滨洪灾时慈善会的旧址（来自 http:www.Harbinnews.com）

开发油坊,建设车场等。1913年,普兰店商务会成立,他被推选为会长。担任会长期间他也不惮烦劳,努力推动工商业迅速发展,使普兰店很快成长为繁华的城镇。20年代初,经过努力奔走,他与人集资开办了辽东银行,并出任经理。经过多年打拼,他在金州受到了大家的尊敬,商民对他寄予厚望,官署也对他信赖有加。当时的关东州地方法院如有不能解决的民事,必请他为鉴定人参与决断。奉天省长王岷源因他热心公益事业,还亲书匾额加以褒扬。

傅巨川,名宝善,巨川是他发迹后的用名。清同治末年,他随母亲逃荒来到哈尔滨附近,先落户于呼兰县李家洼子,一家人靠农耕维持生活。他读过几年私塾,又学过中医,艺成后,在道外太古街开小店兼行医,后又开大车店、饭店。此地因系通往江北的渡口,除渔民外,来往于松花江南北的过往行人必经此地,日久天长,傅家小店成为当地的一个标志。民国初年,傅巨川将店铺饭馆交给家人经营,自己开始投身实业,先后承揽建筑工程,开办汽车行,在积累资本的同时,为哈尔滨的城市发展做了很多工作。成功后的傅巨川也没有忘记回报社会。1915年,在他的组织下,山东同乡在傅家甸太古十道街成立山东会馆,傅巨川任首任会长。为解决贫困同乡子女就学问题,在他提议下,会馆兴办慈惠小学1处,由会馆每年拨出2800元作为办学经费,学生免费入学。同时,会馆内还设有诊所,为贫苦同乡免费治病,遇到婚丧嫁娶或同乡失业时,会馆也都给予资助。山东会馆还在今太平区三棵树南骆斗屯为"闯关东"的山东人购置山东义地,总面积8568630平方米。1922年,傅巨川又在南岗区山街(现南岗区一曼街)建立世界红卍字会滨江分会,从事慈善事业,经常根据当时社会形势的变化而设立一些临时性的慈善项目,在赈灾济贫、兴办教育中发挥了一定的作用。

赈灾济困,救助鳏寡孤独,历来是儒家所倡导的传统美德。清代民国时期,关东地区的鲁商在经商获利后,往往热心社会福利、公益事业,自愿捐献钱财救济灾民,扶助鳏寡孤独,乃至于修桥铺路。通过各种形式回报社会的支持,向社会源源不断地"输血"的行为在给鲁商带来良好声誉的同时,也为他们营造了一个更加友善和谐的经营环境和人际氛围,使商业资本顺畅流动,使鲁商在市场竞争中处于有利地位,形成良性互动。

三、"礼"为上"和"为贵

20世纪30年代,黄县人刘宝奎、新泰人张锡和等合伙在东丰县城内开设了泰和兴饭馆。饭馆有一些规矩:客人一踏进泰和兴饭馆的门谁先看见谁先说:"来了请到里面。"跑堂的上前迎接客人,将客人让进雅座,沏茶水;为客人点烟;然后再问"几位"、"要什么菜"、"喝什么酒";要向客人介绍菜谱、帮助点菜。从这些规矩看,饭馆的一切活动都是围绕着顾客。跑堂的和饭馆所有工作人员都处处为顾客着想,尊重客人,满足客人的要求。坚决反对顶撞客人或与客人口角,要让客人乘兴而来,满意而归。在点菜中也有学问,跑堂的要使客人花钱省、吃得好之外,对有些讲究吃喝的人,要把饭馆里鲜鱼、活鸡、肘子、海参、干贝等名贵食品和名菜尽量向客人介绍,这样既能多卖菜品,增加营业收入,又能满足顾客的消费和需求。泰和兴饭馆跑堂的个个业务熟练、精明强干、干净利落、口齿伶俐、热情周到,对每位客人都给以恰当的称呼,让客人感觉舒服,而且他们见什么人说什么话,深受顾客喜爱。泰和兴饭馆把跑堂的看做是接待客人的代表,绝对不允许以貌取人、以财取人、以菜取人的情况。吃好菜的是顾客,只买10个包子的也是顾客。对只吃10个包子的客人,更要热情送上一盘热气腾腾刚出屉的包子,回身再端上一碗高汤,目的是让客人感到温暖舒适,留住回头客。客人喝酒、谈话的时候,跑堂的送完菜就要退出去,时间长了要过来看看是否加菜。对凉了的菜,拿回去回勺或加上一些鲜菜、免费送汤,从而拉近了饭馆与顾客的关系。对不能来饭馆吃饭的客人,可以按饭菜预订的时间地点,将热饭热菜送到顾客家中；对于定饭菜酒席的顾主，免费赠送四个拼盘。

在哈尔滨经营照相业的鲁商，无论是开设三友照相馆的乳山县人林蓉三，还是开设真美照相馆的盛冠斗和苏猷忱，都非常重视待客之道。三友照相馆除热情"引进来"，也经常"走出去"，对祭丧、婚娶、庆寿或集体拍照总是随叫随到。而真美照相馆也十分重视对客人的接待，对顾客笑脸相迎，笑脸相送，使客人以愉快的

三友照相馆（来自 http://www.harbin.gov.cn）

心情完成拍照。当时照相对一般人来说是奢侈品，所以照相馆在拍照时一定迎合顾客的心理，摆姿势、布灯光要时间久些，以免顾客说照得匆忙。如果顾客有什么要求也尽量满足，这样顾客才会感到满意，下次还到这里来照。

孔子曰"和为贵"。孟子曰"天时不如地利，地利不如人和"，可见儒家是十分强调和谐的。要营造"和"的境界，无疑要借助"礼"这种协调人际关系的行为手段。鲁商深谙和谐之道，在商业营销活动中，也十分讲求"礼"与"和谐"。鲁商经营活动区域广泛，商品种类多样。经商中，他们要与各地各行业的各色人等进行广泛交际，上至高官贵族，下至形形色色的大众百姓。为了使交际圆满成功，以礼待人是最基本的。泰和兴饭

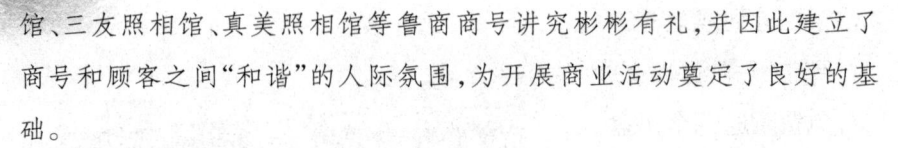

馆、三友照相馆、真美照相馆等鲁商商号讲究彬彬有礼，并因此建立了商号和顾客之间"和谐"的人际氛围，为开展商业活动奠定了良好的基础。

沈阳的同德化工商店店伙皆是山东人，为了团结店伙，同德在年终分红时，总是多拿出一些利润分给大家。这种"肉烂在锅里"、"肥水不流外人田"的做法，给店伙以多赚多分的希望，进一步激发了大家的"向心力"，而同德凭着这种"向心力"，又可以在来年获得更多的利润。

鲁商在注重礼的同时，又非常讲究和谐环境。鲁商大多利用亲属、同乡关系吸收店伙，聘用同一个村或邻近几个村子的人。东家往往是"看着他们长大的"，不仅对其本人情况了如指掌，而且对其家庭乃至上辈几代都一清二楚，整体素质是不用"面试"和"政审"的，直接聘用他做生意就可以了。同时，这些店伙，有的是生活困难谋生求助，有的是想学会本领闯出一条成功道路，他们对东家都有一种特殊的感恩情怀，对商号也总是忠心耿耿，尽心竭力。这种感情，不仅便于店伙管理，也易于形成店铺的"向心力"。这种"向心力"无疑是经营者获取利润的一种无形资产。

在商号内部保持整体团结也是一项学问。牡丹江鸿茂长商号经理谷逢春有句口头语：和气生财。他认为买卖好做，伙计难搭。如果掌柜和伙计相处不融洽，吵吵闹闹，不但自己脸上无光，别人也瞧不起，商店自然就没有信用。因此，他十分注意团结笼络员工，在工资福利上也格外关照员工。每月一算账，一年一结算，三年一大算，不让店员吃亏。他曾说：有饭大家吃，有钱大家花，你发大财，得让别人发小财，你吃干的，也得让别人吃上稀的，不能吃独食。为了让店员多出力，他采取工资加分红的办法。每逢商号买卖兴旺，盈利多时，店员除了规定的工资外，还可以得到分红。分红按商店盈利多少和店员表现分配，干得好的多分，干得差就少分或不分。谷逢春待人宽厚，一般小事不予计较；他认为，伙计做错事，掌柜原谅，不是掌柜不行，而是宽宏大量。下次伙计就记住不敢再出错给掌柜找麻烦了，干活也就会更卖力气；如果狠狠批评、斥责，效果并不一定好。因为有时情况了解不全面，说得不一定都在理，伙计口服心不服，暗中较劲，就更不好开展工作了。

鸿茂长商号还非常讲究照顾好老主顾、拉住新主顾、重视大主顾。经理谷逢春对老主顾很重视，经常嘱咐店员要接待好，一个也不能得罪。老主顾上门，要搬凳让座，递烟倒茶；买货算账时，要抹去点零头，给顾客点便宜，表示感情熟络。如货物较多则要主动帮助装货、打包，或者送货上门；对新主顾也同样热情服务，卖货时，一定要秤平斗满，不短斤少两，不克扣顾客，公平交易，要货真价实，不坑骗顾客。他认为，做买卖赚几个钱是小事，丢了名誉是大事，坑骗一个顾客，挣几个钱是有数的，丢了名誉就丢了大多数顾客，损失是无数的。这也是提高竞争能力的手段；遇到购买大宗商品的大主顾，他们还采取赊销商品的办法，可以分期付款，为的是买卖做成，多揽生意。遇有大主顾，经理还要备饭，陪主顾吃喝一顿。吃喝是看人下菜碟，如果买卖大，赚钱多，酒菜就好些，如买卖不太大，备下便饭，主顾图个方便，也就心满意足了，这样破费不多，还能拉住顾客。

20 世纪 30 年代的牡丹江太平路（来自 http://www.memoryofchina.org）

鲁商特别重视交友,每至一处,必广交当地的朋友,官、绅、士、商、农、艺、妓等等无所不交。这些朋友同时为鲁商带来了庞大的信息流和客源,同时也有助于鲁商提高商品声誉和扩大影响。

第二节　任贤重能:墨家尚贤余风

发源于齐鲁大地的墨家是春秋战国时期的显学,其影响足可与儒家相比肩。墨家思想最显著的特点是其平民性,墨家学派创始人墨子出身于小手工业家庭,墨家学派的成员也多是小手工业者,代表社会下层民众的利益,其主张的兼爱、非攻、尚贤、尚同、节用、节葬、非命、非乐等思想都表达了当时商人阶层同时也是各历史时期商人阶层的政治呼声,从源头上成为商人利益的阐释者和维护者,因此墨家的思想更易得到商人的共鸣。鲁商与墨家思想有着地域上的天然联系,在头脑深处也深受其影响,在任用人才、兼爱互利、生活节俭、团结尚同等方面切实实践着墨家精神。

一、尚贤与尚同

铁岭德盛号是一家以经营丝绸布匹为主业的杂货商号,商号始终把店员培养作为商号未来发展的基石。德盛号的用人传统是经理不采取外聘,皆由本店职员经多年培养、锻炼,最后逐级提拔而担任。提拔条件首先要人品正,其次才是有经营管理的能力。对于一般店员,只要不偷不摸就绝不辞退。德盛号在委派驻外采购人员时,注重挑选那些既有业务能力又忠实可靠的人员,并注意督导他们不要迷恋大城市的繁华和奢侈生活,要艰苦朴素,勤俭办事,主动维护本号信誉。另外还约法三章:凡出门作客,不许吸大烟,不许赌博,严禁夜不归宿。商号每年要不定期派出高级督察人员,到各驻在地对采购人员进行考核和抽查,发现问题立即处理。如发现有赌博、吸大烟、嫖娼者，轻者调回训斥，重则辞退。所以德盛号派出的驻外人员不存在吸鸦片烟、得花柳病、赌博等不良风习。采购人员在采购中都能做到认真负责，不受拉拢，不受腐蚀。采购人员在采购当中偶有失误，柜上也绝不轻易斥责，而是坐下来和他们一同分析原因，吸取教训，以免再重蹈覆辙。

墨家尚贤，墨子主张用人唯贤，"不辨贫富、贵贱、远迩、亲疏，贤者举而尚之，不肖者抑而废之"。这既是"为政之本"，也是经营事业之本。如何用贤？用贤前要先"察能"，办法是"听其言，迹其行，察其所能"，之后才授予适当的官职，这叫"事能"。即根据人才能力的大小授官，"可使治国者使治国，可使长官者使长官，可使治邑者使治邑"。贤人一旦录用，就要使他们有职有权，任之以事，断予之令"。爵禄以从优为原则，但优厚的程度则以功劳大小为准，他们还需具备这样一些品质：敢于损己而益人，为己身所恶之事成他人之急；言必行，行必果，使言行之合，犹合符节。若为官不称职，则抑而废之。德盛号的店员选用标准无疑与墨子的思想暗合：其用人从店员中经逐级考核选拔，其对品德要求极高，而且有完备的督导体系。

光绪二十五年（1899年），黄县黄山馆人刘汉章在旅顺开设"公和利"纺织丝布厂，不久又将营业网点扩展至奉天、营口、长春、本溪、哈尔滨等地。此外，他还不断拓展产业领域，先后创办了道外一面坡火磨、滨江县傅家甸"共和彩"印染厂、利记袜子工厂、"公和隆"食品蔬菜批发店和富锦县裕隆祥百货商店等。商号短短数年间已发展成为关东有较大影响的纺织企业。企业的迅速发展与刘汉章善于用人密不可分，他在用人方面坚持一个信条："疑人不使，使人不疑。"只要是他认定的人就要放手大胆使用，企业11个分公司的经理人皆是他聘请来的行家里手，对之予以充分信任，除总号事宜外，一切分公司的正常管理业务都由各分公司经理自行处理，刘汉章从不插手干扰。而各经理也由于得到刘汉章的信任和尊重，甘心情愿为他工作，叶恒的和陈仲宣即是典型的例子。在建哈尔滨公和利分号时，刘汉章让叶恒的带领老号30多名店员到哈尔滨创业，并赋予便宜行事的权力。叶恒的也非常感谢老板对他的信任，工作任劳任怨，亲力亲为，很快建立了分号，创出了牌子，盈利甚厚。叶恒的因操劳过度病倒。刘汉章得知后，亲自来哈探望，送他到哈尔滨最好的医院治疗。叶恒的得到老板这般厚爱，感恩不尽，病刚好就要出院工作。刘汉章深知叶恒的是公和利的顶梁柱，工厂不能没有他，于是，把他调回旅顺掌管全号工作，边工作边休养，并让他指定一人去接任哈尔滨公和利分号经理职位。叶恒的推荐了助手陈仲宣。陈仲宣是老号门市部主任，经营很有一套。刘汉章同意他的意见，让陈仲宣去哈尔滨接任经理职务，这是对陈的破格提拔。陈仲宣也不负老板所托，忘我工作，充分发挥自身才能。由于他的勤奋和努力，哈尔滨公和利飞速发展，资本成10倍增长。1924年，经他倡议和设计，建起了哈尔滨公和利大厦。至20年代末时，公和利以先进的经营方式，名列哈尔滨呢绒绸缎百货店之首。

为了鼓励劳方心甘情愿为公和利发展服务，刘汉章采取资劳兼顾的分配方法，既不是通常的东家6成西方（掌柜等雇员）4成分利法，也不是东7成西3成分法，而是东少于5成西接近6成的分利法，全股分作44成，东方分劈20成，西方分劈24成，西方退休和死亡时，一年期间按其最后本俸减低。第二年以后按一定比率减低。第三年以后参照其工作年限及在职时业绩，定出最低额。因此，只要公和利继续存在，在计算盈利之时，员工都享有利润分配的权利。由于刘汉章礼贤下士，识才尊贤，让利劳方，商号上下无一不是尽心尽力为之效力。

哈尔滨双合盛集团总经理张廷阁认为"人为企业之本"，因此他非常重视企业工作人员的甄选。双合盛各项实业创办初期，企业各要害部门负责人，如徐慎义、刘思恭、迟永清、鄢正海、张作进、张廷桐、张和卿、傅钧名、郝余庆等，大都是海参崴老店时期的高级职员和股东们的亲属。但在各企业相继步入正轨后，张廷阁开始重点启用企业内涌现出来

哈尔滨"大白楼",前身为公和利百货店(来自 http:www.Harbinnews.com)

的有能力的年轻人。例如制粉厂厂长杨云程1929年进入双合盛工作,在双合盛火磨建造新厂过程中,展露了不凡的工作能力,张廷阁就破格提拔他担任厂长。张廷阁的弟弟张廷桐,在担任制革厂经理时,因不务正业,工作失职,导致工厂失火,张廷阁就坚决撤换了他。张廷阁认为技术人员和高级职员在企业中是起决定作用的,只要抓住这些人,发挥好他们的作用,企业的生产和管理就没问题,因此特别重视技术人员的任用。购入地烈金火磨后,他留用了原厂的外籍技师,扩建新厂时又聘用德国技师;皮革厂建成后他连续高薪雇用了三名外籍技师;北京五星啤酒厂也留用外国技师。技术人员在工资待遇和其他福利待遇上远高于一般工人和职员,但双合盛也因此得以保持红雄鸡面粉和五星啤酒长盛不衰的地位。在双合盛各企业中,张廷阁均以招收山东籍工人为主,仅掖县、黄县工人就占工人总数的80%以上。张廷阁招收山东籍工人基于多种因素:首先,山东工人只身来哈无亲无靠,住在工厂能专心做工;

其次，山东人吃苦能干好管理；再者，从同乡的角度考虑，工人与老板有亲近感。张廷阁善于识人，而且用人不疑，不论是职员还是工人，凡经他点头进入双合盛的同乡人，都能认真工作，没有出现过被解雇的情况。

  鲁商选人，以德才为本，在讲究德的同时，也很重视一个人的能力。有些商号是经营权与所有权分开。财东（所有者）是不会去直接经营企业的，而是放手让大掌柜（总经理）、二掌柜去经营。东家出资，伙友出力，这种两权分离的经营制度称之为"东伙制"。东伙制的核心在于赋予总经理经营管理全权。掌柜的优劣直接决定了商号的成败，从而影响东家的利益，因此，东家对掌柜的挑选十分谨慎。聘用掌柜之前，先由财东对此人进行严格考察，确认其能守能攻，多谋善变，德才兼备，可以担当掌柜重任后，便以重礼聘请，委以全权，并始终恪守用人不疑、疑人不用之道。一般东家允许总经理参股，总经理就有了双重身份，他既和东家一样，有了一定的投资银股，也享有东家给的最高的顶身股。顶身股把总经理的权利与商号紧紧地联系在一起，结成了利益共同体，总经理没有理由不尽心尽力地经营。同时，享有最大股份的顶身股，他已拥有东家才有的打工者苦苦奋斗、求之不得的最大实惠，他没有必要再去为一己私利而动心思了。而总经理的权力，又给他提供了广阔的舞台，他的人生价值能够充分得到体现。所以，许多总经理（大掌柜）在同一个商铺一干就是二三十年，没有"跳槽"或寻找"新机遇"的念头。公和利商号对叶恒和陈仲宣委以重任，以及商号的利润分配法，都充分展露了刘汉章既能用人也能留人的管理才能和鲁商管理制度的实用性。

  鲁商把维持商号内部的团结和统一看作商号发展壮大的"加速器"，他们都制订有自己的店规。如公和利商号，在旅顺总号有公司章程，在各分店有店规，从营业上、生活上都有明文规定：（1）在营业上要以义为本，重义轻利，让利于顾客，薄利多销。不许谎报价格，言无二价，量布要足尺，不差毫厘。（2）待客如宾，服务周到。不得有半点不堪入耳之言，不堪入目之举。（3）站立端正，衣冠整洁，不得有斜依歪靠坐柜台的习气,不得开扣敞衣。在生活上要勤俭,不得摆阔浪费,更不许有抽烟喝酒、夜不归宿、嫖娼聚赌、抽鸦片、下馆子等不良嗜好。中高级职员不得在外纳妾、不得对外投资入股等。上述店法不论大小,一律遵守,违犯者轻者罚款,重者开除。老板刘汉章以身示范,他到各号巡查营业,坐火车时不坐头等车厢;到哈尔滨分号巡查时,出了车站从不坐汽车和人力车,都是步行到公和利。有一次,他来到哈尔滨分号,因尚未开门,他就在外面等着开门,足足等了半个多小时。商号开门后,他从正门走进,掌柜陈仲宣看见,忙上前打招呼,被刘汉章挥手制止。进入账房后,刘汉章对陈仲宣说:"你一喊大家都来看我,谁去营业,我们不能带头破坏店规,越是老板就越要遵守。我不就是一个老板吗,何必去炫耀呢!"由于刘汉章自觉遵守店规店法,中高级职员、店员更加严格约束自己。古人云:"富贵不还乡,犹衣锦夜行。"刘汉章能做到这些并非易事。

吉林裕华织染厂经理许有盛在经营上也有一套严格的铺规:(1)严禁吸食鸦片,不准用鸦片烟招待客人;(2)不准到娼妓馆招待来往老客(即各地商号外柜);(3)借款要严守还款日期;(4)工厂外出人员决不准接受对方的不正当招待;(5)股东掌柜一律不准长支短欠,但婚丧嫁娶不在此限;(6)在柜台必须招待好顾客,并需研究买卖不成的原因;(7)工厂一针一线必须按价收款,不许有特殊待遇,即使股东经理的家用也必须按价交款;(8)年末经理、掌柜、店员该分的分,该奖的奖。正因为有了严格的制度保障,所以工厂才有稳步的发展,从来没有在这方面出现漏洞。

墨子尚同,认为尚同与尚贤一样,是"为政之本",政令不一只能导致社会纷乱。人的行为受思想意识支配,没有思想的统一,便不能有行动的一致。古时未有政令时,人们仅以利己、利家为义,以至"一人一义,十人十义,百人百义",思想发生纷乱。而且大家都以自己的主义为义,以他人的主义为非义,还会发生争斗。有鉴于此,墨子主张"一同天下之义",把天下人的思想统一起来。墨子说:"尚同之为说也,尚用之天子,可以治天下矣；中用之诸侯，可而治其国矣；小用之家君，可而治其家矣。"由此可见，他认为尚同是行政管理之根本，只要为政者对人民"疾爱而使之，致信而持之，富贵以导其前，明罚以率其后"，举措适宜，就一定能统一全国上下的思想，实现民富国治。鲁商制订店规，其出发点也是约束不良行为，统一大家的思想，起到齐心协力共谋商号发展的作用。

二、人尽其才，才尽其用

掖县人李文勋早年曾在海参崴经商，后回国并于1929年在佳木斯投资开设了德祥东火磨。他知人善任，破格聘用年仅22岁的张元度担任总经理全权负责管理。同时他又任命几名各有专长的副经理。黄县人曲槐卿是李文勋早年在海参崴结交的老朋友，为人忠厚，曾在海参崴当过小报编辑，这时他在火磨中执掌公私文书，兼管职工生活。掖县人李珍五为人精细，擅长管理，在火磨中执掌人事。掖县人林建东为人刚直，敢说敢管，在火磨中作监理。用这些人辅佐张元度，相互补益，相互制约，形成了一个强而有力的经理团队。

张元度在做总经理的近十年里也确实表现出过人的经营管理才能。首先，建造大院保证火磨的生产安全。德祥东火磨选址在佳木斯老市区西段临近清真寺的地方。此处街道较宽，距离松花江码头近便，水陆运输极为方便。为保证安全，在张元度的主持下，德祥东火磨又用青砖砌筑高墙、四角炮楼和临街一面南、北两排门房，磨楼、动力房、账房、仓库和经理室全在大院当中，异常安全坚固，历经民国时期，从未遭受匪患。其次，德祥东火磨选在新麦上市时收购小麦，收到旧历春节截止，备齐一年生产和销售的小麦原粮。当时，一般粮商检查粮食还靠采购员手掐牙磕，德祥东则在同行中率先使用仪器计算杂质、测定水分，既使卖粮户信服，又保证了质量。再次，严格控制工人数量。德祥东火磨兴盛时制粉工人有50余人，按当时一般火磨前店后厂的人员比例，后厂50人已是人手偏紧，而德祥东又根据市场实行减员制。每年九月到转年一月,用 5 个月时间进行双班生产,用足五十几个工人;每年二月到八月,用 7 个月时间进行单班生产,把工人减去 30 人,减到不能再减的程度。面对减员的压

伪满时期的佳木斯港码头(来自佳木斯档案馆)

力,留下的人必须保质保量完成规定任务,谁敢松懈,就会被立刻换掉。在节用生产工人的同时,德祥东火磨却建立代销点,长年使用 20 多名"外柜"(即推销员),常驻外地推销面粉。由于面粉质量可靠,又有销售提成的调动因素,外柜们不仅把面粉销往三江平原各县,每年开江之后、封江之前,还通过松花江转航黑龙江的水运之便,远销到黑河一带,连金沟、林场等移民集聚的山林里也都有德祥东的面粉在销售。

曲槐卿执掌公私文书得心应手,管理职工生活也做得深入细致。每天晚间收工之后,他都要到火磨大院里里外外巡查一遍,从关窗闭门,库房上锁,一直管到职工是否按时就寝,就连闭灯盖被,他也都管到。如有职工病了,他还会送点药;谁要遇到困境,他就给想点办法;职工之间发生纠纷,他还居中排解。时间一久,来自掖县的这些背井离乡、举目无亲的职工,便将他视为亲人,说他是个"好老头",愿意对他讲心里话。因此,他能够了解并左右职工群众的思想情绪,使之一心一意为火磨工作。

李珍五和曲槐卿相反相成,在职工中扮演"黑脸"角色,处处严格要求,用人挑剔,管人严厉。谁有过失,他都不肯放过,轻则扣发年末"花红"(类似奖金),重则算盘一响,结算工资,发点路费,打发回掖县老家。多数年轻员工都说他"坏",听到他的声音便有三分恐惧。然而,也正是

因为有了这样一位"黑脸"掌柜，火磨职工都得小心翼翼干好自己的工作，不敢松懈，更不敢违反规章制度。

林建东小事轻易不管，大事绝不放过，有些重大事宜还要直接向老板李文勋通报。他在副经理当中的权威可谓"至高无上"，有时竟管到总经理张元度头上，但因有理有据，张元度也只得闭口承受。1935年，张元度在对外交际中染上了吸食鸦片的嗜好，并企图参与贩卖毒品，以从中获利弥补自己的吸烟开支。这件事关涉火磨声誉，林建东便把张元度的一大堆鸦片烟土翻找出来，径直扔进发电锅炉烧掉。张元度当场也无话可说。

由于这些经理人员各司其职，德祥东很快就赚回成本。1930年年末进行了首次算账开成（即分红）。自此直至1937年，每隔两三年就进行一次算账开成，每次分成多寡不均。单就首次开成来说，就分去哈大洋10万元。按哈大洋1.2元兑换现大洋1元的比价，等于分出现大洋83300多元，为原始投资总额的半数。在首次开成的同时，德祥东火磨的资金总额已在原始投资现大洋156000元的基础上翻了一番。根据德祥东火磨的开成办法把全部红利开为50成，东（股东）、西（经理人员）各得25成，大股东李文勋一次就收回哈大洋25000元。

再如，铁岭德盛号老板张子玺在用人方面也重视人才，量才录用。经理王玉衡为人正直，做事果断，曾在哈尔滨、奉天等地经商多年，和张子玺为至交，为此被延聘全权经理店务。副经理迟寿山，性格爽快，处事老练，由他辅佐王玉衡全面工作。景毓奇办事谨慎，对商店建设、物品购置和伙房管理等都很熟悉，也能精打细算处置得当，被任命为分管后勤的份子经理。对善于交际有采购经验的才魁山、刘世儒、李凤等人，都选拔担任外城老客（外地推销经理），并分别给予他们身份子（有股权）经理的待遇；账桌先生张铭业，精通写算，忠诚可靠，也是四厘份子的身股。郭兆岩15岁进商店学生意，由于聪明伶俐，虚心好学，在业务上肯钻研，老板张子玺经常向王玉衡建议对其加以培养。后来郭兆岩成为德盛号第四代经理。

鲁商用人,讲究人尽其才,才尽其用,让员工在不同的岗位上充分发挥自己的才能,并且在任用过程中用人不疑,推心置腹。德祥东火磨和德盛号都是正确用人的例子,保证了商号的长远发展。

三、重视人才培养

黄县人刘汉章在"公和利"商号中善于培养人才。他经历过没有知识的困境,深悉知识的重要性,所以在商号稳定发展的过程中努力提高商号内中高级职员的知识和实践水平。他采取两个步骤:一是正规训练。主要是把缺少商业知识的中高级职员送到中、高等学校学习;二是职员学习结束后安排到各分号当会计、销售员、外柜等。经过半年柜台训练后再官复原职。这样,各号职员都成为既懂管理又会经营,既有业务知识又有实践经验的人才。刘汉章在工商经营中深知货源是企业发展的根本,要想稳固这一根本,必须具有知识面广的驻外人才。他首先利用规章制度和经营思想培训,改掉驻在员身上的旧商业油滑浮夸的习气,再送他们到驻在地区和国家学习外语和地方语,然后给他们一定时间熟悉驻在地区的生活习俗,了解驻在地的历史地理、经济状况和政治状况,熟悉经济发展规律,最后才派驻各地。他要求他们不仅要当好驻在员,还要做一个出色的信息员。例如,1939到1941年公和利能够在日本加紧经济统制时连续三年盈利,其原因就是在日本大阪的驻在员得知日本准备入侵东南亚,和英美开战,并把这一消息及时传到哈尔滨,经股东们分析,得出英美货源将断、其他货源要紧的结论。当时要囤积英美高档呢料已比较困难,不如就地利用日商急于倾销商品的心理大量购买棉布囤积待战时销售,果然获利不小。

沈阳中街黄县人开设的丝房里,学徒平时每天大约工作12个小时,晚间闭店后,要整理货架、洒水扫地,然后开始练字、学珠算,由大劳金(有经验的店伙)负责教授。学徒三年后必须全盘掌握商号的经营业务知识,成为业务多面手。接待顾客介绍商品时,对于商品的产地、性能、质量都能对答如流,看买主身材就能说出需用多少面料,看头脑就能知道戴几号帽子,看脚就知道穿多大号鞋,结账要快,写字要好。具备上述本领才能出徒,允许接待顾客。

  商号的长远发展离不开商号职员能力素质的提高和职员群体的正常晋升。商号重视对人才的培养,正是保证商号运作的重要推动力。公和利和沈阳的丝房都具有各自的人才培养体系,从而为商号的稳定发展提供了保障。

四、兼相爱交相利、互惠互利

  在商业经营中互惠互利是经营之本,但要真正完全做到,也并非易事。清末民初,山东人韩家在扶余县开设"增盛谦"烧锅。增盛谦初开业时聘请王老士为经理,由于王老士在经营管理中谨小慎微,不敢迈出大步,东家韩桂章遂另行改组经营班子。他聘请了原"德生远"烧锅的经理沈辅忱来做经理,会计栗荫轩来做二掌柜,王老士屈居第三。在一次业务会上,王老士提出:"我们的秤大、斗大、提漏(量器)也大,这几年挣了一些钱,都叫这'三大'白送给人了,今后一定要改,我们对雇主,不少给就可以了。"栗荫轩当场反驳说:"我们的计量工具决不能改,如果改了,新买主没添旧主顾都走了,认为'增盛谦'一切东西都少给了,我们今后经营的方针,主要是抢西瓜,但也要拣芝麻,采取薄利多销的方法,扩大销售。我们要欢迎小买主,小买主是来自四面八方,是我们业务改进的监督员,也是我们的义务宣传员,对于小买主,一定给以方便和优惠。"(《扶余文史资料》第十三辑)栗的主张得到韩桂章的支持,从而确立了以后的经营方向和经营方式。在后来的经营管理中,沈辅忱坐镇指挥,栗荫轩布置检查,工作少有漏洞,生意蒸蒸日上。当时一些商号经常提的口号是"货真价实、童叟无欺"。栗荫轩认为不能空喊口号,一定要把这八个字落到实际行动中。所以在生产上施行了检查制度,设有专人负责，如白酒不够度数决不出厂；机制白面，每一班必须看成色、比成色，如不合格，可以和下班调整，玉米面规定二八豆（食用标准）。有一段时间扶余海盐脱销，有些盐店便暗自提价。栗荫轩主张按成本价出售，他认为海盐是民众生活必需品，而且买盐时都会附带购买其他商品。增盛谦依照原价售盐，结果却是顾客盈门，垄断了海盐销售。在服务上，增盛谦也做到了童叟无欺。举凡小孩打酒、打油时，所购没有满瓶的一定给装满；对于老年买主，即使买一块豆饼、一斗米，店员都帮助送货到家。一些小商铺来批发烧酒，买二百斤，回家过秤，准是二百零五斤，买一百斤，回家过秤，准是一百零五斤，原因是增盛谦过完秤，最后再给舀上一锡罐（五斤计量）。因此，增盛谦无论是总店还是分店，每日总是门庭若市。

今天仍畅销于吉林各地的增盛谦白酒

墨家主张"兼相爱，交相利"。所谓"兼相爱"，就是"周爱人"，长幼贵贱皆爱，即使奴隶也不例外，哪怕人多到无穷无尽，也不妨害爱之所及。所谓"交相利"，就是利人才能利己，利人也是为了利己。墨家大力提倡兼相爱、交相利，并以此处理人与人之间的关系，认为爱别人的人，别人也会爱你；做对别人有利的事的人，别人也会做对你有利的事；讨厌别人的人，别人也会讨厌你；陷害别人的人，别人也会陷害你。如果大家都做前两种人，那么，一切祸殃怨恨都可消除，万民和，国家富，百姓暖衣饱食无忧虑的理想便可达到了。增盛谦商号在经营中切实践行互惠互利原则，做小本买卖，通过微利，既赢得了顾客信任，也经过由小利积大利，生意之水长流不息。

五、节用节俭

威海人徐敬之在大连经商过程中积累了大量资财，但他在生活上始终保持艰苦朴素、克勤克俭的品德，而且对子女要求也极为严格。为教育子女树立爱国自立的气节，他经常写信叮嘱他们要养成节约的习惯，培养自立能力，不要依赖父母，要有创业精神。抗战期间，他的长子在昆明读大学，徐敬之按期寄给必要的学杂费和伙食费外，不多给一分钱。由于物价飞涨，他的儿子只好在校外兼任家庭教师来贴补生活，谁能相信其父竟是富甲一方的商人。徐敬之这样教育儿女，在一般人看来，好像是不近情理，可事实证明他的子女个个都能勤学苦读，自力更生，成为国家有用人才。徐敬之临终前立遗嘱，将遗产除少部分留给妻子作为生活费外，其余全部捐献给社会公益事业。他特别指明子女不要享受遗产，保持自立的优良家风。

在先秦思想家中，墨子是主张节俭的突出代表。他强调：物品应以满足人们的基本生理需要为标准，凡是超出"民用"、"民利"的消费，都是"无用"、"不加利"的，因此必须制止。节俭的目的不是为了用于积累和扩大再生产，而是为了保证劳动者的基本生理需要和维持小生产者的简单再生产。"生财"和"用财"这两个方面的情况及其关系，决定着一个国家的贫富，即所谓"固本而用财，则财足"。他进而认为节用是富国富民的主要手段，而生产只是次要手段，即所谓"国家去其无用之费足以倍之"。鲁商大多出身贫寒，被迫背井离乡闯关东经商，辟出一条致富路。他们致富后，并没有忘本，仍然保持着节俭朴素的品德。像徐敬之等人，还主动把遗产捐献给社会公益事业。

第三节 审时度势：兵家智谋的运用

人们常说商场如战场。兵家"非利不动"，商家以利为本；兵"不厌诈"，商家巧于计算，二者都以谋略为竞争的重要手段；兵家依法治军，商家依规治业，兵战和商战的基本原则互相通用。自古以来，无数名商巨贾为了赢利，将战略战术和兵法巧妙运用于商海，鲁商鼻祖子贡，著名商人陶朱公、吕不韦、白圭等都是这方面的代表人物。

相较于国内其他地区来说，关东是一个新兴市场，吸引着无数关内商人怀揣发家致富的梦想来到这里。生活在孙武、孙膑等兵家宗师家乡的鲁商相对于其他地域商人来说有着天时地利人和的诸多优势。在经商中，他们吸收兵家思想精髓，切实重视战略战术并将之有效运用在商业经营中，做到了通权变、讲智谋、出奇制胜，因而抓住了一次次的机遇，在经营中不断获益。

一、审时度势

黄县人王荆山，年轻时曾在海兰泡当采金工、经营小商铺，并在此间学会了俄语。光绪二十六年（1900 年）回国之后，在长春为沙俄占领军采办粮秣草料供应军需，积蓄了 2000 多卢布。通过工作关系，他结识了塞尔维亚人苏伯金，开始参与苏伯金火磨厂的筹备和运营。光绪三十年（1904 年），日俄战争爆发，苏伯金害怕日军进占长春，遂将火磨委托给王荆山照料，自己逃往哈尔滨避难。第二年战争结束后，苏伯金回到长春，为答谢王荆山，便把包销该厂面粉的专利权全部交给王荆山。王荆山利用这个便利条件，与人合股开设"裕昌源"粮米铺。几年工夫，王荆山所获利润已达数万银洋。1914 年 6 月，塞尔维亚成为第一次世界大战爆发的源头。苏伯金挂念家人，急欲回国，匆忙将火磨以 49000 卢布的低廉价格卖给王荆山。王荆山将其改称"裕昌源"火磨，并建成为长春第一家由中国商人开办的机械化大型粮食加工企业。在以后三十年的时间里又将其发展成为"东亚第一火磨"。

孙武说："夫未战而庙算胜者，得算多也；未战而庙算不胜者，得算少也。多算胜，少算不胜，而况于无算乎！吾以此观之，胜负见矣。"庙算，是古代人们出战前在祖庙里举行的一种定计谋、作决策的仪式。要打有准备之仗，就必须对敌我双方的情况进行计算、思考和比较。这种"算"，要先算，算得早，算得及时；要多算，算得详细，经常权衡。善于审时度势、明辨物产才能获利。优秀的商人往往就是那些善于洞察时势、利用时势并造成新的时势的人，王荆山善于抓住时机，乘势而起，正是这方面的典型代表。

王荆山像（来自矫兆中《吉林百年工商人物》）

沈阳大西关黄县人吴仙舫开办的"中顺昌"商号非常善于因势利导抓住良机。以其大宗货物批发为例，沈阳在"九·一八"以前，批发营业情况一般，关东地区除大百货店有能力到上海、天津一带进货外，中小店户多集中在营口。但"九·一八"事变后，营口批发业突然萧条、一般店户多由营口转到沈阳，特别是锦州、朝阳、北票、赤峰、承德等地的客商，都纷纷驻沈采购。因此，沈阳的批发业突然繁荣起来。在这种新形势下，很多百货店仍然墨守成规，死守柜台。而"中顺昌"颇有远见卓识，立即抓住这一有利时机，以原来的门市部为基础，重点扩大批发部的营业范围，重新配备得力人员，并在本市和外地都配备了推销人员。因此，"中

"顺昌"批发部在同行业中脱颖而出，可与城内几家大的商号并驾齐驱，赢得了同行的尊敬和羡慕。

黄县人张业同与弟弟张业德在沈阳开办了"同德化工商行"，他们非常重视时势变化，保持灵活经营，在进货方面有一个原则：什么商品对路、应时、畅销，就进什么货；利大多进，利小少进，无利不进。对于奇缺商品，抢购独卖；对于货源充足的商品，随进随销。在进货时间上，做到"货起先头"，宁愿货等客，不让客等货。季节性强的货，季前备足，季中充分供应，季末及时出手，不使商品因积压贮藏过久而变质。在销售方面，既重视老客户，又争取新顾主；既送货上门，又代客包办运输；配有大包装，又有视顾主需要的小包装；既有接待顾客的好态度，又有对商品的详细介绍。看涨商品，囤积居奇；看跌商品，及时甩卖，达到"货不停留利自生"。在管理方面，各类账目明细清楚；一天一结营业额，及时掌握库存，以利加速周转；按期盘点，核算盈亏，从中及时了解经营情况。

自由商品市场，就如大海，绝对的平稳是没有的。货源的荣枯、供求的变化、流通的断续、市场储备的多寡、季节的更迭，无一不影响着市场的波动。经营者有如弄潮儿，能把握时机，就能乘长风破万里浪，否则就有灭顶之灾。因此，审时度势，灵活经营就显得特别重要。

张业同经营同德化工商行过程中，为了获取市场信息，编制了一张灵通的信息网络。其一，通过交易与顾客和他店的往来接触，可以了解到某些商品的供应、需求、流通和市场储备的信息。其二，他是张氏家族的成员，靠着亲属关系沟通信息。张业同之父有兄弟6人：老二张绳武经营"南洋化工香料行"；老三之子张业田经营"泗兴商行"；老四张子威经营"义昶号"；老五早亡；老六张子周（张业同之父）经营"隆昶号"。除"义昶号"自产自销西湖牌头油、雪花膏和香粉外，其他四家也都经营化工原料。"南洋"建店于1920年历史最长，"泗兴"建店时间最晚。张氏四户执东北化工之牛耳。同德与其他三家既是亲属，又有业务往来，相互依赖势在必然，互通信息自在情理之中。其三，张业同的胞弟张业德也是一条信息渠道，而且是一条至为重要的渠道。因各地同一市场互有影响，张业德所在的天津是华北和东北化工市场的重要门户，也是国外和南方化工原料的重要进口港，又是沈阳化工原料的重要供应地，掌握其进口品种、数量和价格，也可以推测沈阳市场的有关行情的变化。有以上三方面的信息，同德就能耳聪目明，进而掌握经营的主动权。

自从侵占东北以后，日本以大连港作为进出口贸易中心，源源不断向关东倾销棉纱、棉布等货物，将大批木材、大豆等原料掠夺回国。当时吉林最大的棉纺织加工企业裕华织染厂处在日货的夹缝之中。裕华织染厂的经理许有盛为了能够生存下来，非常注意搜集信息和分析日商的推销动向，甚至了解日本的技术，进口原料多少，成品多少，做到心中有数。他派专门人员在大连中国人开办的批发商店中了解日货行情，每天向吉林报告，行情涨则吉林也涨，行情跌落，吉林也必须加快推销，收进的钱款就迅速汇到大连收购棉布和原料，总之，以实物作为基础，不能看纸币多寡。日本批发商对新出牌子的商品一向开始廉价出售，等到畅销时就要提价。所以许有盛抓住日商做买卖的规律，一俟日商新牌棉布棉纱上市就大批购买，以供吉林染色加工和效仿日货规格织布，织出布再染色也能销售出去。他对推销工作也很重视，经常派人下乡了解自产棉布是否对路，市场需要何种商品。

解放前，有一些因体力不佳而无法继续在铁匠铺做工的铁匠，以磨剪子戗菜刀谋生，有些技术好的老艺人流动在市区各地，专门给厨房、大饭店、肉床子磨刀，他们都有各自固定的主顾，而且消息灵通，谁家的刀好磨，哪家需要何种刀都清楚。哈尔滨三盛炉的老板康业福对这些磨刀人敬为上宾，每到年节，派人向他们发出请帖到柜上做客，烟茶侍候，酒饭招待，并亲自作陪，生活上有困难的，还适当接济，年复一年从未间断。这些磨刀人深感康业福为人厚道，讲义气，因此只要听到用户有啥议论，或缺什么刀，都给"三盛炉"报信，时常有很多想买好刀的人总爱向这些磨刀人打听谁家的刀好，请他们出主意，他们会毫不犹豫地说：

"咳！这还用问，三盛炉的刀不用挑，保险把把是好刀。"这些云游四方的磨刀匠自然就成了"三盛炉"的义务宣传员和外柜，使"三盛炉"的生意越做越活，信誉日增。

吉林扶余县的商号增盛谦充分利用在通讯方面比别人快一步的优势，成为"早知道"，而获利多多。当时对于收音机扶余各商店是闻所未闻，增盛谦在大连的驻在员看到"三太栈"商号利用收音机听取国内外粮食行情，就将这个消息报告给经理沈辅忱和栗荫轩，他们立即委托"三太栈"在日本购买了一台收音机。运回时，采取了绝对保密措施，不但外人不知，连本店的职工也全然不知。收音机买回后放在经理室，只有几个负责人能每日午夜前收听国内外粮价涨落消息，因而在粮食出口中，占得先机，获利很大，有时在粮市中还出现了增盛谦包市的情况。

哈尔滨双合盛集团的张廷阁每天坚持看报纸，凡是哈尔滨的报纸必看。他认为"看报也是看生意"，读报纸也能预先准确地看出市场行情。双合盛各厂在推销产品方面，主要是通过代理店进行销售，同时也派驻在员分驻各地自己推销，及时掌握市场行情。双合盛各企业在原料采购和产品推销方面都有一套与众不同的方法——重视经济情报的收集和利用。当时，哈尔滨制粉业各厂采购原料有四种方法：一是委托经纪人代购。制粉厂与经纪人签订经纪合同，明确代购粮食的品种、数量、收购价格、质量指标和增减价办法、交售时间、结算方式等内容。二是期货交易。期货交易是在现货交易基础上发展起来的，期货交易一般在哈尔滨粮食交易所内进行，买卖的对象是粮食期货合约。期货交易由于实行保证金制度，必须每日结算盈亏，实行逐日盯日制度。三是派员到外地采购。为保证以合理价格买进优质粮食，各制粉厂还采取在农作物收获季节派出业务员到粮食主产区实行现场采购的方式扩大原料渠道。四是集市采购。在哈尔滨一些集市上都有专门出售粮食的小商贩或粮农，有时为了应急，各制粉厂也会在集市上购买少量粮食。双合盛制粉厂主要采用前两种方法采购小麦。这样做不仅省去许多麻烦，而且还能不受非收获期小麦涨价的影响，大大降低了生产成本。但这样库存大量小麦就会积压流动资金，订购小麦也须先付押金，双合盛全依靠资金充足做起来游刃有余。同样的采购方法在皮革厂也受益不小。伪满统治期间，在双合盛皮革厂库存大量原料之后，日伪突然开始对皮张进行控制。其他小厂因没有原料而纷纷停产，双合盛却因皮革涨价而赚了一笔意外之财。双合盛除在产麦区购买小麦原料外，还利用哈尔滨粮食交易所做期货交易，看好行情，就大量购买，足以影响哈尔滨粮食市场的行情。

要想具备一双洞察时势的眼睛，依当时的时势并结合市场规律而及时地改变经营策略，就要求商人掌握行情，把握市场，这样才能运筹帷幄之中，决胜千里之外。《孙子兵法》中提供了许多获取情报的方法：其一，"相敌"，即直接观察法。这种方法是根据敌方各种不同的表象，以判断敌之虚实，找出出击的有利时机。其二，"动敌"，即引导观察法。孙武说："策之而知得失之计，作之而知动静之理，形之而知死生之地，角之而知有余不足之处。"意思是说：通过认真分析，可以知道趋利避害的方法；通过挑动敌人，可以了解敌人的规律；通过佯动示形，可以掌握敌方的地形道路情况；通过实地侦察，可以了解敌人兵力部署的情况。其三，"用间"，即隐蔽观察法。孙武归纳出五种用间的方法，这就是因间、内间、反间、死间和生间。使用间谍这种隐蔽的方法，去搜集对方的情报信息，掌握对方的内部机密。同时，又认为"故明君贤将，所以动而胜人，成功出于众者，先知也。先知者不可取于鬼神，不可象于事，不可验于度，必取于人，知敌之情者也。"英明的国君和贤能的将帅，所以能够一出兵就克敌制胜，功业超出众人之上，就在于他们能事先掌握敌情。而要实现掌握不可祈求鬼神，不可用相似的事情去类推比附，不可根据日月星辰运行的度数进行验证，一定要求之于人，即从了解敌情的人那里获得情报。

俗话说，买卖赔与赚，行情占一半。在清代、民国时期关东地区变幻莫测的政治氛围和商业环境中,如欲占有市场,准确、全面、及时的市场信息是须臾不可或缺的。只有充分掌握市场信息,根据市场商品的供求情况和市场发展情况,采取灵活的经营策略,出奇制胜,才能走在同行业的前面。活跃于关东市场的鲁商在长期的商场经营活动中,树立起很强的信息观念,通过多种渠道获取市场信息。在获取情报的基础上,他们又善于细心预测市场,观察市场动向,分析市场行情,审时度势,能够使经营时间、地点随供求关系的变化而灵活机变。无论是同德化工商行、裕华织染厂、三盛炉,还是增盛谦商号,都有着自己的信息渠道,从而确保了与市场互动,根据形势变化,及时调整经营策略,保证商号的兴旺。

20世纪二三十年代的哈尔滨照相业呈现"你追我赶"之态势,照相馆竞相开设,互不示弱,可谓摄影一路"硝烟"。1923年,乳山县夏村人林蓉三在道里中国十二道街与新城大街(现尚志大街)拐角处二楼开设"美华照相馆"。1929年,林蓉三又在傅家甸北大街(现道外北头道街)开设"美华"分号。1930年,山东人苏猷忱在傅家甸正阳四道街(现靖宇大街)路北开设"真美照相馆"。1936年,林蓉三在傅家甸正阳三道街路南开设"三友照相馆"。同年秋,苏猷忱在道里十二道街与新城大街拐角处一楼开设"真美照相馆"。两家在不断的竞争中,不仅提高自己的服务质量,也革新了照相工艺。"三友"充分发挥自己在设备与工艺上的优势,不断更新完善。当时的照相馆采取自然采光,在玻璃房子里靠多条白帘调节自然光线,而"三友"充分利用自己在设备上的优势,在哈尔滨第一个使用电灯进行人工照明,采用头灯、侧灯、脚灯相配合,拍摄出来的照片明暗适度,质感细腻,立体感强。"三友"还在放大的黑白相片上第一个运用了人工着色。着色时,不用软刷,不用毛笔,只用手掌和手指,不仅为人物面部或衣着涂上和谐鲜艳的自然色彩,而且也能为照片直接涂染出优美的远景来。依靠拍照、修版、放大、着色四大工艺革新,"三友"成为哈尔滨照相业中俄罗斯摄影艺术流派的代表。而"真美"为

关东鲁商

哈尔滨解放后场景。图中挂牌的建筑为真美照相馆（来自 http://www.nen.com.cn）

了吸引顾客，也不断推陈出新，拍出一些新颖的作品。一般拍照的背景皆为一片暗色，比较平淡，真美则使用了一些布景、道具，使照片背景活跃起来，后来又拍摄生活照片，为相片风格多样化开辟了道路。人们感到新奇，纷纷尝试。真美做美术照片，虽然增加了工本，但薄利多销，还赢得了顾客。一般黑白照片保存时间久了容易变黄，不称人心意。真美经过试验，把黑白照片制成茶色（棕色），延长了保存期限，也很美观。根据人们的需求，真美也做过装饰照片，为印好的照片安装纸板衬底和封皮，中间蒙一层硫酸纸保护照片。封皮在印刷厂印制，上面有凹凸不平的花纹、图案、祝福之类的语句，非常精美，类似今天的贺年片。这种照片深受顾客喜爱，是馈赠亲朋好友留念的好礼品。顾客逢结婚、寿日、小孩百日，都愿意到真美来拍摄这类装饰照片。

要想立于不败之地，除了审时度势之外，还要善于造势，使形势发展向有利于自己的方向发展。孙武说："故善战者，求之于势，不责于人故能择人而任势。"即善于用兵的人，总是设法造成有利的态势，而不是只知道苛求部属,因而他就能选到适当人才,利用有利的形势。"是故智者之虑,必杂于利害,杂于利而务可信也,杂于害而患可解也"。即明智的将帅思考问题,必须兼顾到利与害这两个方面。在不利的情况下仔细分析有利因素,可以树立起必胜信心。在有利的情况下认真分析不利因素,隐患就可以预先化解。"故善用兵者,屈人之兵而非战也,拔人之城而非攻也,毁人之国而非久也,必以全争于天下,故兵不顿而利可全,此谋攻之法也"。即善于用兵的人,使敌人屈服而不必通过武力交锋,占领敌人的城池而不必依靠强攻,灭亡敌对国家而不必长期征战,一定要依据"全胜"的方略争胜于天下,这样自己的军队就不会遭受损失,可以圆满地获得利益,这就是以智谋克敌制胜的方法。在商场中同样是需要善于造势,善于创新,才能立于不败之地。三友照相馆和真美照相馆在竞争中为吸引客源,不断革新,开创了照相业的新境界。

二、出奇制胜

威海个山乡南虎口村人徐敬之,1912年,渡海来到大连习商,曾在日商三井洋行开设的三大利油坊学徒、当职员。徐敬之每天和大豆打交道,通过实践他掌握了能用肉眼、手感和口嚼等方式查出大豆品种、质量、水分和含油率的绝活。1923年左右,他与人合资创办义兴福油坊,并担任副经理。1926年,他又在大连寺儿沟独资创设东和长油坊。由于徐敬之具有丰富的管理经验和榨油专门技术,加之当时他身兼三井洋行买办,凭借职务之便和市场信息灵通等特殊有利条件,使他具备了非一般油坊业者所能及的优势。20年代初期,哈尔滨附近有处粮栈不慎失火,造成大批"火烧豆",即使降价出售也无人问津。当时大连油坊业者也不敢采购,认为无法制造成品。徐敬之则没有简单下结论,而是将"火烧豆"取样反复试验,最后试验成功,用"火烧豆"制成的产品与普通大豆制作的产品相比毫不逊色。于是徐敬之秘密以低廉的价格将哈市"火烧豆"大量购进,制出成品后仍按市场价格出售,获利很大。1924~1925

年，东北大豆产区又遭受过一次特大水灾，所产大豆遭水涝，含水量特大，制成的豆饼无法凝固，出油率很低，即第一次"水豆事件"。当时徐敬之在困难面前并不气馁。他开动脑筋，经反复试验，终于取得成功。由于在第一次水豆和火烧豆事件中，徐敬之两次出奇制胜，其经营的油坊获利实为可观。从此，一个默默无闻的徐敬之，一下子成为油坊业的红人，也成了工商界的知名人士。1935年前后，由于东北大豆被日商垄断，华商油坊业遭到排挤，经营困难。当年秋收期，又逢北满地区阴雨连绵，雨后冰冻骤至，使大豆没干透就冻固，造成大豆含水过多，大连油坊业采购大豆十分紧张，生产大幅度下降，油坊业称之为"第二次水豆事件"。当时油坊业者只知道水豆需要干燥或掺兑好豆方能压成饼，否则豆饼不合标准，不能出口。因当时华商油坊业大都没有干燥设备，所以都不愿去北满购买价低的水豆，但如果去长春购买价高的好豆，就会增加成本降低利润。因此各油坊业主观望不前，都注视着徐敬之的动向。这时

大豆从木帆船向海轮过驳（来自邓景福《营口港史》）

的徐敬之却稳坐家中,不露声色。当有人来探听虚实时,他就摇头叹息:"此一时,彼一时,上次有水而不冰,这次是既水且冰,难储藏,难加工,我不敢轻举妄动。"而实际上,他早已一方面秘密派人去北满把冻豆以低价全部购运回大连,一方面进行秘密试验。他还对前去购豆的人再三叮嘱:"如遇熟人,就说去四平买好豆,不要说去哈尔滨。"他自己在油坊内研制烘干机,并对水豆进行了科学分析:冻豆制油虽然含油率低,但仍可出口外销;若制成豆饼虽不符合出口标准,但因含油量高,当地农民可以用作饲料,有些地区闹饥荒,也可用来充饥。由于冻豆价钱便宜,所以获利更高。这些奥妙,当时一般油坊业主因不精通专业是不大了解的。有了精心筹算,他安装了多台干燥机,日夜加工生产制成成品销售外地。仅在利用冻豆原料加工的一年里,东和长油坊获利高达 70 万日元之多,创油坊业生产利润的最高纪录。为此,徐敬之受到同行们的敬佩和羡慕。

《孙子兵法》中谈到"合乎利而动,不合乎利而止"。制定了战略目标就一定要实现,这是不变的,但达到战略目标的战术方法却是应该不断变换手法。同样,在商场中,要赚取利润占有市场同样也不会拘泥于一种方式。孙子说:"凡战者,以正合,以奇胜。故善出奇者,无穷如天地,不竭如江河。"一般说来,凡是与敌人交战,总是用正兵当敌,以奇兵取胜。所以,善于出奇制胜的人,他的战法运用就如同天地变化那样无穷无尽,如同江河奔腾那样不停不息。在商业战中,往往不是直接与对手交锋,而是通过占有市场来打败竞争者。徐敬之精通大豆制油的业务,而且在生意经营中充分发挥这种专业优势,面对不利局面时,可以化不利为有利,生意得以蒸蒸日上。

三、因敌变化

蓬莱县城郊徐家村人徐宪斋,16 岁时经亲友介绍,渡海下关东来到营口一家杂货店当学徒。三年后,他与人合资在营口市区开设东华泰杂货号，20岁开始自任经理。徐宪斋经商手段非常灵活，在商业往来活动中，广泛结交国内外的客商大户。由于经商重信誉，名声好，22岁时，他和英国最大的煤油商——亚细亚煤油公司拉上了关系，开始担任亚细亚煤油公司在辽东地区和吉林省的经销商（也称代理商）。这是一件无本生利的好买卖。他同时还得到亚细亚煤油公司的信任，可以不用先付款，等将公司的煤油推销出去后再付款。当时东北各大城市照明用电还不普遍，广大腹地农村和中小城镇主要靠煤油来照明，每年需求量甚大。加上徐宪斋经商有方，亚细亚煤油销路大畅，徐宪斋的个人财富也滚雪球般增加。1912年以后，情况有了新的变化，关东广大城乡居民照明除继续使用煤油外，又开始广泛使用比煤油更方便、更明亮的蜡烛。中国原先也有土制蜡烛，但质次价高。而此时被广为使用的是进口洋货，老百姓称为"洋蜡"，价廉物美，颇为畅销。徐宪斋看准时机，抢先运进大批洋蜡在吉林地区倾销，并在较短时间内，销路越出吉林，远及黑龙江省南部及奉天省（今辽宁省）北部。徐宪斋经营商业有一定的方法，他既经营洋油，又代销洋蜡，凡是批购他经销的煤油，便搭配一定数量的低价洋蜡，以此来招揽主顾。非此即彼，总能让顾客满意。亚细亚煤油公司对徐宪斋为该公司在关东地区打开销路颇为赏识，不久，又委任他为奉天省的总经销人，总办事处设在大连。徐宪斋迁驻大连后，以洋买办的身份，开始跻身于大连市工商界，当时他年仅26岁，在大连市工商界中是后起之秀，但在大连的日本各大财团对他也是另眼相看。

宣统二年（1910年），掖县小朱石村人陈孟元（1894~1963年）只身闯关东，后进入黑河双合盛分号做学徒。1912年，因被黑河全兴瑞商号老板看好，进入全兴瑞工作，担任"拦柜头"（也称"坐掌柜"，负责管理门市部，即业务主管），并许以"干股"（年底按比例分红，不持真正股权），开始崭露头角。当时，中国的印花棉布在西伯利亚一带畅销，陈孟元毛遂自荐前往这一地区设分号，任分号掌柜，经营批发日本花布及杂货等。1922年,黑河发生了一场火灾,全兴瑞商号倒闭。面对黑河的萧条,陈孟元自谋生路,经营酒业,专供零售商渡江与俄国人交易。1926年,陈孟元在哈尔滨闹市区开设了聚丰祥货栈,经营布匹、绸缎、粮油、水果、水产等。陈孟元很有心计和志向,在经营聚丰祥杂货店的同时,还自己印刷纸牌,并定名为"寿星牌"。纸牌上市后,薄利多销,很快占领了东北的纸牌市场。同时陈孟元还在关东四处考察市场,准备兴办实业。起初陈孟元曾看好橡胶业,但经过调查,最后选择了印刷业,在沈阳建起聚丰福印刷厂,购进了当时东北最先进的新式胶版印刷机。通过这种先进的平版印刷技术该厂印制出了质地坚固、精美耐用的纸牌。不过几年就获得大利,工厂进一步扩建了分厂。工厂除了印制纸牌外,还承印纸烟、食品、纺织等行业的彩色商标,在当地具有相当高的声誉。通过承印烟盒,陈孟元又看到了烟草的巨大市场。他发现东北纸烟很畅销,便从英、美烟草公司印制的烟盒上的信息,推算出其日产量、月产量、年产量,计算出其获得的利润。纸烟市场是一个新兴的、有着巨大利润空间的大市场,但在关东地区,这个市场却被外来香烟品牌所垄断,没有一家中国人开办的卷烟厂。有鉴于此,陈孟元决定停办聚丰祥货栈,把聚丰祥的全部资金和聚丰福的利润转投资建了关东第一家中国人办的卷烟厂,工厂命名为"太阳烟草公司"。在这之前,中国商号命名多采用"聚"、"祥"、"福"、"丰"、"裕"等

太阳烟草公司广告(来自 http://hi.baidu.com)

白马牌纸烟广告（来自 http://hi.baidu.com）

吉祥词，他把工厂命名为"太阳"，是希望中国人办的工厂，像"太阳"一样蒸蒸日上。

太阳烟草公司选址在沈阳市铁西区（即沈阳市铁路西面工厂区），购置的设备是上海造的仿英式的标准式卷烟机，最先有两条生产线。建厂之初，陈孟元高薪聘请留学英、德、日等国的专家指导卷烟生产，然而在他们指导下生产并不成功，因为这些所谓的专家，多是富家子弟，他们出国留学只是为了镀金，并无真才实学。于是，陈孟元亲自下生产线，钻研技术。经过反复试验，终于生产出"白马牌"、"足球牌"纸烟，投入市场后，与英美烟草公司的品牌形成竞争。在此期间，大英烟草公司曾多次控制原料、降低纸烟价格，企图将其挤垮，但终因太阳烟草公司产品物美价廉，无功而罢。太阳烟草公司在东北纸烟市场上牢牢扎下了根，声誉大振。在当时，太阳公司的纸烟广告与外来烟草公司和国内其他烟草公司形成激烈的竞争局面，但太阳公司还是具有自己的天地。此后，陈孟元又把生产线由两条扩大为15条，成为当时沈阳的大型企业。

太阳烟厂每年都要从山东潍坊、益都一带收购大量烟叶。借着回山东老家探亲、收购烟叶的机会，陈孟元又萌生了在青岛创办印染厂的想法。开染坊是20世纪30年代初青岛时兴的行业，利润很大。所以当时在众多的大纱厂周围染坊林立，有数百家之多。但小染坊质次价高，花色单一，而真正摆脱笨重的手工劳动，达到"机染"的现代染坊却并不多，因而人们也就称这些能够"机染"的现代染坊为"大染坊"。同时，进口的日本花布每一匹布都要外加两元关税。因此，陈孟元大胆决定，在青岛使用日本坯布进行花布印染。主意一定,陈孟元立即从太阳烟草公司抽调20万元资金,筹建青岛印染厂,工厂定名为"阳本印染厂","阳本"表示建厂资本来自太阳烟草公司。厂址选在海泊河旁、沈阳路北端。陈孟元创办的"阳本印染厂",是当时青岛印染界的"领军"染坊。他不但从日本直接引进技术和设备,而且还培养了自己的技术队伍。至1934年8月,阳本印染厂已有印花机一台、染色机一台、染槽十八个、织布机四十台。其"家庭"、"兄弟"、"耕种"和"哪吒"等品牌的产品,因花色新颖、着色讲究大受市场青睐。陈孟元于1956年当选为青岛市副市长,1963年在青岛病逝。

1917年,黄县人曲子明在桦川县东兴镇(今佳木斯)东门外松花江畔设立福顺恒粮栈。由于经营得法,赚取了大量资本,1921年又扩大规模在佳木斯镇正大街(今西林路)开设福顺泰支店。由于佳木斯镇人口众多,商业繁荣,支店收入反而超过总店,曲子明遂将支店作为总店,全力经营,一跃成为佳木斯的商业名人。30年代初,公利源商场开业,与福顺泰相抗衡。这家商场采取哈尔滨统计商场的经营方式,站在二楼环形柜台的通道可以鸟瞰一楼全貌,大受顾客欢迎,经营收入很快超过了福顺泰。曲子明岂肯甘拜下风,为了战胜对手,他又出资将福顺泰改建成百货商店,并从日本等国购进大批新商品。改建后的福顺泰规模比公利源还大,商品更加丰富,又把顾客拉了回来,日销售额达1万多元,比改建前增加4倍,超过对手一倍多。而公利源也不甘示弱,又于城南建成一个高级的大陆旅馆,办起一处佳兴市场。曲子明再次跟进,不久又在老城西南一带建成一座戏院、多幢妓馆及商业用房,定名为佳明市场,寓意为佳木斯曲子明的市场,戏院也叫佳明舞台。此时,福顺泰进入全盛时期。总店内设26个部,日用百货,一应俱全,并开办皮鞋、服装、糖果等5个附属工厂。曲子明的总店、分店和外埠的5处分支机构,共有从业人员530多名,每年获利几十万元。公利源虽不甘心败北,但也无力较量了。曲子明经过长时间的有针对性的竞争,终于将对手击败,成为佳木斯镇独一无二的商业巨头。

孙子说:"水因地而制流,兵因敌而制胜。故兵无常势,水无常形。能因敌变化而取胜者,谓之神。"即是说,水因地形的高低而制约它奔流的方向,用兵要根据敌情而决定取胜的方针。所以,用兵打仗没有固定不变的模式,就如同水的流动没有固定的形态一样,能够根据敌情的变化而取胜的人,就称得上是用兵如神。徐宪斋、陈孟元、曲子明三位鲁商的在经商过程中运用了不同的战略战术,但都是根据所处环境而采取的灵活手段。

四、知己知彼

铁岭德盛号由掖县西大原村人张子玺在1915年创立,聘请蓬莱人王玉衡为经理。当时,在铁岭有规模不相上下的丝房数十家,如万源永、三合德、洪顺太、天德亨等。为了脱颖而出,王玉衡充分利用人们求新求变的心理,多管齐下打响招牌。

首先,加强产品宣传。 每年于春秋换季和秋收后卖粮农民手中有钱时,派出人员到各乡镇、各村学校发放广告宣传德盛号的商品项目、花色品种、优惠价格和商品特点,并携带少量鲜艳花布、化妆品、小巧精致的商品等,进行当场售货和数量有限的赠送活动。尤其到各地村屯时,售货人员首先结识当地的小学教员,和他们交朋友,建立友好关系,并适当赠送他们一些小礼物,请他们发动学生,深入各地张贴广告以及联系会友、口头介绍等,做到家喻户晓妇孺皆知,这样就把四方乡村的顾客都吸引过来。另外在城内除了街道上的广告招贴外,还在银州大戏院(今银州区人民影剧院)正面舞台上方前额处悬挂了一幅写着德盛号百货商店等字样的宣传大横幅,横幅用翠蓝色大缎子做底,用缀着无数银色闪光片的青大绒做字,在灯光照耀下,五彩缤纷,鲜艳夺目。由于悬于剧院门口高处,观众来看戏第一眼就会看到横幅,即刻会产生强烈的联想:您要买称心如意的东西,请惠顾德盛号!

其次,创造诱人的购物环境。 在德盛号四扇大玻璃窗的橱窗里,摆设了一些引人入胜的商品广告,由专人负责每周更换一次。橱窗里边装有彩色的电灯泡,变换着红橙黄绿蓝等颜色的商品字形和花样,安装了用钟表齿轮原理做的自动人、自动戏码,这些特别的模特,穿着各种新奇时髦的服装,面带笑容悠悠地转动着,有时眉眼闪动、手舞足蹈,吸引着无数的老少游人、妇女儿童。尤其是遇到各种节日,橱窗内摆设得霞光异彩、千姿百态。例如正月十五闹元宵,就摆出各种花灯,如双龙戏珠,八仙过海;七月七日则搭鹊桥、天河配、牛郎会织女;八月十五中秋节就摆嫦娥奔月、吴刚伐桂等,更能招引游人前来观赏,从而提高了德盛号的声誉,也给商店带来很大的经济效益。

再次,提供优质的商品。 东北习俗,乡间农民为儿女操办婚事时总要进城购置一些结婚用品。德盛号在服务这一群体方面也是考虑得特别周到。它所预备的商品除了占多数的高档呢绒绸缎外,还有大量普通的粗布、细布、花布、条绒和本地区的窄面花其布、麻花布、做被面的布。窄面花其布是一种宽1尺3寸的幅面、用手工靛染的布,蓝地白花不掉色,图案有鲤鱼跳龙门、芙蓉出水、喜鹊登梅、鸳鸯戏水等,质朴美观,生活气息浓,充满民间工艺风格,而且也以结实、耐脏污、经磨在农村备受欢迎。其他像中低档的床上用品、化妆用品、日用百货也都应有尽有,种类繁多。当办嫁妆的顾客一进门,柜台经理便根据顾客心理,宣传自己商品质量如何好,花色如何新,价格如何便宜,什么样的商品最相当,同时举出例子来(一般柜台经理对附近农村情况稔熟)说哪一家也经常到商店来买东西,回去如何满意等等,并随便赠送一些小礼品如手帕、牙刷、花露水等。这样在皆大欢喜之中,就把买卖做成了。德盛号特别重视包装,不惜工本,为此,特意定做了一批蛋青色的包装纸,大小规格有数种,纸上用水印印出五福捧寿的花纹图案,周围有一圈铁岭德盛号百货商店的篆文,古色古香,造型美观。顾客定下布料后,商店用特别纸绳,把布包扎得有棱有角。鞋帽部则特制了一批帽盒和鞋盒，都设计得非常精美，上边有印有德盛号字样的套色图案。买货后也都用纸绳捆扎整齐，交给顾客。这种包装纸、鞋盒、帽盒等一直使用到解放后。

最后，打造优质的服务队伍。 民国时期，一般老门市商号的掌柜都穿长袍马褂，头戴青缎子红疙瘩帽头，脚穿圆口鞋或大云棉鞋，手捧水烟袋，迈着方步处理着商店业务。下边吃劳金的和小伙计们，夏天穿布衫或胸前背后一块白布，肋旁各连着三条小布条的背心，春秋则是蓝布或灰布大褂，光头顶不许留分头，冬天带耳包、棉裤棉袄、家做纳底子鞋，春夏秋冬都是勉裆裤。后来德盛号在着装上有所革新，从经理到店员凡是在前柜台营业的，或是出门采购人员，开始是穿斜纹布料的蓝领制服，继而是穿西服扎领带，脚穿新式皮鞋。在当时铁岭城各商家还比较保守的情况下，德盛号大胆录用两名青年女店员，年龄都在十七八岁，文化水平也比较高，经过短期培训，业务基本达到熟练程度。她们仪容端正，衣饰入时，招待顾客热情周到，和蔼可亲，给铁岭县城的群众又一次新的观感，大家对德盛号与众不同的创新，莫不点头称赞。

鲁商盛冠斗和苏猷忱在哈尔滨开设的真美照相馆也充分利用了广告的作用。为了扩大影响，加强在同业中的竞争能力，他们注重广告宣传，除在报纸上做广告外，还充分利用真美照相馆的地理优势，做活广告。照相馆地处繁华闹市，门前熙熙攘攘，橱窗自然是最好的广告。当时社会上的名流、名媛经常到店里拍照，照相馆就放印一些四呎照片，精心着色后摆在橱窗里陈列，使顾客感到真美是社会名流经常光顾的地方，在心理上对真美有信任感。当一些电影明星、京剧名演员到哈尔滨演出时，真美照相馆抓住良机，主动为他们义务拍照，并印制几十张照片送给他们，以便他们赠送影迷。有的还放大着色为巨幅照片，装入防水相框挂在门市上端，供人们观赏。上官云珠、韩非、白云、顾兰君、童芷苓等名角都曾来真美拍过照，扩大了真美照相馆的影响。

孙子说："故上兵伐谋，其次伐交，其次伐兵，其下攻城。攻城之法，为不得已。"用兵的上策是挫败敌人的战略计谋,其次是扰乱敌人的外交行动,再次是排兵布阵威慑敌人,下策是攻打敌人的城池。选择攻城已经是迫不得已的办法了。所以在商战中,制定适宜的经营策略,从策划上打败敌人是最高明的。铁岭德盛号和哈尔滨真美照相馆为了扩大客源,采取了大量的宣传手段,通过革新,做到人无我有,在同行业中脱颖而出。

五、择人与任事

黄县人吴仙舫在沈阳大西关开办的"中顺昌"商号中,副经理姜伟卿出徒于沈阳北关著名商号"老德增",工作认真,在业务管理上颇有能力。每天上班后,姜便坐在柜房一边,监督店员伺候顾客。遇有店员和顾客发生争执时,姜立即出面排解,使顾客满意而去。如果某店员一连放走了两三个顾客,姜便会立刻询问店员:"原因是什么?为什么货卖不出去?"店员必须说出理由,否则当面予以批评。由于副经理姜伟卿认真负责,坚守岗位,在销售货物、联系顾客上起到了良好的积极作用,因此,营业情况日益上升,营业额逐月逐年增长。在人事录用上,"中顺昌"比其他店家慎重。选用徒工时,必须先由经理面试,徒工要品貌端正,经过经理的口试合格后,还需按要求做篇短文。在店规要求上也非常严格,严禁赌博等不良行为。1930年过年放假期间的一天夜里,有4名大份掌柜违犯店规在楼上偷赌"牌九",正巧被起夜的吴仙舫发现。第二天一早,吴仙舫立即宣布将这4名掌柜开除。这4名掌柜俱是店中各部的骨干力量,经多次托人说情,取保认错,并写出书面检讨保证永不再犯后,方被允许回柜留用。吴仙舫的这一严明纪律的举动,震惊了店内上下人等,店员们都从中受到很大教育。从此,赌博便在"中顺昌"绝迹,该事也在同行中传为美谈。后来,在"中顺昌"批发业进入鼎盛期时,突然有4名大份子掌柜向吴仙舫提出辞呈。这4名掌柜均为各部负责人,都是店中的骨干力量。对于这一个颇有威胁性的挑战，吴仙舫毫不示弱，当即对他们说："我吴仙舫今年44岁，还有做事的能力，你们辞职可以走，我决不耽误你们几位的发财机会。"并且，立即从下边提上4名人选接替他们的职务，照常营业，丝毫未影响商店业务，商店在经济上亦未受到任何损失。该事件的突然发生和吴仙舫对该事件的妥善处理，使全店职工从内心对吴仙舫的英明果断更为佩服。吴仙舫在"中顺昌"担任经理时，经常召开员工会议，讲解如何接待顾客如何做好买卖等生意经。每年春节或元旦早晨，召开团拜会，将全体人员齐集一堂，他在讲话中总结一年来各方面的工作，指出成绩和不足，总结经验教训，提出今后的努力方向。说得头头是道，非常明确，大家皆心悦诚服。在每次调整工资时，一般商店都是经理说了算，然后对外张贴公布，职工看完后，同意就继续工作，不同意可以辞职他去。而"中顺昌"的做法却与众不同。他首先将大份掌柜召集在一起，让大家充分发表意见，因为他们经常接触下层，对全店职工的各方面情况了解得多，掌握得细，在听完他们的具体意见后，经过几次讨论，然后再确定下来，在正月十六晚上正式公之于众。按花名册，逐个点名召见，谈话中指出其成绩和缺点，以及工资指数，使每个人都能在调资中受到一次深刻的教育。

哈尔滨双合盛集团总经理张廷阁非常重视企业人员管理，并善于激发团队潜能，提升队伍的素质和士气。首先，在职员录用上，张廷阁和双合盛要求比较高，被录用人员必须具有高小以上文化程度，无恶习、身体好、未婚，能自觉遵守厂规，忠实为双合盛工作，而且还需要有大工厂、大店铺或有地位的人士担保。职员和工人录用后必须遵守双合盛的规章制度，职员工人一律不准吸食鸦片，不准逛妓院，不准赌博，不准聚众闹事，工作时间不得看书报、闲聊天；职员要服从经理、技师和主管人员的指挥和调动，不得任意缺勤，工作失职造成的大小事故一律按规定处分；驻外人员不得动用公款，用款需经批准，统一住宿，不得携带家眷同行，不得以公司名义请客送礼或收受礼物。各公司一律实行签到制度,从德国购进的"签到钟"安置在守卫室,职工出入工厂要把自己的卡片插入钟内,印上时间,以作证明。公司还设有"打更钟"监督更夫,这种表,人走动它的指针也跟着走动,人停下它也立即停下,更夫把钟背在身上不敢偷懒,只能来回走动,做好巡查工作。其次,张廷阁平时注意维护各企业负责人的权威,不使下属难堪,有时还寻找机会提高他们的威信,让工人信服他们、感激他们。据曾任双合盛制粉厂经理的杨云程回忆:有一年,他到青岛为张廷阁购买房产,事情尚未结束,就接到速回哈尔滨的电报。回到双合盛后才得知,制粉厂工人要求上调工资,张廷阁也已基本同意,但告诉工人这件事要等杨云程厂长回来才能决定。这样杨云程回来之后立即给工人调高了工资,工人们都觉得是杨云程给他们带来的实惠,使其在工人面前做了一次好人。通过这种方式,张廷阁进一步增强了企业管理人员对双合盛的归属感。另外,双合盛还注意工作人员的绩效管理。双合盛各类人员的工资有四种形式:分红、工资加赏与金(奖金)、月工资、计件工资。股东和有身份股的高级职员采用分红制,一般职员和技术人员采用工资加赏与金形式,技师与工人定为月工资,临时工人采用计件工资。张廷阁利用这四种工资形式实行绩效管理调动大家的积极性,他首先将技师的工资定得很高,使他们能安心工作;职员和技术工人年终有一笔赏与金,工作干得好赏与金就多,这样,技师和职员都能为企业尽心竭力工作;对普通挣月薪的工人,工作干得好可以提级;临时工则是多做工多赚钱。

《孙子兵法》说:"故善战者,求之于势,不责于人,故能择人而任势。""择人"者,善于量才用人也;"任势"者,善于造势和利用形势也。所谓"择人而任势",就是要求军事指挥员重视选用人才,利用形势,以战胜敌人。从"择人"方面而言,兵战固然是军事实力的较量,但更重要的是人才竞争。在战争中,谁拥有人才,谁就会掌握战争的主动权,谁就有赢得战争胜利的可能。因此,挑选将领是战争胜败的关键。

什么人能当将领？孙武的标准是："将者，智、信、仁、勇、严也。""智"就是智谋，也泛指知识，孙武把智放在第一位，这说明对领导者指挥才能的重视。"信"就是讲信用，言必行，行必果，这是领导者的一种美德，也是领导者的力量所在。"仁"就是以浓厚的感情对待下属，实行管理民主。"勇"就是勇敢果断，勇必须以谋为支持，勇与谋应该统一起来，有勇无谋是冒失，有谋无勇是怯懦，有勇有谋才是能力。"严"，就是严明的纪律和严明的法令。以上五德具备可为将，但必须强调一点，五德必须受到"道"的制约。孙膑也有类似说法，他在《孙膑兵法·将义》中，把义、仁、德、信、智作为将领必备的品德，并以首、腹、手、足、尾比喻这五者的重要性及其相互关系。吴仙舫、张廷阁等善于择人任势，充分做到了智、信、仁、勇、严。在经营管理商号企业时，才能够取得成功，令下属信服。

附录　参考文献

一、档案、实录

1. 吉林省档案馆：《清代吉林档案史料选编》（上谕·奏折），1981年内部版。

2. 中国第一历史档案馆满文部、黑龙江省社会科学院历史研究所：《清代黑龙江历史档案选编》，黑龙江人民出版社1986年版。

3. 陈绍楠主编：《哈尔滨经济资料文集（1896~1946）》，哈尔滨市档案馆1991年版。

4. 中国第二历史档案馆：《中华民国史档案资料汇编》第三辑，江苏古籍出版社1994年版。

5. 辽宁省档案馆：《清代三姓副都统衙门满汉文档案选编》，辽宁古籍出版社1996年版。

6. 辽宁省档案馆藏奉天公署档3638号《李恒春等经营营口实业节略》。

7. 营口档案馆藏营口《总商会》档案。

8. 营口档案馆藏李子初《手稿》。

9.《朝鲜文献中的中国东北史料》,李澍田《长白丛书》第 4 集,吉林文史出版社 1991 年版。

10.《清高宗实录》,中华书局 1986 年版。

二、地方志、文史资料

1.光绪《平度志要》,光绪十九年稿本。

2.日本参谋本部:《满洲地志》,商务印书馆 1905 年版。

3.魏毓兰辑:《龙城旧闻》,黑龙江报馆 1919 年版。

4.民国《绥化县志》,黑龙江省图书馆藏,1920 年铅印本。

5.民国《锦县志略》,奉天关东印书馆 1921 年本。

6.民国《福山县志稿》,1931 年排印本。

7.民国《铁岭县续志》,1933 年排印本。

8.民国《桦甸县志》,1932 年铅印本。

9.民国《安图县志》,1960 年吉林省图书馆油印本。

10.光绪《文登县志》,台北成文出版社 1968 年版。

11.《山东通志》,华文书局股份有限公司 1969 年版。

12.民国《铁岭县志》,台北成文出版社 1974 年版。

13.民国《珠河县志》,台北成文出版社 1974 年版。

14.民国《桦川县志》,台北成文出版社 1974 年版。

15.民国《宁安县志》,台北成文出版社 1974 年版。

16.民国《盖平县志》,台北成文出版社 1974 年版。

17.民国《辽阳县志》,台北成文出版社 1974 年版。

18.宣统《呼兰府志》,台北成文出版社 1974 年版。

19.民国《安东县志》,台北成文出版社 1978 年版。

20.民国《奉天通志》,沈阳古旧书店 1983 年版。

21.西清:《黑龙江外记》,黑龙江人民出版社 1984 年版。

22.杨宾:《柳边纪略》,辽海丛书本,辽沈书社 1985 年版。

23. 吴振臣：《宁古塔纪略》，黑龙江人民出版社 1985 年版。

24. 徐宗亮：《黑龙江述略》，黑龙江人民出版社 1985 年版。

25. 光绪《吉林通志》，吉林文史出版社 1986 年版。

26. 萨英额：《吉林外纪》，吉林文史出版社 1986 年版。

27. 魏声和：《吉林旧闻录》，吉林文史出版社 1986 年版。

28. 集体编写：《遇家村大事记》，内部资料 1987 年印。

29. 柳成栋纂辑：《巴彦州志辑略》，黑龙江人民出版社 1988 年版。

30. 徐世昌主编：《东三省政略》，吉林文史出版社 1989 年版。

31. 《黑龙江省志·金融志》，黑龙江人民出版社 1989 年版。

32. 万福麟：《黑龙江志稿》，黑龙江人民出版社 1992 年版。

33. 《黑龙江省志·商业志》，黑龙江人民出版社 1994 年版。

34. 《盛京通志》，辽海出版社 1997 年版。

35. 《黑龙江省志·手工业志》，黑龙江人民出版社 2000 年版。

36. 康熙《黄县志》，《清代孤本方志选》第二辑，线装书局 2001 年版。

37. 乾隆《莱州府志》，《中国地方志集成》山东府县志辑 44，凤凰出版社 2004 年版。

38. 光绪《增修登州府志》，《中国地方志集成》山东府县志辑 48~49，凤凰出版社 2004 年版。

39. 同治《黄县志》，《中国地方志集成》山东府县志辑 48~49，凤凰出版社 2004 年版。

40. 道光《重修蓬莱县志》，《中国地方志集成》山东府县志辑 50，凤凰出版社 2004 年版。

41. 光绪《海城县志》，宣统元年铅印本。

42. 道光《章丘县志》，《中国地方志集成》山东府县志辑 68，凤凰出版社 2004 年版。

43. 乾隆《掖县志》，《山东文献集成》第一辑，山东大学出版社 2006 年版。

44. 政协辽宁省委员会文史资料委员会:《辽宁文史资料选辑》第三辑,1963年版。

45. 政协辽宁省委员会文史资料研究委员会:《辽宁文史资料》第六辑,1981年版。

46. 政协哈尔滨市委员会文史资料研究委员会:《哈尔滨文史资料》第二辑,哈尔滨出版社1983年版。

47. 政协吉林市委员会文史资料研究委员会:《吉林市文史资料》第二辑,1983年版。

48. 政协营口市委员会文史资料研究委员会:《营口文史资料》第一辑,1983年版。

49. 政协沈阳市委员会文史资料研究委员会:《沈阳文史资料》第六辑,1984年版。

50. 政协吉林市委员会文史资料研究委员会:《吉林市文史资料》第二辑,1984年版。

51. 政协长春市委员会文史资料研究委员会:《长春文史资料》第五辑,1984年版。

52. 政协吉林市委员会文史资料研究委员会:《吉林市文史资料》第五辑,1985年版。

53. 政协吉林省辉南县委员会文史资料研究委员会:《辉南文史资料》第二辑,1985年版。

54. 政协营口市委员会文史资料研究委员会:《营口文史资料》第四辑,1986年版。

55. 政协吉林市委员会文史资料研究委员会:《吉林市文史资料》第六辑,1986年版。

56. 政协哈尔滨市委员会文史资料研究委员会:《哈尔滨文史资料》第九辑,哈尔滨出版社1986年版。

57. 政协鸡西市委员会文史资料研究委员会:《鸡西文史资料》第二

辑,1986版。

58.政协佳木斯市委员会文史资料研究委员会:《佳木斯文史资料》第五、六辑,1987年版。

59.政协铁岭市委员会文史资料研究委员会:《铁岭文史资料》第三辑,1987年版。

60. 政协吉林省扶余县委员会文史资料研究委员会:《扶余文史资料》第六辑,1987年版。

61.政协吉林市委员会文史资料研究委员会:《吉林市文史资料》第八辑,1988年版。

62.政协黑龙江省桦川县委员会文史资料研究委员会:《桦川文史资料》第二辑,1988年版。

63.政协章丘县委员会文史资料研究委员会:《章丘文史资料》第五辑:章丘铁匠,1988年版。

64.政协辽宁省委员会文史资料研究委员会:《辽宁文史资料选辑》第二十六辑,辽宁人民出版社1989年版。

65.政协吉林市委员会文史资料研究委员会:《吉林市文史资料》第九辑,1989年版。

66.政协大连市委员会文史资料委员会:《大连文史资料》第六辑,1989年版。

67. 政协山东省昌邑县委员会文史资料研究委员会:《昌邑文史资料选辑》第四辑:柳疃丝绸专辑,1989年版。

68.政协沈阳市沈河区委员会文史资料研究委员会:《沈河文史资料》第二辑,1990年版。

69. 政协辽宁省盘山县委员会文史资料研究委员会:《盘山文史资料》第六辑,1990年版。

70. 政协吉林省扶余县委员会文史资料研究委员会:《扶余文史资料》第六辑,1991年版。

71. 政协辽源市委员会文史资料委员会:《辽源文史资料》第四辑,1991年版。

72. 政协黑龙江省依安县委员会文史资料研究委员会:《依安文史资料》第一辑,1991年版。

73. 政协黑龙江省五常县委员会文史资料研究委员会:《五常文史资料选辑》第六辑,1992年版。

74. 政协营口市委员会文史资料研究委员会:《营口文史资料》第十辑,1994年版。

75. 政协哈尔滨市委员会文史资料研究委员会:《哈尔滨文史资料》第十五辑,哈尔滨出版社1996年版。

76. 满铁工商课:《满洲工商概况》,满铁会社,昭和三年;《营口事情》,《营口港》,1937年版。

77. 山世淳:《肇兴轮船股份有限公司》。

78. 吴希庸:《近代东北移民史略》,《东北集刊》1941(2)。

79. 彭泽益:《中国近代手工业史资料》,中华书局1984年版。

80. 张相文:《南园丛稿》,文海出版社1968年版。

81. 郭嵩焘:《郭嵩焘日记》,湖南人民出版社1980年版。

82. 高士奇:《扈从东巡日录》,长白丛书本,吉林文史出版社1986年版。

83. 吴禄贞:《光绪丁未延吉边务报告》,吉林文史出版社1986年版。

84. 吴樵:《宽城随笔》,吉林图书馆影印。

85. 曹聚仁:《万里行记》,三联书店2000年版。

86. 《盛京时报》(1911~1930),苏州大学图书馆藏。

87. 光绪《岫岩州乡土志》,《东北乡土志丛编》本。

88. 光绪《掖县志》,台北成文出版社1967年版。

89. 曹廷杰:《西伯利东偏纪要》,辽海丛书本,辽沈书社1985年版。

三、相关著作

1. 钟悌之:《东北移民问题》,上海日本研究社1932年版。

2. 王海波:《东北移民问题》,中华书局1933年版。

3. 萧一山:《清代东北之垦殖与移民》,吉林图书馆藏稿本。

4. 东北地方工业编委会:《东北地方工业资料汇编》,1954年版。

5. 台北近代史所编:《矿务档》,台北"中央研究院近代史研究所"1960年版。

6. 青岛市工商行政管理局编:《中国民族火柴工业》,中华书局1963年版。

7. 《历代宝案》第二集,"国立台湾大学出版社"1972年版。

8. 杨大金:《现代中国实业志》,华世出版社1978年版。

9. 夹皮沟矿史办:《夹皮沟金矿史》,1978年油印本。

10. 东北三省中国经济史学会:《东北经济史论文集》,1984年版。

11. 赵文林、谢淑君:《中国人口史》,人民出版社1985年版。

12. 孔经纬:《东北经济史》,四川人民出版社1986年版。

13. 路遇:《清代和民国时期山东移民东北史略》,上海社会科学院出版社1987年版。

14. 徐新吾:《中国近代面粉工业史》,中华书局1987年版。

15. 李澍田主编:《韩边外》,吉林文史出版社1987年版。

16. 王彦威、王亮编:《清季外交史料·光绪朝》,书目文献出版社1987年版。

17. 李德滨、石方著:《黑龙江移民概要》,黑龙江人民出版社1987年版。

18. 中国银行总管理处编印:《东三省经济调查录》,文海出版社1987年版。

19. 方世军主编:《哈尔滨历史编年》(1950~1965年),哈尔滨市方志办1989年内部印刷。

20.孔经纬:《清代东北地区经济史》,黑龙江人民出版社1990年版。

21.李兴盛:《东北流人史》,黑龙江人民出版社1990年版。

22.戚其章主编:《中国近代史资料丛刊续编·中日战争》,中华书局1991年版。

23.《哈尔滨市志·金融志》,黑龙江人民出版社1995年版。

24.张海鹏、张海瀛主编:《中国十大商帮》,黄山书社1993年版。

25.邓景福主编:《营口港史》,人民交通出版社1995年版。

26.葛剑雄主编:《中国移民史》,福建人民出版社1997年版。

27.中国人民大学清史研究所编:《清史研究集》第8辑,中国人民大学出版社1997年版。

28.瞿林祥主编:《黄金王国的兴衰——韩边外祖孙四代纪实》,吉林摄影出版社1997年版。

29.林明棠:《吉林市发展史略》,吉林文史出版社1997年版。

30.张福山:《哈尔滨史话》,哈尔滨出版社1998年版。

31.许檀:《明清时期山东商品经济的发展》,中国社会科学出版社1998年版。

32.吴广义、范新宇:《中国民族资本家列传》,广东人民出版社1999年版。

33.汪敬虞:《中国近代经济史》(1895~1927),人民出版社2000年版。

34.余同元:《明代的商人与商帮》,《资政要鉴》第四册,北京出版社2001年版。

35.池子华:《中国流民史·近代卷》,安徽人民出版社2001年版。

36.丁言模:《齐鲁商雄:山东帮——中国商帮传奇》,广东经济出版社2002年版。

37.于学斌:《东北老招幌》,上海书店出版社2002年版。

38.张士尊:《清代东北移民与社会变迁》,吉林人民出版社2003年版。

39.矫正中主编:《吉林百年工商人物》,吉林文史出版社2004年版。

40.顾祖禹:《读史方舆纪要》,中华书局2005年版。

41.王胜今:《伪满时期中国东北地区移民研究》,中国社会科学出版社2005年版。

42.王玉珉:《老黄县》,国防大学出版社2005年版。

43.范立君:《近代关内移民与中国东北社会变迁(1861~1931)》,人民出版社2007年版。

44.刘德增:《闯关东——2500万山东移民的历史与传说》,山东人民出版社2008年版。

四、期刊论文

1.杨余练、王佩环:《"韩边外"初探》,《社会科学辑刊》1984年第6期。

2.庄维民:《近代山东的商人组织》,《东岳论丛》1986年第2期。

3.赵凤彩:《20世纪初东北移民浅析》,《人口学刊》1988年第1期。

4.殷自先:《清代至民初汉商与蒙人通商述略》,《张家口师专学报》1988年第1期。

5.余同元:《明代九边述论》,《安徽师范大学学报》1989年第2期。

6.(日)松浦章著,冯佐哲译:《清代盛京海港锦州及其腹地》,《锦州师范学院学报》1989年第2期。

7.陶炎:《营口开港与辽河航运》,《社会科学战线》1989年第1期。

8.孙运邺:《登州商人》,《烟台师范学院学报(哲社版)》1989年第3期。

9.朱诚如:《清代辽东海运业的发展及其影响》,《辽宁师范大学学报》1990年第2期。

10.张伟:《清代辽宁的柞蚕缫丝业》,《辽宁师范大学学报(社科版)》

1990年第2期。

11.王松龄、张颖超:《清代东北地区工矿业述略》,《吉林师范大学学报(人文社会科学版)》1990年第3期。

12.余同元:《明太祖北部边防政策与明代九边的形成》,《烟台师范学院学报(哲社版)》1991年第1期。

13.程美秀:《清代山东移民开发东北农业述略》,《齐鲁学刊》1991年第4期。

14.王革生:《清代东北商埠》,《社会科学辑刊》1994年第1期。

15.刁书仁:《论清代东北流民的流向及对东北的开发》,《清史研究》1995年第3期。

16.许檀:《明清时期山东经济的发展》,《中国经济史研究》1995年第3期。

17.程美秀:《清代山东商人在东北经商述略》,《北方论丛》1995年第6期。

18.程美秀:《论清代山东与辽东之间的海上运输》,《辽宁师范大学学报(社科版)》1996年第6期。

19.张利民:《"闯关东"移民潮简析》,《中国社会经济史研究》1998年第2期。

20.庄维民:《近代山东商人资本地域分布结构的变动及影响》,《齐鲁学刊》2000年第4期。

21.庄维民:《近代山东行栈资本的发展及其影响》,《近代史研究》2000年第5期。

22.牛淑萍:《清代山东移民东北述论》,《烟台师范学院学报(哲社版)》2001年第1期。

23.周春英:《试论近代关内移民对东北经济发展的影响》,《济南大学学报》2001年第2期。

24.阎恒中:《东北商人的商业经营特征浅析》,《河南商业高等专科学校学报》2001年第4期。

25.许檀:《清代前期的山海关与东北沿海港口》,《中国经济史研究》2001年第4期。

26.衣保中:《论清末东北经济区的形成》,《长白学刊》2001年第5期。

27.王景泽:《17世纪至19世纪中叶东北地区的商人》,《东北师范大学学报》2003年第1期。

28.许檀:《清代前中期东北的沿海贸易与营口的兴起》,《福建师范大学学报》2004第1期。

29.张正:《20世纪初哈埠民族工商业的开拓者之一——记双合盛创始人张廷阁》,《黑龙江史志》2004年第5期。

30.范金民:《明代地域商帮兴起的社会背景》,《清华大学学报》(哲社版)2006年第5期。

31.衣保中:《清末东北地区商埠的开辟与区域经济的近代化》,《北方文物》2007年第2期。

后　记

　　笔者致力于中国长城文化带演变及中国历史时期农、牧社会二元一体化发展研究已有多年，特别开展中国古代塞北游牧民族向中原地区迁移与明清时期中原农耕人口向长城以外移民（特别是商业移民）的专题研究。因此，当齐鲁书社刘强先生约写《关东鲁商》时，我们便欣然允承。在书稿杀青出版之际，首先要感谢齐鲁书社领导和刘强先生、赵发国先生的大力支持！

　　在写作过程中，笔者曾专门到上海请教复旦大学历史地理研究中心首席专家、原中国历史地理学会会长邹逸麟教授，感谢邹先生在百忙之中给予细心指导！山东大学图书馆、苏州大学图书馆、营口市档案馆、吉林市档案馆、吉林市地方志的有关同志，营口的李志远先生、吴江市工商联的杭榛枫先生在资料搜集等方面给予关心和支持。郑州大学历史系高恺教授曾提供修改建议。苏州大学法学院乔江玲老师帮助校对初稿。在此致以衷心感谢！

　　研究"关东鲁商"，资料缺乏是最大的难题。在漫长的中国古代历史中，工商业一直被视为末业，商人难登史志之林。即便民国方志中设有工商实业栏目，内容也只是行业发展概述，见物不见人者居多，更不要说关东鲁商的资料了。同时,关于山东人"闯关东"的专题研究,著作仅见路遇先生《清代和民国时期山东移民东北史略》(上海社会科学院出版社1987年版),刘德增先生《闯关东——2500万山东移民的历史与传说》(山东人民出版社2008年版)等几部。关于山东商人的专题研究中,李华先生的《山东商帮》(张海鹏、张海瀛主编《中国十大商帮》中的一章,黄山书社1993年版)和丁言模先生的《齐鲁商雄》(广东经济出版社2002年版),对于关东鲁商情况也都惜墨如金。为解决写作资料问题,我们除查阅《辽海丛书》(辽沈书社影印本)、《东北历史档案选辑》(广西师范大学出版社2005年影印出版)等历史丛书中相关资料外,还对一些散见的零散资料四处寻找,百方搜罗。尽管于此,有关关东鲁商的个案资料以及关东鲁商商业资本的运行特征等问题,还是受资料限制而难以深入展开探讨。欢迎专家读者批评指导并希望在进一步的研究中加以弥补和完善。同时,因写作水平有限,加以时间仓促,书中其他疏漏不足之处也一定不少,如蒙各界同仁指正,亦深表感谢!

作　者

2008年8月初稿

2008年11月修改

图书在版编目（CIP）数据

关东鲁商/余同元，王来刚著. —济南：齐鲁书社，
2009.1
ISBN 978 - 7 - 5333 - 2129 - 1

Ⅰ.关… Ⅱ.①余…②王… Ⅲ.商业史—研究—东北地区—近代 Ⅳ.F729.5

中国版本图书馆 CIP 数据核字（2008）第 190476 号

关东鲁商

余同元　王来刚　著

出版发行	齐鲁书社
社　　址	济南经九路胜利大街 39 号
邮　　编	250001
网　　址	www.qlss.com.cn
电子信箱	qlss@sdpress.com.cn
印　　刷	山东新华印刷厂
开　　本	720×1020mm　16K
印　　张	19.25
插　　页	3
字　　数	242 千
版　　次	2009 年 1 月第 1 版
印　　次	2009 年 1 月第 1 次印刷
标准书号	ISBN 978 - 7 - 5333 - 2129 - 1
定　　价	32.00 元